JN023119

知っておきたい

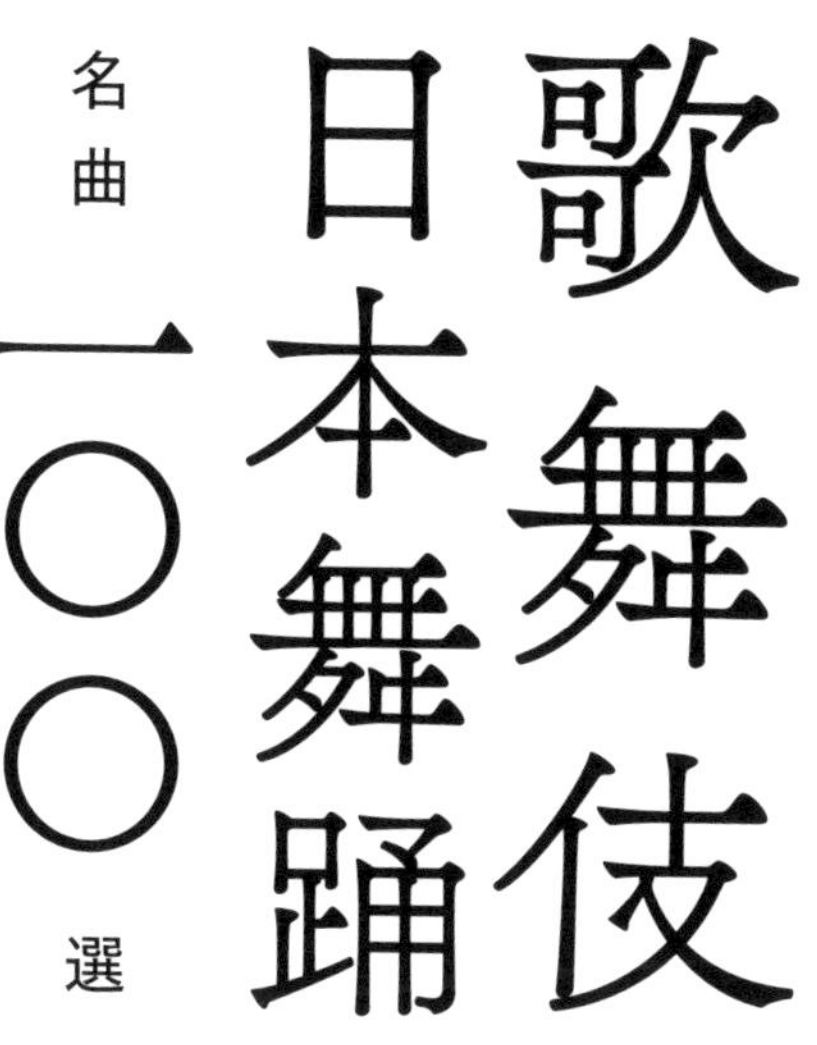

歌舞伎 日本舞踊 名曲一〇〇選

松本幸四郎 監修

淡交社

はじめに

歌舞伎と日本舞踊は、大きな変化を繰り返して歴史を作ってきた伝統芸能です。出雲阿国（いづものおくに）の「かぶき踊り」が歌舞伎の始まりですが、その後男性のみの演劇に一変し、男性が女性役をする「女形（おんながた）」が誕生しました。白塗りや隈取（くまどり）をし、派手な衣裳を纏（まと）い、観客にいかに注目され驚いてもらうかを追求してきました。そして欧米からリアリズムな演劇が日本に入って来ると演劇的要素の強い歌舞伎に変化し、歴史的事実を再現する如く「セリフ劇」が誕生しました。そして現在、あらゆるジャンルの劇作家、演出家が毎年のように歌舞伎に携わり、新作歌舞伎が生まれ続けています。時代の変化に鋭く気づき変化を遂げてきた〝歌舞伎人〟の嗅覚と自由な発想が歌舞伎の歴史を築いて来たと私は感じています。

いくつかの作品を一度に観劇する演目立ても歌舞伎公演の特徴ですが、じっくりと観る歌舞伎作品。そして音楽的、視覚的に楽しみ、言葉や会話では表現できない心情や情景を感じる歌舞伎舞踊。この二つの違いが変化してきた歴史によって明確になった現在こそ、歌舞伎の表現方法の豊かさを感じていただけるのではないでしょうか。

　歌舞伎舞踊は、日本楽器の個性が発揮されている歌舞伎音楽で作られた曲で、春夏秋冬という四季がある日本だからこそ生まれる繊細な心を表し、目に見えない男女を繋ぐ糸や時空を超えた思いを唄、浄瑠璃で表現しています。演者は心情やあらゆる人物を一人で踊り分ける作品では演じ分けの妙に魅力を感じ、男女のラブストーリーを甘く切なく踊り、主従であれば主は従を想いやり、従は主へ忠義を尽くす。敵対する関係ならば身を隠して忍び寄り本性を表し対決。いずれも歌舞伎音楽に乗せて体で表現してゆく歌舞伎舞踊は、演者だけではなく、唄、浄瑠璃、三味線、鼓、太鼓、笛など多くの演奏者が入れ替わり立ち替わり主役になり、一つの作品を表現する世界で異次元へ誘っていきます。

　日本舞踊は江戸時代に稽古事として広まり、男女問わず普及している世界です。歌舞伎舞踊との接点はたくさんありますが、拵(こしら)えをしないで踊る「素踊(すおど)り」は日本舞踊独自のものです。女性が女性の役を演じることも日本舞踊の特徴と言っていいのではないでしょうか。男性の役を女性が演じる。男性が憧れる女性像を確立した「女形」

を本当の女性が演じる。ここには男性が表現できない「新たな男性」、「新たな女性」を観ることができます。着物を着ることが特殊な時代ではありますが、逆にレアなものだからこそ生まれる存在感が出てくるのではないかと私は思っています。着物を着ることをイベントとして捉え、「歌舞伎見物をする」、「古都巡りをする」。カッコよく着こなすために「日本舞踊を習ってみる」。そうすることで、生活の中に新しい刺激を感じていただけるのではないでしょうか。

日本が産んだ歌舞伎は、日本舞踊があらゆる時代に順応すべく変化をし続け、歴史が刻まれて来た証でもあります。本書で作品の深読みをしていただくと面白い発見が見つかるはずです。

知れば知るほど〝沼る〟ことのできる伝統芸能にちょっとお時間を下さいますよう、是非ともよろしくお願いいたします。

二〇二三年七月

松本幸四郎

目次

歌舞伎・日本舞踊の潮流

歌舞伎の演技は、基本的に台詞と舞踊とで成り立っています。このうち舞踊表現を主とし、独立した作品のことを〈歌舞伎舞踊〉と通称していますす。本書は、その歌舞伎舞踊の魅力を理解して頂くための書ですが、一口に歌舞伎舞踊といっても、○劇的なもの、○儀式的なもの、○趣向本意のもの、○叙景的なもの、○風俗描写を主とするもの、○能狂言に倣ったもの、○西洋の芸術思潮の影響を受けたもの……等々と、成立事情や上演意図が多岐にわたります。「歌舞伎舞踊とはなにか?」と問われても、誰もすんなりと答えは導き出せる人はいないと思われます。それは歌舞伎が江戸時代のあらゆるエンターテイメントを綜合させたものであり、多頭獣(キマイラ)に喩えられるほどの多様性を持っているからです。それでも歌舞伎の歴史を通じて、歌舞伎役者の身体表現の美しさ、華やかさに陶酔できる作品が常に求められ続けてきました。歌舞伎に舞踊は欠くことができないものなのです。そして台詞やドラマといった何かを「表現によって伝える」ものとは異なり、そもそも「それ自体がメッセージ」であるのも歌舞伎舞踊の魅力です。ここでは本書を読み進めて頂くための補助として、歌舞伎舞踊を成立させた様々な歴史的事象や概念を紐解いてみたいと思います。

◎日本の伝統芸能は、舞踊的表現から

舞踊研究家として名高い郡司正勝は、

「日本の演劇の歴史と称するものの大部分は、実は舞踊の歴史」（『おどりの美学』）と述べています。伝統芸能を舞踊を主とする身体表現（舞踊脈）と、台詞劇を主とする言語表現（狂言脈）とに大別する時、この言葉が示す通り、日本の伝統芸能の多くはこれら舞踊的表現を主としているといえます。

日本の舞踊はいくつかの動きの要素で構成されています。神や為政者に捧げる旋回運動である「舞」、そして自己陶酔的な跳躍運動である「踊」。さらに示威的な「振り」や地中の魔物を踏み鎮める「踏」といったものも核となります。この身体の動きに、奇抜さや華やかさを創出する「風流」という〝見せる〟美学が加わることで、歌舞伎が生れる土壌が形作られました。

◎阿国のかぶき踊りから、若衆歌舞伎へ

近世の芽生えとともに産声をあげた歌舞伎の始まりは「かぶき踊り」といわれています。かぶき踊りを創始したとされる出雲の阿国は「異風なる男の真似」で世間を驚かし、一座の少女達の集団舞踊は人気を博しました。しかし女性による舞踊を中心にした歌舞伎は社会風紀を乱すと禁止され、同時期に発生していた若衆歌舞伎も同様な理由で厳しく取り締まられることとなりました。その後、成人の男子が「狂言尽くし」という、表向きは役柄と台詞のある芝居（野郎歌舞伎）を標榜し行うことで、江戸歌舞伎のかたちが整ってきました。

役柄があるということはその人物を真似るということ。その物真似的な「振り」や「仕草」を「所作」といいました。これが音楽によって囃され、型を持てば「所作事」となり、やがてこの言葉が歌舞伎舞踊そのものを指すようになるのです。「所作事」は歌舞伎において「狂言の花」（『あやめ草』）という価値観を担うことになりました。

◎所作事、劇舞踊の確立

初期の所作事は主として女形が演じるものでし

た。その女形舞踊の大成は、作品の独立性や劇性から、初代瀬川菊之丞の『無間の鐘』（享保十六年／一七三一）や、初代中村富十郎の『京鹿子娘道成寺』（宝暦三年／一七五三）などでなされました。その後、劇性の追求から立役も所作事を担うことになり、初代中村仲蔵の『関の扉』（天明四年／一七八四）は、今に所作事の名作として残っています。

◎変化物の流行と解体、そして日本舞踊

江戸後期になると、所作事の名人達が小品舞踊をレビュー形式で組み合わせた〝（七）変化物〟を考案し、大流行しました。演じ手の代表旗手は、三世中村歌右衛門と三世坂東三津五郎。その後、変化の数が増えたり、複数役者の顔合わせが舞踊の主目的となると変化物はすたれ、ショー的要素の強い作品が求められるようになります。一方、変化物が解体されてその残った名曲を一般庶民が習い事とするようになり、これが巷間での日本舞踊の隆盛に繋がりました。庶民に舞踊を教えたのは、歌舞伎の振付師や「お狂言師」といわれる男子禁制の大奥や諸大名の奥向きで芝居を行った女性の踊りの師匠たちでした。

◎近代の歌舞伎舞踊

江戸幕府が解体し明治維新を経て近代になると、高尚化を求められた歌舞伎は江戸幕府の式楽であった能楽の要素を取り入れた作品を創るようになります。これが「松羽目物」といわれるものです。加えて西洋の影響を受け、劇性や役の性根を追求した新舞踊、あるいは古典作品を現代感覚で再構成した作品など、さまざまな新しい取り組みが行われてきました。そして今も時代の流行を取り入れて新作が創られています。歌舞伎舞踊創始以来、「不易流行（変わらないことと、変わること）」の両面を持ちながら、歌舞伎舞踊は時代ごとのエッセンスを取り込み、観客を魅了し続けているのです。

（鈴木）

歌舞伎・日本舞踊の種類

歌舞伎・日本舞踊には能のように一番目物、二番目物……という明確なジャンルの分類基準が存在しません。さりながらある共通の形式なりテーマなりを持つ作品群について名前つけて分類すると、舞踊作品の趣意を理解する一助になる場合があります。ここでは本書を読み進めていただくにあたって目安となる分類項目を示しました。ただし、用語として未定着かつ定義が曖昧なものもあり、また使用慣例から「〇〇物」と「〇〇舞踊」という記述が混用されています。そして当然のことながら、一つの作品がいくつものグループにまたがることも多くあります。

◎制作年代によるもの

・古典舞踊 → 江戸期に初演されたもの

・新舞踊 → 近代に入って西洋思潮の影響を受けて創られたもの

・新作舞踊 → 現在、創られる新作

＊イメージによることが多く厳密さを欠く

◎音曲の種類によるもの

・長唄　・義太夫（竹本）・常磐津（ときわづ）・清元（きよもと）

・新内（しんない）・三曲　・新邦楽　・掛合（かけあい）

◎興行形態によるもの

・儀式（祝儀）舞踊 → 物語性を持たず祝言性を旨とする。三番叟物など

・顔見世（かおみせ）舞踊 → 江戸歌舞伎の顔見世月（十一月）に初演された、演者の顔見せを主目的とするもの

・大切（おおぎり）舞踊 → 興行の終幕に初演されたもの

・道行物(みちゆき)→　主として時代浄瑠璃の四段目や世話物浄瑠璃の下巻に上演された景事を、一幕の舞踊としたもの

◎**曲の構成様式によるもの**

・一幕物

・上下物

・組み合わせ式舞踊

　→　レビュー形式のもの

・変化物(へんげ)→　右のうち、複数の異なる役柄を主として一人が七変化などでみせる。妖怪変化物と混用されることが多い

◎**能・狂言から題材、或いは様式を取ったもの**

・能取り物

・狂言舞踊

・松羽目物(まつばめ)→舞台背景に能舞台の鏡板を模した大道具を使用する場合にいう

◎**役柄・生業・風俗で分けたもの**

・祭礼物　・船頭物　・物売り物

・仕事師物　・（門付(かどづけ)）大道芸物

・奴物(やっこ)　・傾城物(けいせい)　・娘物　・海女物(あま)

◎**世界による分類**

・浅間物(あさま)　・道成寺物　・獅子（石橋(しゃっきょう)）物

・椀久物(わんきゅう)　・松風物　・山姥物　・曾我物

・隅田川物　・六歌仙物　・妖怪変化物

・架空存在物

◎**趣向で分類したもの**

・丹前物(たんぜん)　・拍子舞物　・布晒し物(ぬのざらし)

・三人上戸物(じょうご)　・狂乱物　・人形振り

・絵抜け物　・しゃべり物　・面かぶり物

・草摺引物(くさずりびき)　・鑓踊り物(やりおど)

その他、踊り手の人数（一人立(ひとりだち)、二人立……群舞）によるなど、数多くの視点によって分類されます。

（鈴木）

歌舞伎・日本舞踊の音楽

◎音楽には「唄物」と「語り物」の二系統あり

♫チントンシャン、「チョーン」……歌舞伎公演を見に行くと、終始、音楽に溢れている芸能だということに気がつきます。興行を進行させる儀式音楽（囃子方の演奏と狂言作者の打つ柝）、役者の歩行や見得に合わせて「バタバタ」と打たれるツケ、そして役者の台詞も「うたう」ことが大事とされ、充分に音楽的です。お芝居では古典演目の多くを、義太夫（※歌舞伎では「竹本」と称します）と、舞台下手（客席から向かって左側）の黒御簾という場所で演奏される効果音、すなわち「蔭囃子」が支え、実に音楽的要素が横溢しています。その中で特に音楽の魅力をたっぷりと味わえるのが歌舞伎舞踊です。歌舞伎舞踊は江戸時代より「所作事」という呼び方で、芝居の〝花〟として観客を魅了してきました。ここでは、その舞踊を彩る音楽を紹介してみたいと思います。

歌舞伎舞踊は現在、主として〈竹本〉〈常磐津〉〈清元〉〈長唄〉という四つのジャンルが演奏を担っています。このうち長唄は「唄物」といわれ主に叙景や叙情を唄い、他の三つは〈浄瑠璃〉と総称され、ストーリー性を重視する「語り物」の系譜にあります。〈竹本〉は人形浄瑠璃の音楽である義太夫を歌舞伎仕様に転化させたもの。一方、大坂で生れたその義太夫に倣い、各地で新浄瑠璃が興った時に、江戸浄瑠璃の先駆けとして成立したのが〈常磐津〉です。この〈常磐津〉から派生した流派からさらに独立したのが〈清元〉で、いずれも当初は最先端の流行歌謡でした。これらの歌謡に鳴物が加わることによって歌舞伎音楽として成立し、特に長唄と鳴物を合わせて「長唄囃子連中」と呼んでいます。職分としては、その「長唄囃子」と「竹本（義太夫）」がつねに歌舞伎興行と行動を共にする「歌舞伎音楽専従者」を主とし、〈常磐津〉〈清元〉は、一興行ごとの契約で出演する慣例となっています。

◎実際の舞台での違い

以上のジャンルについて、舞台面からわかる違いを説明してみましょう。歌舞伎舞踊の場合は、演奏者が舞台上に出演する〝出囃子〟〝出語り〟が多く、その演奏の基本位置は、長唄囃子は正面、竹本は上手床か出語り床。常磐津は下手黒御簾前、清元は上手が多いのですが、『吉野山』や『六歌仙』など、古風な演出を採用する場合は浄瑠璃系も正面に並ぶ場合もあります。そして演奏者のビジュアル的な特徴を上げれば、常磐津は柿色或いは茶色の肩衣・前掛に「蛸足」と呼ばれる三本足の朱塗りの見台（譜面台）が特殊です。清元は萌葱色の肩衣・前掛に黒一本足の見台。歌舞伎十八番系等の舞踊では、演奏者すべてが市川家の柿色の肩衣・前掛を着けます。その他「道成寺物」で桜模様にするなど、特殊な例もあります。なお近代的な価値観に重きを置く作品については、上記の法則はあまり当てはまりません。

さて最後に、これらの音曲が豪華に共演する「掛合」について触れておきましょう。『紅葉狩』では三派（義太夫・常磐津・長唄）が共演する「三方掛合」となり、聞き比べるとそれぞれのジャンルの特徴がよく判ります。そして「三方」ともなると、幕切れなどは間や音高がほとんど揃わない不協和状態となるのですが、その乱れの具合もまた歌舞伎音楽の特徴。その迫力は凄まじく、心も体も浮き立ちます。ぜひ歌舞伎舞踊の名作で、伝統音楽の魅力を味わって頂けたらと思います。

（鈴木）

［凡例］

・現在、上演される機会の多い、江戸時代に初演された古典曲を中心に、明治・大正・昭和の名曲を選び、一〇〇の項目を取り上げた。
・各項目は、見開き（二頁）で紹介。その内容は、以下の通りである。

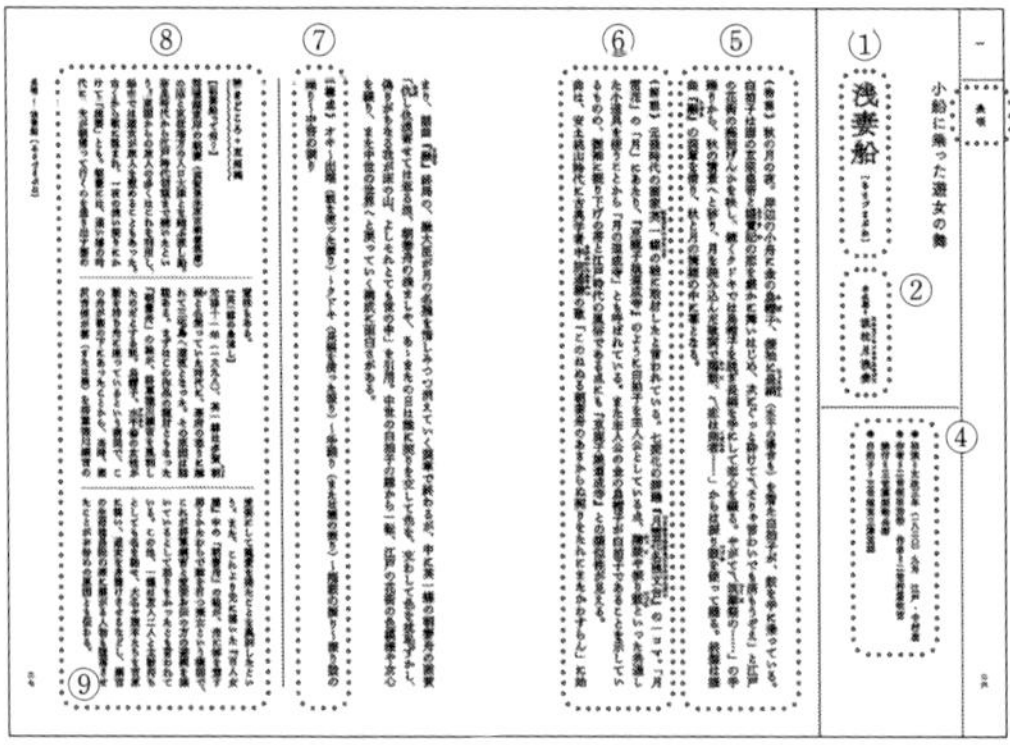

①通称されている曲名
②正式名称にあたる本名題、及び別称
③音曲の種類
④初演時の情報［初演年月、場所、作〈詞〉者、作曲者、振付者、役名と演者（最終名）］
⑤《物語》《舞台》その曲の世界やストーリー
⑥《解説》曲の成立に関わる情報
⑦《構成》曲の展開
⑧【聴きどころ+豆知識】鑑賞の際に役立つ曲のききどころやエピソード
⑨（　）執筆者名

・本書の表記は常用漢字を主としているが、初演時の曲名の表記に準じ、現在使われていない漢字、作字で表記している箇所もある。

［執筆者一覧］

鈴木英一
（早稲田大学演劇博物館 招聘研究員）
竹内有一
（京都市立芸術大学 教授）
阿部さとみ
（武蔵野大学音楽学部 講師、舞踊評論家）
前島美保
（国立音楽大学 准教授）
重藤　暁
（江戸川大学情報教育研究所 客員研究員）

グラビア頁（一七―二四頁）
［撮影］
田口真佐美
［舞台製作（一八、二二頁除く）］
松竹株式会社

［協力］
国立劇場
㈳日本俳優協会

代表的な歌舞伎舞踊

三番叟（さんばそう）

天下泰平・国土安穏を祈る能の「翁」は、神聖さを重んじる祈りの舞。歌舞伎の「三番叟」は、滑稽味と軽快さで言祝ぐ舞。

操り三番叟（松本幸四郎）

石橋物（しゃっきょうもの）

一年中牡丹の花が咲くという中国・五台山に棲む霊獣の獅子は文殊菩薩の眷属とされる。その力にあやかる獅子を扱う演目は多い。

艶競四季詠・雪の石橋（市川染五郎）

曾我物（そがもの）

父の仇・工藤祐経を討つ曾我十郎・五郎兄弟を題材にした演目。

春調娘七種（中村梅枝・片岡千之助・中村萬太郎）

祭礼物（さいれいもの）

歌舞伎舞踊にふさわしい祭礼の賑わいから、多くの演目が生れた。

お祭り（中村梅玉・中村莟玉）

道成寺物（どうじょうじもの）

報われぬ恋に恋い焦がれ、身を焼き尽くす女の情念を描いた道成寺伝説は多くの名曲を生み出した。

男女道成寺（坂東巳之助・坂東新悟）

道行物（みちゆきもの）

道中の景色を音楽と舞踊にのせてみせる道行物。親子・恋人・主従など関係もさまざま。道行の舞台もさまざまである。

落人（中村錦之助・中村梅枝）

狂乱物

精神的なダメージを受け、心と身体がアンバランスになり、狂い踊る狂乱物。男の狂乱、女の狂乱……。ともに深い哀しみが美しく昇華していく。

二人椀久(尾上右近・中村壱太郎)

顔見世舞踊

歌舞伎座や南座での顔見世興行では、華やかな舞踊曲が必ず演目に加えられる。

戻駕（尾上松緑・片岡愛之助）

松羽目物（まつばめもの）

能舞台を模した舞台で演じられる、能楽の演目を取り込んだ演目をいう。能からも狂言からも多くの題材が舞踊化されている。

船弁慶（中村鷹之資）

歌舞伎
日本舞踊
名曲一〇〇選

英一蝶（はなぶさいっちょう）の風刺画を舞踊化

浅妻船

［あさづまぶね］

本名題＝波枕月浅妻（なみまくらつきのあさづま）
『月雪花名残文台』の一コマ

◉初演＝文政三年（一八二〇）九月　江戸・中村座
◉作者＝二世桜田治助　作曲＝二世杵屋佐吉
振付＝三世藤間勘兵衛
◉白拍子＝三世坂東三津五郎

《舞台》秋の月の夜。岸辺にもやう小舟に、金の烏帽子（えぼし）、振袖に長絹（ちょうけん）（水干の場合も）を着た白拍子が、鼓を手に乗っている。白拍子は唐の玄宗皇帝と楊貴妃（ようきひ）の恋を厳かに舞いはじめ、次にぐっと砕けて〽そりゃ言わいでも済もうぞえ」と江戸の花街の痴話（ちわ）喧嘩を映し、続くクドキでは烏帽子を脱ぎ長絹を手にして恋心を綴る。やがて〽筑摩（つくま）祭の……」の手踊りから、秋の情景へと移り、月を読み込んだ歌詞で羯鼓（かっこ）、〽恋は曲者（くせもの）……」からは振り鼓（つづみ）（鈴太鼓とも）を使って踊る。終盤は謡曲『融（とおる）』の詞章を借り、秋と月の情緒の中に幕となる。

《解説》元禄時代の画家英一蝶の絵に取材したといわれている。七変化の舞踊『月雪花名残文台（つきゆきはななごりのぶんだい）』の一コマ。「月雪花」の「月」にあたり、『京鹿子娘道成寺』のように白拍子を主人公とし、羯鼓（かっこ）や振り鼓といった小道具を使う共通点から「月の道成寺」とも呼ばれている。また主人公の金の烏帽子が白拍子であることを示しているものの、振袖に振り下げの帯と江戸時代の風俗である点にも『京鹿子娘道成寺』との類似性が見える。

曲は、安土桃山時代の古典学者中院通勝（なかのいんみちかつ）の歌「このねぬる朝妻舟のあさからぬ契りをたれにまたかわすらん」に始まり、謡曲『融』終局の、融大臣が月の名残を惜しみつつ消えていく詞章で終わるが、中に英一蝶の朝妻舟の画賛「仇し仇浪寄せては返る浪、朝妻船の浅ましや、あゝまたの日は誰に契りを交して色を、枕恥ずかし、偽りがちなる我が床の山、よしそれとても世の中」を引用。中世の白拍子の趣から一転、江戸の花街の色模様や女心を綴り、また中世の世界へと戻っていく構成に面白さがある。

《構成》オキ～出端（鼓を使った振り）～クドキ（長絹を使った振り）～手踊り（または扇の振り）～羯鼓の振り～振り鼓の踊り～中啓の振り

聴きどころ＋豆知識

【朝妻船って何？】

朝妻船は、琵琶湖東岸の朝妻（滋賀県米原市朝妻筑摩）の港と京坂地方の入口大津とを結ぶ渡し船。奈良時代から江戸時代初頭まで続いたという。東国からの旅人の多くはこれを利用し、船中では遊女が旅人を慰めることもあった。古くから歌に詠まれ、一夜の浅い契りにかけて「浅妻」とも。また、朝妻には、通い婚の時代に、夫が朝帰って行くのを送り出す妻の意味もある。

【英一蝶の島流し】

元禄十一年（一六九八）、英一蝶は多賀朝湖と名乗っていた時代に、幕府の怒りに触れて三宅島へ遠流となった。その原因は諸説ある。まずはこの作品の題材ともなった「朝妻舟」の絵が、将軍徳川綱吉を風刺したためだとする説。烏帽子、水干姿の女性が鼓を持ち舟に座っているという構図で、この舟が柳の下にあったことから、当時、柳沢吉保が妻（または娘）を将軍徳川綱吉の愛妾にして寵愛を得たことを風刺したという。また、これより先に描いた『百人女臈』中の「朝妻舟」が、舟に棹を差す男とかたわらで鼓を打つ美女という構図で、これが将軍綱吉と愛妾お伝の方の遊興を描いているとして怒りをかったともいわれている。この他、一蝶は友人二人と太鼓持ちとしても名を馳せ、大名や旗本たちを吉原に誘い、遊女を身請けさせるなどし、綱吉の生母桂昌院の縁に繋がる人物も堕落させたことがお咎めの原因とも伝わる。（阿部）

荒若衆の廓通い　関東の御霊信仰

雨の五郎

［あめのごろう］『八重九重花姿絵』の一コマ

◉初演＝天保十二年（一八四一）七月　江戸・中村座
◉作者＝三升屋二三治　作詞・作曲＝十世杵屋六左衛門
　振付＝四世西川扇蔵
◉曾我五郎時致＝二世尾上多見蔵

《舞台》春雨の降る宵。曾我五郎時致が恋人の化粧坂少将からの恋文を手に、傘をさして大磯廓に通ってくる。この色里に通いつめる身ながら、常に心にあるのは十八年間耐え忍び宿願する父の仇討ち。地廻りの男たちに絡まれて、大望成就の予祝とばかりに勇猛果敢に立廻る。

《解説》日本人の宗教観の中に、非業の死を遂げた人間の荒ぶる魂を慰める「御霊信仰」がある。関東では「ゴリョウ＝ゴロウ」という音の類似もあって、曾我五郎がその慰霊の中心となり、歌舞伎においても初春に曾我狂言を上演することを吉例とした。この曾我狂言においては兄十郎の和事、弟五郎の荒事という約束事があったが、本曲では荒事芸を基本に傾城の許に通う和事味が加えてある。これはやはり和事味を備えた五郎が廓通いをする「助六」の影響下にあろうと思う。ただ「助六」と異なるところは、本曲の五郎がまだ前髪の荒若衆であるところである。
初演は舞踊やケレンを得意にしていた二世尾上多見蔵が、九変化（狂乱・茶屋廻り・町娘・五郎時致・漁師・西王母・雷・鳥羽絵・大工六三）の一コマとして勤めたもの。漢の武帝が描いた一軸から抜け出た鯉を大工の六三が捕らえようとする〝鯉つかみ〟のうちに、鯉が飲み込んだ人物が口から抜け出て踊るというもの。江戸での初演に先駆けて、多見蔵は文政八年大坂で『姿競粧写仇』というやはり九変化の中でこの踊りを勤めている。初演は通常の曾我物と異なり、七月に行われたが、これは歌詞にも〽開帳あるぞ賑わしき」とあるように、前月六月に浅草寺観音念仏堂で行われた箱根荒人神の出開帳の当て込みである。またこの時期の上演は、元々曾我物が兄弟の慰霊のための盆月に行われていた〝盆曾我〟をも思い起こされることでもあった。ただし、初演時には上演時間の関係で、この「五郎」をはじめとした数曲が〝預かり〟（不上演）になったという資料が残っている。

《構成》 オキ～対面三重～五郎の出～文を使った振り～荒事風の物語～「初音の日」合方～踊り地～チラシ

聴きどころ＋豆知識

【曾我のテーマソング】
オキ唄が終わって、五郎の出までの三味線の合方〽ツン、テテンテン、テンテンテン」を〝対面三重〟という。『曾我の対面』などの曾我物のお芝居、『勢獅子』などの曾我に因む舞踊にも必ずと言ってよいほど使用される。このような記号が歌舞伎様式の基となる。

【最古の撮影俳優】
初演の多見蔵は寛政十二年（一八〇〇）生れ。恐らく写真が残っている日本俳優の中では最も早い生れであろう。当時の日本人としては異例に長生きし、明治十九年（一八八六）、八十六歳で天寿を全うした。『雨の五郎』初演時には四十一歳。役者として脂ののりきった時期であった。

【五郎と御霊】
日本人が作り伝えた物語は、勝者を敢えて避け、非業の死を遂げた人間、滅んだ一族をモチーフとすることが多い。この根底には哀惜の情はもちろん、荒ぶる魂を慰める御霊信仰があった。浄瑠璃・歌舞伎の三大名作の中心人物である、菅原道真・源義経・塩冶判官、皆この信仰の対象となる。「ゴロウ」が「ゴリョウ」となると本文で述べたが、歌舞伎十八番『暫』のヒーロー鎌倉権五郎も五郎の一人。彼が祀られているのは鎌倉にある御霊神社である。世話物では『佐倉義民伝』の木内惣五郎にも思いを馳せたくなる。

（鈴木）

糸操りがめでたさ運ぶ 祝いの演目

操り三番叟

［あやつりさんばそう］

本名題＝柳糸引御摂

◉初演＝嘉永六年（一八五三）二月　江戸・河原崎座
◉作者＝篠田瑳助　作曲＝四世杵屋弥十郎ほか
振付＝五世西川扇蔵
◉三番叟＝二世嵐璃珏　千歳＝初世坂東竹三郎（五世坂東彦三郎）翁＝初世坂東しうか　後見＝中村万六

《舞台》能舞台を模して松羽目板を配した舞台に、人形の箱が置かれている。片シャギリで幕が開くと、すぐに長唄のオキとなる。前段は翁と千歳が出て翁の「序の舞」、続いて千歳の舞、荘重な翁の舞の後、翁と千歳は下手に引っ込む（翁送り）。後段となり、後見が出て箱より糸操りの三番叟を引き出し、糸で操られているかのように三番叟が踊り出し、「揉の段」では烏飛びを見せ、時々糸がもつれてくるくる回ったり切れたりするのを後見が糸を調べて捌く。「鈴の段」の種蒔きでは鈴を手に持ち、祝して舞い納める。

《解説》歌舞伎の三番叟物の中でも歌舞伎味が強く、前段の荘重な翁、上品な千歳に対し、後段は派手な剣先烏帽子をかぶった三番叟を糸操りの人形振りにし、その趣向を見せるところに本曲の面白さがある。初演は嘉永六年二月江戸河原崎座で二世嵐璃珏が江戸初下りのお目見得に踊ったもの。歌詞にも〽今日ぞ開ける此の初舞台　千代万代も花のお江戸のとっぱ偏にお取立て　おこがましくも御目見得を」とある。この時の翁と千歳はコトコトと動く竹田からくりのゼンマイ人形の振りだったが、その後、五世尾上菊五郎が改訂を加え、現在は糸操りの人形のように踊ることになっている。また初演時の翁は女形坂東しうかだったため、翁の舞はクドキ風の二上り〽その恋草は」だったが、明治になって五世菊五郎が重々しい本調子〽千早振」に変更しており（作曲＝五世杵屋勘五郎）、これが今日行われている。

《構成》オキ・二上り〽天照らす」～千歳・翁の出〽とうとうたらりたらりら」～翁「序の舞」〽千代の始めの」～千歳の舞〽鳴るは滝の水」～翁の舞・本調子〽千早振」～「翁送り」～三番叟「揉の段」・三下り(さんさがり)〽おおさえおおさえ」～クドキ〽なじょの翁は」～「鈴の段」〽千秋万歳」

聴きどころ＋豆知識

【二世嵐璃珏と坂東定次郎】

初演で三番叟を勤めた二世嵐璃珏（一八一二～六四）は上方役者で、二世嵐璃寛の弟子。兼ねる役者で早替りや怪談物を得意とした。当たり役は「お染の七役」など。嘉永五年八月大坂の筑後芝居で『初櫓豊歳(たねまき)三番叟』を踊っており、その当たり役を江戸で再演したのが本作。璃珏の江戸下りに随伴したのが、〝バンサダ〟の愛称で知られた幕末明治を代表する長唄三味線方坂東定次郎（各種番付、長唄正本）。ところが河原崎座には四世杵屋弥十郎と五世杵屋六三郎が出勤していたため、遠慮して舞台には出なかったらしい（三世杵屋栄蔵『長唄のうたひ方 続』）。弥十郎と六三郎が江戸風に曲を改作したという。

【糸操り】

南京操り(なんきんあやつり)のこと。文楽人形より小さな人形に多くの糸を付け、上から吊り下げて操るもので、南京とは小さく可愛らしいものの意（『嬉遊笑覧』）。京都では寛文延宝期（一六六一～八一）に京都の四条中島に南京操りの小芝居があり、一方、江戸では天明九年（一七八九）頃、両国広小路に始まって、寄席(よせ)でも上演された。また、子供の玩具として三番叟の人形に糸を付けたものが人気を得ていた。

【人形振り】

歌舞伎で義太夫狂言や舞踊の一部を、役者が人形浄瑠璃の人形の身振りそっくりに真似る演出。娘役などの女形が極度に緊張し高ぶる気持ちを表現する場合に多く用いられ、『日高川入相花王(いりあいざくら)』の清姫(きよひめ)、『神霊矢口渡(しんれいやぐちのわたし)』のお舟、『櫓(やぐら)のお七』のお七などが有名。『壇浦兜軍記』の岩永左衛門など道化がかった役にも使われ、本曲もその系統の人形振り。

（前島）

茨木

［いばらぎ］

羅生門の鬼伝説の後日譚
腕を取り返しに来た鬼の知略と凄み

◉初演＝明治十六年（一八八三）四月　東京・新富座
◉作詞＝河竹黙阿弥　作曲＝三世杵屋正次郎
　振付＝初世花柳壽輔
◉茨木童子＝五世尾上菊五郎　渡辺綱＝初世市川左團次
＊新古演劇十種の内

《物語》羅生門（らしょうもん）で渡辺綱（つな）に腕を切り取られた鬼、茨木童子は、その腕を取り返そうと、綱の叔母である真柴（ましば）に化けて綱の館を訪れる。その鬼の祟（たた）りを避けるために物忌（ものい）みをしていた綱が対面を拒むと、真柴は養い子である甥のつれなさに落胆を示して、館を去っていく。恩ある叔母のさびしい後ろ姿を見た綱は情にほだされ、真柴を呼び返して館に招き入れる。綱は叔母を酒でもてなし、太刀持ちの音若の肴舞（さかなまい）に続き、乞われた真柴も曲舞（くせまい）を舞う。続いて綱が羅生門での鬼退治を語ると、真柴は鬼の腕が見たいという。油断した綱が唐櫃（からひつ）に入れた腕を差し出すと、鬼はたちまち本性を現し、腕を奪って逃げた。騙された綱が憤怒して追い掛け、激しく争う。茨木童子は飛行自在の通力を使って消え失せ、綱は童子が逃げた虚空を睨むのであった。

《解説》頼光四天王の一人、渡辺綱が鬼の腕を切り取った羅生門伝説の後日譚。『前太平記』『平家物語』『御伽草子（おとぎぞうし）』の「酒呑童子（しゅてんどうじ）」などに原拠がある。能に取材した『土蜘』上演の好評により、五世尾上菊五郎が〝半能半劇〟といわれた〝松羽目物（まつばめもの）〟の第二弾として上演を目論んだもの。この題材は能の廃絶曲にもあるといい、また歌舞伎においても頼光四天王物に叔母による綱館訪問の場面がある。その中で寛保元年に上演された大薩摩（おおざつま）『兵四阿屋造（つわものあずまやづくり）』が、明治期の改訂により長唄『綱館（つなやかた）』になり、本曲はこの曲を基本に節付がなされたという。のち五世菊五郎の後継者であった養子六世尾上梅幸は自身の初演時には原曲『綱館』で演じ、一方実子の六世菊五郎は五世の台本を基本に演じたので、「梅幸型」と「菊五郎型」の二つが後世に伝わることになった。見どころの多い曲であるが、真柴の為所にはまず甥から対面を拒まれた嘆きのクドキがある。鬼の変化と分かっていても、壺折姿による母性愛に溢れた振りは心打たれるところ。また歓待での四季の曲舞は能の〝老女物〟の格で、娘から老境に至った詠嘆が味わい深く語られる。それが自らの腕を見るや鬼の形相に一変し、腕を取り返して去って行く〈前場〉。軍卒によるおかしみの間狂言を挟んで〈後場〉になると、茨木童子は鬼の正体を顕し、金地の法被に赤地金襴の大口袴、鬘は角付白頭になり、代赭の隈取りをして錫杖をもつ後ジテの鬼形。綱役は七世松本幸四郎考案による型が多く、着肉を着込んだ武張った体軀もその工夫。幕切れは口を大きく開いた独特の見得で童子の「飛び去り」を見込む。茨木童子という鬼の名は『前太平記』では、大江山酒呑童子の眷属。

《構成》

〈前場〉家臣・右源太の名乗り～綱の出～真柴の出～問答～真柴門外のクドキ～真柴退場～綱の呼び止め～綱と真柴の対面～歓待～音若の舞～真柴の舞～綱の物語～真柴の腕奪還～立廻り～真柴の引っ込み～綱の追い掛け　間狂言

〈後場〉茨木童子の出～茨木と綱の立廻り～綱の大見得～茨木の幕外の引っ込み

聴きどころ＋豆知識

【鬼の腕と指】

本曲では残った片腕で踊るところに役者の技芸が見られるが、初演時からその左右が問題となった。前段に当たる常磐津『戻橋』では右腕が切り取られるが、さすがに踊りにくいので、左手を切り取られたことにしてしまったという。五世菊五郎は左手を隠したが、後継者の六世梅幸は左手は出して使わず、六世菊五郎は親指だけを袖口から出した。

（鈴木）

代参を面白おかしく芸を尽くして
舞い踊る

うかれ坊主

［うかれぼうず］

◉初演＝昭和四年（一九二九）六月　東京・歌舞伎座
◉改曲＝五世清元延寿太夫　振付＝五世藤間勘十郎
◉願人うかれ坊主＝六世尾上菊五郎
＊原曲＝文化八年（一八一一）三月　江戸・市村座『七枚続花の姿絵』（三世坂東三津五郎）の一コマ　常磐津「願人坊主」（常磐津正本など江戸期資料は「うかれ坊主」。作者＝二世桜田治助　作曲＝三世岸澤古式部　振付＝初世藤間勘十郎）

《舞台》舞台は廓の街路で下手に天水桶。桶のうしろから、毬栗頭で薄い黒十徳を羽織った褌一つの願人坊主が駆け出てくる。門口で借銭を乞い、道楽で落ちぶれた身の上を、銭錫杖を手にチョボクレの早口唄のリズムに乗って、面白おかしく見せる。二上りの〽登り夜船」からのまぜこぜ踊りは脈絡のない様々な役柄を演じ分け、〽鳶烏に」から悪の字を書いた手桶の底をお面にした悪玉踊り。底の抜けた桶を覗き、とぼけた姿態で幕となる。

《解説》願人坊主は、加持祈禱や寒垢離の代行を名目に借銭乞いをした門付芸人。寺社奉行の支配を受けたが、無頼の道楽者が多く、滑稽な唄や踊り、持ち前の愛敬で人気を得た者もいた。願人踊、阿呆陀羅経、チョボクレ、チョンガレなど多様な芸を持ち、後にかっぽれ、浪花節などを派生させた。

歌舞伎では、中村仲蔵が演じた大日坊（法界坊）が願人坊主の典型。大日坊を当たり役とした三世坂東三津五郎は、本曲の元になった常磐津『願人坊主（うかれ坊主）』のみならず、長唄『半田稲荷』（一八一三年）で葛西の半田稲荷へ疱瘡・麻疹除けに代参する赤づくめの願人坊主を、長唄『まかしょ』（一八二〇年）で「撒かしょ〳〵」と囃す子供に応えて地口絵（戯画）を描いた御札を撒き散らす、白づくめの願人坊主を演じた。

六世尾上菊五郎は原曲にまぜこぜ踊りを加え、緋縮緬の腹巻・段鹿子の褌で洒落っ気を加味し、昭和六年三月東京劇場で本曲再演の際、長唄『羽根の禿』の可憐な娘から一転、裸同然の『浮かれ坊主』に変わって大好評を得た。ごまかしの効かない裸身ゆえ、菊五郎自身「近来での骨の折る踊」と述べた難曲で、彼の薫陶を受けた十七世中村勘三郎と二世尾上松緑、さらに五世中村富十郎らを経て若手俳優が挑んでいる。坂東三津五郎家と花柳流は、常磐津の原曲で踊り、近年では二〇〇七年歌舞伎座で十世三津五郎が常磐津で演じた。

《構成》出～銭錫杖のチョボクレ～まぜこぜ踊り～悪玉踊り～チラシ

聴きどころ＋豆知識

【チョボクレ】
願人坊主らが借銭を乞う際、錫杖などを振って拍子を取り、早口唄や神おろし歌を唱えて踊った大道芸。文化・文政期に流行。説経、祭文の類から派生し、大坂では「ちょんがれ」といった。金属の錫杖に変えて、割竹に銭四、五枚を挟んだ粗末な銭錫杖を用いるのは六世菊五郎の工夫。

【まぜこぜ踊り】
六世菊五郎が清元に改曲した際に追加。清元の『納豆売り』（一八二七年）、『女雲助』（同年）にあったもので、江戸で流行した端唄『登り夜船』、大津絵節『五段目』の〽おおい親仁殿」、四つ竹節の〽東上総の」、よしかえ節の〽沖に見ゆるは」などの詞句を尻取りのように繋げている。

【悪玉踊り】
悪玉は、山東京伝の黄表紙『心学早染草』（一七九〇年）に登場するキャラクター。それが踊りになって流行したもの。葛飾北斎画の舞踊教則本『踊独稽古』（一八一五年）に前述の『登り夜船』などと共に収録され、誰でも唄いながら振りを付けて楽しめるよう図解されている。

【代参】
本人に代わって、神仏に参詣参拝すること。熊野・伊勢など遠方の名山霊場を信仰する人々が講を結成し、毎年、代表者を派遣する習俗が江戸時代に定着した。これに便乗し、寺社への代参や代垢離を引き受けると称し借銭を乞うたのが願人坊主であった。「うかれ坊主」で坊主が手桶を持って出るのは、水をかぶる代垢離へ行く姿を写実に演じたのである。

（竹内）

猿曳の猿への情愛

靭猿

［うつぼざる］

本名題＝花舞台霞の猿曳

◉初演＝天保九年（一八三八）十一月　江戸・市村座　一番目三立目
◉作者＝二世中村重助、作曲＝五世岸澤式佐　振付＝松本五郎市
◉猿曳のイ四郎＝四世中村歌右衛門　奥女中三芳野＝三世市川九蔵　奴の橘平＝十二世市村羽左衛門

《物　語》更科家奥女中の三芳野と下男（奴）の橘平が、主人経春の代参として鳴滝の八幡宮を詣でた帰り道。矢を納める靭を新調するため猿の皮を入手せよと命を受けている二人の前に、猿廻しの小猿が現れる。三芳野は小猿を靭の皮にしようと猿曳を脅す。猿曳はやむなく猿と別れる決心を固め、皮に傷が付かぬよう、鞭を振り上げ急所を狙って殺そうとする。しかし、芸を命じられたと勘違いした小猿は健気に船をこぐ真似をみせる。三芳野は感銘して猿の命を助けてやる。猿曳は御礼に祝言を述べ猿にめでたい舞を披露させる。

《解　説》物語の原作は、狂言『靭猿』および三世中村歌右衛門が文化十二年（一八一五）に演じた常磐津『寿靭猿』。その大筋を踏襲するが、原作の大名を女性の三芳野に、太郎冠者を橘平に置き換え、恋模様とおかしみのエピソードを加えて、おおらかな歌舞伎らしい気分を漂わせる。
三芳野は奥女中だが、原作の大名の役柄をふまえ、大名の代参を勤めることから女大名とも称される。登場して面を取ると赤い頬をみせ観客の笑みを誘う三枚目。色奴の橘平へ縋り寄る純情を垣間見せたり、猿の皮を要求し大名の如く威を張ったり、小猿の仕草に感動し大泣きする。感情の起伏に富む人間味あふれる役柄が魅力で、実直な猿曳の苦悩と愁嘆を引き立たせる。猿曳のクドキは当時の常磐津らしからぬ濃厚な写実味が特徴で、〽コレましよ」〽畜生な

れどもよう聞けよ」という猿曳の一人語りが悲哀の情を印象づける。

小猿の役は、狂言でも歌舞伎でも子方・子役が担う。猿廻しの祝儀性から御曹子の襲名・初舞台・御目見得に打ってつけで、一九九五年の坂東家（九世三津五郎の猿曳・五世八十助の奴・二世巳之助の猿）は、三世代の共演で観客を喜ばせた。近代では七世から十世まで四世代の三津五郎が猿曳を演じ、坂東家の御家芸になっている。

《構成》オキ～三芳野と橘平の出～橘平の踊り～小猿の出～猿曳の出～猿曳のクドキ～小猿の舞～三芳野のクドキ（～橘平と猿曳の踊り）～総踊り～チラシ

聴きどころ＋豆知識

【靫】
矢を納める容器。普通は竹細工に漆を塗るが、毛皮や鳥毛、布帛を貼ったものも作られた。

【鳴滝の八幡宮】
三芳野と橘平が代参に詣でる更科家の氏神という設定。京都市右京区梅ヶ畑の古社、平岡八幡宮がモデルか。

【〽投げさんせ縞さん紺さん」】
伊勢古市の女芸人お杉お玉が、通りかかる伊勢神宮の参拝者に銭を投げろと誘うさま。今は主人に仕え気侭な旅はできぬがいつかは伊勢へと願う橘平の胸中を快活な振りと節で綴る。

【「堀川」猿廻し】
クドキの後半〽エエさりとは」のくだりは、義太夫「堀川」猿廻しの名場面を引用。節に大きな抑揚を加え猿曳の哀愁を描く。

【楽屋落ち】
役名「三芳野」「橘平」は屋号、猿曳の「イ四郎」、〽紋もでっかり裏梅」は家紋に由来。〽向かい町からまた今年」、〽葺屋町へ」は向かいの中村座から歌右衛門が市村座へ来た意。作者が凝らした楽屋落ちの謎を解くのも芝居の楽しみであった。

【祝福芸「猿廻し」】
猿を飼い慣らして芸をさせること。縁起物、厄除けとして見物人から祝儀をもらい、禁裏や高家への出入りも許されたという。曲芸が見ものだが、芝居をさせる猿芝居もあった。今なお寺社境内、テーマパーク、テレビの正月特番等で親方の巧みな口上に導かれて諸技諸芸をみせ、観る人々を幸福な笑顔に包む。

（竹内）

心中への道行を悲しく美しくつづる

梅川

［うめがわ］

本名題＝道行故郷の春雨（みちゆきこきょうのはるさめ）

◉初演＝文政七年（一八二四）三月　江戸・市村座
◉作者＝三升屋二三治　作曲（改曲）＝初世清元斎兵衛
　振付＝四世西川扇藏　藤間大助、松本五郎市
◉梅川＝五世岩井半四郎　忠兵衛・孫右衛門＝三世坂東三津五郎

《物語》大坂新町の遊女梅川と飛脚問屋の亀屋忠兵衛の二人は、人目を偲びながら、ようやく忠兵衛の故郷大和国（奈良県）新口村（にのくち）へたどりついた。忠兵衛が梅川を身請けするために、公金を横領し、指名手配の身となっていたのだ。二人は心中を決意しているものの、せめて数日でも夫婦として暮そうと逃亡生活を続けていた。重い罪を犯したことを嘆く忠兵衛に、梅川は自分のせいだと詫び、その胸中をかき口説く。そしてそれぞれの親を思い涙にむせぶ。やがて遠くに忠兵衛の実の父親孫右衛門の姿が見えるが、会うこともできずに心を残して立ち去っていく。

《解説》忠兵衛はもとは大和国新口村の百姓孫右衛門の息子。大坂の飛脚問屋亀屋の養子となり、家付き娘のお諏訪という許嫁（いいなずけ）がありながら、新町の遊女梅川と深い仲になっていたという設定である。本作では複雑な人間関係の中で梅川のために罪を犯した忠兵衛と梅川の悲しい逃避行を描いている。梅川のクドキ〽大坂を立ち退いても……」が見どころ。梅川の優しさが伝わるシーンである。初演では三世坂東三津五郎が忠兵衛から孫右衛門に変り、別れの愁嘆場を見せたが今日では省略されることが多い。

実説や浮世草子をもとに梅川・忠兵衛の作品が数多く作られた。近松門左衛門『冥土の飛脚』、紀海音（きのかいおん）『傾城三度笠』、菅専助『けいせい恋飛脚』などである。この『けいせい恋飛脚』を歌舞伎化したのが『恋飛脚大和往来』。通称「封

印切」の場に続く「新口村」の場面は原作では義太夫であるのを、江戸では江戸系の浄瑠璃に改作して上演したが、中でもこの『道行故郷の春雨』が最も流行した。文化十年（一八一三）の富本節『三度笠故郷春雨』をもとに作詞、改曲。清元ならでは繊細な節回しに情緒がにじむ曲である。

《構成》 梅川忠兵衛の出～忠兵衛の嘆き～梅川のクドキ～孫右衛門への他所ながらの暇乞い～梅川忠兵衛の旅立ち

聴きどころ＋豆知識

【封印切】

飛脚問屋は飛脚を仕立てる商売。飛脚は手紙の他、金銭や小荷物なども扱った。十八世紀初頭には、九州から東北におよぶ飛脚問屋の流通ネットワークができていたそうだ。忠兵衛は遊女梅川に入れあげ、梅川を身請けしようとする恋敵の丹波屋八右衛門に挑発され、出入りの大名屋敷からの預り金三百両の封印を切ってしまう。他に争う弾みで切れるという演出もある。

【二十日余りで四十両】

封印を切ってしまった金は三百両。梅川の身請けやご祝儀に使い、残りの四十両を手に二人は逃亡を図る。梅川のクドキに〽二十日余りに四十両、使い果たして二分残る」とある。一両を今の貨幣価値に換算するのは、江戸時代の時期によっても異なるため難しいが、米の価格から考えた場合、この作品が初演された江戸中～後期で四～六万円だという（参照「お金の歴史に関するＦＡＱ」、日本銀行金融研究所、貨幣博物館ＨＰ）。一両を四万円とすると一六〇万円を二十日で使い、二万円残っていることになるから、なかなか贅沢な旅だったと考えられる。

【心中の取り締まり】

相愛の男女が合意の上で一緒に死ぬ「心中」は、元禄期（一六八八～一七〇四）になって増加した。元禄十六年（一七〇三）に近松門左衛門の『曾根崎心中』が大当たりを取ったことや、情死事件が起こるとすぐにこれを題材とした祭文や浄瑠璃が作られたことが、次の心中を誘う原因ともなり、関西を中心として心中事件が流行したという。そのため、幕府は享保七年（一七二二）心中死を取り締まり、心中の文字が「忠」に繋がることから、相対死と称し、心中を扱った作品の出版・脚色を禁止した。また罰則を設け、情死者の死骸は取り捨て、未遂者は非人に落した。また一人が死亡のときは相手は死刑となった。

（阿部）

江戸の一大スキャンダルの後日譚

江島生島

［えじまいくしま］

◉初演＝大正二年（一九一三）十一月　東京・歌舞伎座
◉作詞＝長谷川時雨　作曲＝四世吉住小三郎（慈恭）
振付＝尾上梅雄（六世藤間勘十郎）・六世尾上菊五郎
◉絵島・海女＝市川男寅（三世市川左團次）　生島新五郎＝中村米吉（三世中村時蔵）　旅商人＝尾上梅雄（六世藤間勘十郎）

《物語》〈第一景〉桜花が咲き乱れる春の夜。池に浮かんだ舟では、歌舞伎役者の生島新五郎と江戸城の大奥に勤める女中の江島が散る桜を眺めている。江島が生島の手をとって岸へ。二人は仲睦まじく盃を交わしていたが、〽鳥も通わぬ八丈が島へ」という舟唄を聞いた生島が思わず盃を落とすと、江島の姿が消える。……すべては夢。

〈第二景〉いま生島は八丈島に流刑の身。恋い焦がれる江島との夢を見ていたようだ。着衣を乱し物狂いとなった生島は、通りかかった旅商人に絡みクドキとなる。そこに地元の海女（あま）たちがやってきて正気を失った生島を弄ぶと、生島はその一人に江島の面影をみて戯れかかる。やがて雨が降り出すと海女たちは去り、なおも江島に執心する生島に旅商人が菅笠をさしかけてやる。

《解説》「江島生島事件」を題材にした大正期の新舞踊運動の代表的作品である。大正二年九月に長谷川時雨（しぐれ）舞踊研究会（第五回）で発表され、同年十一月歌舞伎座の第六回舞踊研究会で初演された。その際に演出振付だった六世尾上菊五郎が、大正六年帝国劇場で生島役を勤める際に、曲を十三世杵屋六左衛門作曲のものに改め、振付も刷新。主人公の内面をロマン漂う幻想的な演出で描出し、近代舞踊史に名を刻む画期的な作品と評価された。第一景の色彩に乏しい黒幕前での美しい二人の逢瀬、片や第二景では椿花咲く島で継ぎ接ぎ衣のやつれた物狂い、という対照の妙も巧みである。近年では二〇一三年巡業と二〇一八年こんぴら大芝居で上演され、舞踊会では大和楽（やまとがく）での上演も多い。

《構成》〈第一景〉 オキ～江島が棹をさし、生島が小鼓を打つ絵模様～酒宴～舟唄～江島が消える～暗転
〈第二景〉 舟唄～生島の夢覚め～物狂いの振り～旅商人の出～クドキ～海女の出～江島に似た海女との振事～海女が帰る～生島の独り狂い

聴きどころ＋豆知識

【長谷川時雨】

「江島生島」を書いた長谷川時雨は、明治十二年（一八七九）生まれ。同三十八年に懸賞戯曲『海潮音』が入選して劇作家となる。その後、選者であった坪内逍遥に師事し、女性では初めての劇作家となった。演劇雑誌「シバヰ」を発刊。同四十五年から大正三年まで自ら主催の「舞踊研究会」を開き、そこで『江島生島』も発表した。特に六世尾上菊五郎とは昵懇の仲で「狂言座」を結成。二回の公演で頓挫してしまうが菊五郎は時雨のことを本名のヤスにちなんで「おやっちゃん」と呼び続けたという。一九九四年六月歌舞伎座『江島生島』上演時には、筋書に作者の特集が組まれた。

【江島生島事件】

正徳四年（一七一四）、生島新五郎と大奥で高位にあった御年寄江島のスキャンダル。江島は増上寺への墓参の帰りに直帰せずに山村座に立ち寄り、生島新五郎の舞台を見て門限を破った。不義密通が疑われ、関係者千人以上が処罰、江島は信州の高遠（たかとお）、生島新五郎は三宅島（本作では八丈島）に流罪、山村座は廃絶となった。背景には幕府内の権力闘争があったともされるが、史上稀にみる綱紀粛正事件であり、また芝居小屋建築に簡素化が求められるなど、演劇史にも大きな影響を与えた。昭和三十年に制作された舟橋聖一作の映画『絵島生島』は十一世市川團十郎主演。同四十六年には現片岡仁左衛門主演でテレビドラマ化された。

【生島新五郎と二世市川團十郎】

初世市川團十郎は同僚役者の生島半六に舞台上で刺殺される。この時、親を失った後の二世團十郎の後ろ盾になったのが半六の師匠筋にあたる生島新五郎とされ、和事味を学ぶ。その二世團十郎は「江島生島事件」の際、江島から近衛家ゆかりの杏葉牡丹の紋がついた打掛を貰っていたことで訊問。「杏葉牡丹は市川家の替紋」と主張したことで微罪になったという。二世が確立した『助六』を見る度に思い出すエピソードである。

（重藤）

鄙(ひな)の風情を軽妙に踊る

越後獅子

「えちごじし」　『遅桜手爾葉七字(おそざくらてにはのななもじ)』の一コマ

◉初演＝文化八年（一八一一）三月　江戸・中村座
◉作者＝篠田金治（諸説あり）　作曲＝九世杵屋六左衛門
振付＝市山七十郎
◉越後獅子＝三世中村歌右衛門

《舞台》頭に小さな獅子頭、胸に鞨鼓(かっこ)と呼ばれる太鼓、裁着袴(たっつけばかま)と下駄をはいた越後獅子が花道へ駆け出てくる。〽打つや太鼓」を軽快に踊ったのち、本舞台に来て、獅子頭の踊り〽越後（越路）潟」〽来るか来るかと」になる。ここは越後訛(なま)りや越後風物を取り入れた歌詞で、後者は浜唄と呼ばれ、しっとりとした民謡調の鄙びた味わい。〽何たら愚痴だえ」からは気分を一転。踊り地で肌を脱ぎ軽やかに踊る。最後、〽見渡せば」から両手に持った長い白布を振る布晒(ぬのさら)しを三段見せて終わる。

《解説》越後獅子は越後国（新潟県）蒲原(かんばら)郡月潟(つきがた)の山村に伝わる獅子舞で、農閑期や正月に出稼ぎのため、京・大坂・江戸などへ出向いて門付け芸を見せた。やがて江戸市中では一年中見られる大道芸となり、その風俗を歌舞伎舞踊化したのが本作品。初演は文化八年三月江戸中村座で七変化『遅桜手爾葉七字』の一つとして、上方役者の三世中村歌右衛門が踊った。本名題の『遅桜……』は、同月市村座の三世坂東三津五郎『七枚続花の姿絵』に対抗して遅れて上演されたため。全曲長唄で「傾城」「座頭」「業平」「相模蜑(さがみあま)」「越後獅子」「橋弁慶」「朱鍾馗(しゅしょうき)」と変わったが、七変化の台本・作曲・振付すべてがそれぞれ一晩で作られたという急ごしらえのエピソードが残る（『歌舞伎新報』五二八号）。両優による七変化の競演は大評判となり、当時、江戸っ子にとって甚句(じんく)やおけさ、小千谷縮(おぢやちぢみ)など越後の風俗への関心が高まり始めたことも相俟って、『越後獅子』も長唄を代表する名曲となった。

《構成》越後獅子の出・三下り〽打つや太鼓」～獅子頭の踊り〽越後潟」～浜唄〽来るか来るかと」～踊り地〽何たら愚痴だえ」～〽向い小山」～布晒し〽見渡せば」～晒の合方で幕

聴きどころ＋豆知識

【『越後獅子』の元ネタ】
九世杵屋六左衛門が一晩で作ったと伝わる本曲は、各種先行作との関係が指摘されている。例えば〽越後潟」と〽向い小山」などは、地歌『越後獅子』（峰崎勾当作曲）からほぼ丸どりしている。また、前弾きと〽打つや太鼓」は富本節『鞍馬獅子』（安永六年十一月市村座初演）の旋律を、晒の合方は地歌『晒』から手を写している。浜唄なども含めるといわば既存曲のつぎはぎだが、そのことを微塵も感じさせない一曲に仕立てたところに六左衛門の手腕が光る。

【『越後獅子』の再演】
三世歌右衛門が大坂に戻り、文化十年正月に「慣ちょっと七化」で演じたのを始め、同年三月江戸市村座で二世関三十郎、天保四年（一八三三）三月江戸中村座で二世中村芝翫が踊るなど上演を繰り返してゆく。それと呼応するように長唄正本も出版を重ね、とくに上方で絵表紙正本や稽古本が出たり、信州で地方版が出版されたりするなど、江戸時代を通じて広く人々に『越後獅子』が浸透していった様子が窺われる。

【近代以降の受容】
近代以降も様々な形で受容されていき、各種SP録音には吹奏楽や和洋合奏、オーケストラによる『越後獅子』、ピアノやハーモニカ楽譜の『越後獅子』も面白い。越後獅子の風俗としては、戦後に美空ひばりが唄った『越後獅子の唄』（松竹映画「とんぼ返り道中」）や『角兵衛獅子の唄』（松竹映画『鞍馬天狗 角兵衛獅子』）で記憶している人もいるのではないだろうか。

【クラシックになった邦楽】
長崎を舞台にしたプッチーニのオペラ『蝶々夫人』（明治三十七年〈一九〇四〉）には、『さくら』『お江戸日本橋』などと共に『越後獅子』の旋律が使われている。この裏話は徳川頼貞『薈庭楽話』に詳しい。一方、大正七年（一九一八）に訪日したプロコフィエフは、滞在時に聴き覚えた『越後獅子』を『ピアノ協奏曲第三番』の第三楽章に取り入れたらしい。『越後獅子』の広がりは果てしない。

（前島）

琵琶湖の風物を大力女が踊ってみせる

近江のお兼

［おうみのおかね］

別称＝晒女（さらしめ）・團十郎娘（だんじゅうろうむすめ）
『閏茲姿八景（またここにすがたはっけい）』の一コマ

◉初演＝文化十年（一八一三）六月　江戸・森田座　二番目大切
◉作者＝二世桜田治助　作曲＝四世杵屋六三郎
振付＝初世藤間勘十郎
◉近江のお兼＝七世市川團十郎

《舞台》近江国（滋賀県）琵琶湖西岸、浮御堂（うきみどう）の見える堅田（かただ）付近。裸馬を追って盥（たらい）を抱えたお兼が花道から登場する場合と、先に取り巻き（漁師や若い者）がお兼に投げ出された格好で駆け出してきて、トンボを切るとお兼が出て絡む場合とがある。本舞台にかかって下駄を脱ぎ、〽四つに抱かれて」で絡みと踊り、大力をみせる力持ちの踊り。クドキ〽ほんのほうやれ」からは近江の地名を詠み込んだ唄。〽今宵堅田に」で晒（さらし）の手拭いを吹き流しにかぶり、〽天の川」で鏡の宿の盆踊り。鼓唄〽野路の玉川」があって、最後は白布を晒（さら）して、チラシ。

《解説》奉納した絵馬から近江八景になぞらえた人物が抜け出し、悪者を翻弄しながら踊った七世市川團十郎の八変化『閏茲姿八景』七番目として初演。「心猿（しんえん）の秋月」から猿と神馬を引き抜いて「晒女（さらしめ）の落雁（らくがん）」のお兼と荒馬に変わり、馬の手綱をお兼が踏み止めて唄にかかる演出であった。今は馬が出ると絡んで踊るが、普通には漁師などの絡みを使う。また初演では琵琶湖の東岸近江の篠原村、近江晒（野洲晒）で有名な野洲川のほとりが舞台だったが、現行は近江八景の「堅田落雁」の連想から琵琶湖西岸の堅田が背景となっている。

別称の『團十郎娘』は歌詞の〽色気白歯の團十郎娘」から取ったもので、力の強い娘というほどの意。團十郎家の荒（あら）事（ごと）を大力の田舎娘お兼に結び付けて娘形で表現したところに面白みがあった。当て振りの多いクドキや手拭いの盆踊りも見どころだが、なんといっても最後の両手に白布を持っての布晒しが眼目。初演は常磐津と長唄の掛合(かけあい)。現在は長唄のみで行われ、全曲二上り(にあがり)の明るくおおらかな曲。

《構成》前弾き・二上り〽留めてみよなら」～お兼・本舞台〽まだ男には」～クドキ〽ほんにほうやれ」～盆踊り唄〽天の川」～鼓唄〽野路の玉川」～晒の振り〽立つ浪が」～浪音または晒の手で幕

聴きどころ＋豆知識

【『閏茲姿八景』】

夏芝居の大切(おおぎり)に出た変化舞踊で、水に縁のある踊りばかりを集めた構成となっている。「姫垣の晩鐘（乙姫）」「浦島の帰帆」「滝詣の夜雨（景清）」「水売の夕照」「臘候の暮雪」「心猿の秋月（水車の猿）」「晒女の落雁（近江のお兼）」「石橋の晴嵐」の八景。本曲のほか、「心猿の秋月」（長唄）、「景清」（常磐津）、「水売」（常磐津）が現行。なお團十郎家の所作事として、弘化三年七月には八世が、安政二年五月には九世が『真似(まね)三升(みます)姿八景』という外題で踊っている。

【近江八景】

琵琶湖沿岸の景勝地。石山秋月（石山寺）、瀬田夕照(せきしょう)（瀬田の唐橋）、粟津晴嵐（粟津原）、矢橋(やばせ)帰帆（矢橋）、三井晩鐘（三井寺）、唐崎夜雨（唐崎神社）、堅田落雁（浮御堂）、比良暮雪（比良山系）の八景で、中国の洞庭湖の瀟湘(しょうしょう)八景を模して選ばれた。

【怪力の女性たち】

怪力の女性というと木曽義仲の妻巴御前(ともえごぜん)を想起するが、古代から中世の説話伝承の中には怪力女の話があちこちに見える。『日本霊異記(りょういき)』には美濃国（岐阜県）片県(かたかた)郡にいた大女の〝美濃の狐〟の話、『宇治拾遺物語』には甲斐国（山梨県）の相撲人大井光遠の妹の強力(ごうりき)の話、『古今著聞集』には近江国高島郡に住む強力の大井子(おおいこ)の話、さらには本曲のモデルとなったとされる近江国海津の遊女金が暴馬の手綱を足駄で踏み止める話などなど。こうした大力女譚が数々残された背景には、各地より大力女を都に貢進させ、田地を給付していた古代の律令制度とも関係があるらしい。力の強い女性へのあこがれ——今も確かにある。

（前島）

活歴舞踊の代表作
偽狂乱から馬とのからみへ

大森彦七
［おおもりひこしち］

◉初演＝明治三十年（一八九七）十月　東京・明治座
◉作詞＝福地桜痴　作曲＝岸澤仲助　振付＝初世花柳壽輔
◉大森彦七＝九世市川團十郎　千早姫＝市川女寅（六世市川門之助）道後左衛門＝市川寿美蔵
＊新歌舞伎十八番の内

《物語》南朝北朝が争うなか、南朝方の勇将・楠木正成（まさしげ）はついに横死。詰め腹を切らせたのは北朝に与する伊予国（愛媛県）の領主大森彦七であった。建武三年（一三三六）三月二十五日の真夜中。正成の息女千早（ちはや）姫は彦七を敵と狙い、足利家に奪われた菊水の宝剣を求め松山街道に潜んだ。北朝方の武士道後左衛門に見咎められたが、これを当の彦七に救われる。折良く彦七に出逢った姫は、正体を隠して近づき果敢に襲いかかるが、奮闘虚しく取り押さえられてしまう。既に姫が正成の娘であると気づいていた彦七は、湊川の合戦における正成の最期の様子を語り始める。正成は覚悟の討死。誤解を解いた姫は彦七に無礼を詫びるも、宝剣を取り返せない情けなさに自害を決意する。その孝心に心打たれた彦七は足利家を裏切り、正成の怨霊に取り憑かれた体をもてなして宝剣を姫に返す。偽狂乱となった彦七は様子を怪しむ道後左衛門をからかい誑（たぶら）かし、その秘蔵の馬を奪って去って行く。

《解説》『太平記』に、楠木正成を討ち取った大森彦七がその亡霊に悩まされる話がある。史実に忠実な作劇（活歴物）を目指していた九世市川團十郎と福地桜痴（おうち）がこれを題材に取り上げ、亡霊に正成の娘千早姫が化する構成をとって効果的な舞台を作った。作品としての見どころは、谷川を渡るため彦七に背負われた千早姫が般若の面をつけて正成の亡霊を装い、女とは思えぬ手練（しゅれん）の早業（はやわざ）で彦七との立廻りをするところ。その姫を制しての彦七による湊川合戦の物語は、音楽的でない台詞術が採られ、江戸期の劇術との違いをみせる。女形の見せ所は父の最期の様子を聞き納得しながらも、宝剣を奪い返せずに死を決意する無念のクドキ。その後の彦七が偽狂乱になっての所作事（しょさごと）（振事）は深刻な雰囲気が一変して、「二条河原の落書」を取り込んだ歌詞で躍動的に踊られる。そもそも彦七役には、戦勝祝賀の宴で猿楽の役者に扮する設定があった。この所作事で馬が面白く踊りに絡むのが本作の真骨頂。ただその趣向の難しさもあって二十一世紀になって上演の機会を得ていない。九世團十郎の後は、門弟の七世松本幸四郎及びその血脈にある俳優による上演が比較的多い。

《構成》千早姫の出～道後左衛門による訝（いぶか）しみ～彦七の出と千早姫の救出～彦七と千早姫の川渡りから立廻り～彦七の「戦物語」～千早姫のクドキ～彦七の偽狂乱の踊り～馬を盗んでの引っ込み

聴きどころ＋豆知識

【舞踊における物語】

日本芸能の作品構成は、能などでも顕著だが、過去の出来事の再現という形をとることが多い。歌舞伎舞踊においても、女形は過去の出逢いや事件から現在に至った心中を吐露する「クドキ」、立役は過去の合戦の「物語」を中心的な見どころにすることが多い。本曲においては、彦七による湊川合戦物語に当初は竹本の三味線に乗った従来の手法が用意されていたようだが、初演の九世團十郎の発案により、三味線を入れない「素」の「物語」が採用され、写実的な台詞術が必要となった。

【二条河原の落書】

「此頃都ニハヤル物、夜討強盗偽綸旨……」作者不詳で、後醍醐天皇を中心にした建武政権への批判が七五調で綴られている。落書にしては、漢詩や和歌への精通度、文芸としての完成度も高く、相当な教養を持った書き手と想像される。これを学究肌の強い福地桜痴がそのまま剽窃（ひょうせつ）したが、不思議と劇的効果が上がっている。

（鈴木）

絆の深い鴛鴦の執着愛

鴛鴦

［おしどり］

本名題＝鴛鴦容姿婸（いもせどりすがたのまさゆめ）

◉初演＝文政十一年（一八二六）正月　江戸・中村座
◉作者＝金井三笑作の富本『四十八手恋所訳』（安永四年）を二世瀬川如皐が添削　作曲＝三世岸澤式佐　振付＝松本五郎市
◉雄鳥の精＝二世中村芝翫　雌鳥の精＝四世瀬川菊之丞　股野五郎＝五世松本幸四郎

《物語》上巻「相撲」　坂東武者の河津三郎祐安（かわづのさぶろうすけやす）と股野五郎景久（またのごろうかげひさ）は敵対し、遊女喜瀬川を取り合う恋敵。相撲の濫觴（らんしょう）が語られ、二人の相撲が行われる。負けた股野は河津が与（くみ）する源氏の味方になり喜瀬川も譲るが、河津を深く恨み、その心を乱そうと番（つがい）の鴛鴦の雄を殺して執着強い生き血を取り、酒に混（こん）じて飲ませる。下巻「鴛鴦」　雄鳥を殺された雌鳥は恋慕止みがたく、夫の血が五体に入った河津に慕い来る。雄鳥もまた河津の体を借りて雌を求めて現れ、再会した雌雄は悲運を嘆いて名残の契りを交わす。その様子を訝（いぶか）しんだ股野が切りつけるが、番の鴛鴦は憾みを述べ、翔け羽ばたいて股野を翻弄する。

《解説》源頼朝の前で力自慢の河津と股野が相撲の勝負をし、河津が勝った話が『曾我物語』にある。決まり手は今も相撲四十八手に残る「河津掛け」。この勝負を、恋争いを含んだ坂東武者の敵対として舞台化したのが上の巻「相撲」である。相撲の濫觴が、役者が三味線に合わせて唄い踊る古風な「拍子舞（ひょうしまい）」によって語られる。下の巻は一転して薄幸な禽獣の世界。鴛鴦は「鴛鴦夫婦」「鴛鴦の契り」という言葉があるように、夫婦の絆が深い生物とされ、どちらかが死ねば片方は思い死にするともいわれる。それ故、人間の争いによって仲を裂かれた悲嘆は一通りでなく、業の深い愛が畜生道に陥るような激しさで表現される。現行の演出は昭和二十九年六世中村歌右衛門主催の莟会で復活された型をひく。上の巻で歌右衛門（喜瀬川）、十一世市川團十郎（河津）、二世尾上松緑（股野）の三人がセリ上がってきた豪華さは、戦後歌舞伎の復興の象徴とされる。「相撲」の場は本来、清元による上演であったが、この時から長唄（杵屋栄二作曲）となった。

《構成》

〈上巻「相撲」〉 相撲の濫觴〝拍子舞〟〜喜瀬川のクドキ〜三人の手踊り〜相撲の所作〜所作ダテ〜祐安・喜瀬川の引っ込み〜股野の鴛鴦殺し〜股野の引っ込み

〈下巻「鴛鴦」〉 雌鳥のスッポン迫り上がり〜雌鳥のクドキ〜雄鳥の出と夫婦のクドキ・クルイ〜股野の出〜鴛鴦のぶっ返り〜立廻り

聴きどころ＋豆知識

【四十八手】

上の巻では当麻蹴早（たいまのけはや）と野見宿禰（のみのすくね）が取った相撲の濫觴が語られ、河津と股野の相撲では具体的に技の四十八手が詠み込まれている。「膝すて」「負い投げ」「腕そり」「矢柄」「四つかい」「膝櫓」「捻りつまどり」「鴨の入れ首」「腰車」「鴫の羽返し」「向こうづけ」。現在は八十二手が数えられるが作中と同じ技名はなく、「河津掛け」は入っている。

【鴛鴦の仲の良さ】

歌詞の中に、番の鴛鴦の仲の良さや、相手への深い執着を意味する言葉が多く出てくる。「鴛鴦の衾（鴛鴦の番を縫い物にした夜具）」「鴛鴦独り寝ず」、その他「諸羽がい」「深い契りの思い羽」など。実際の鴛鴦は繁殖期を終えると番を解消するようで、人間の好意的な勘違い。鳥類では丹頂鶴がパートナーを一生替えない。

【責め苦の鳥】

鳥は空を飛べるということで、様々なイメージが仮託されてきた。羽ばたく様は「地獄の責め苦に遭っている」と見立てられ、その芸能化の代表が『鷺娘（さぎむすめ）』であり、本曲『鴛鴦』である。作品の表現方法には、人と鳥は分かちがたいという発想が根本にある。能『求塚（もとめづか）』では、二人の男に求愛された女が「鴛鴦を射殺せた方の愛を受け入れる」といって一羽が殺され、結句三人は地獄に落ちて責め苦に遭う。様々な芸能の題材となっている善知鳥（うとう）伝説は、猟師が殺生を理由に地獄に落ちて責め苦に遭う。

（鈴木）

駆け落ちした二人に猿廻しが意見と励ましの歌祭文

お染

［おそめ］

本名題＝道行浮塒鴎（みちゆきうきねのともどり）

◉初演＝文政八年（一八二五）十一月　江戸・中村座　二番目序幕

◉作者＝勝井源八・三升屋二三治（※狂言全体は四世鶴屋南北）作曲＝初世清元斎兵衛　振付＝藤間大助・西川扇蔵

◉お染＝岩井紫若（七世岩井半四郎）　久松＝岩井粂三郎（六世岩井半四郎）　猿曳＝七世市川團十郎

《物語》油屋の娘お染は、親の決めた相手との祝言を嫌って、互いに恋い慕う丁稚の久松と駆け落ちする。ここは隅田川の三囲の土手。久松は子供の頃から養育してくれた主人への申し訳なさから、家に帰るようにお染を促し、思うがままにはならない使われ者の身の上を嘆く。お染は幼いときからいつも一緒に過ごした恋人の今更ながらの心変わりを嘆き、袖に縋って泣く。ここに猿曳（猿廻し）が通りかかり、既に世間で噂されている駆け落ちを、二人を歌った歌祭文で意見しつつ、賑やかな万歳で励まして去る。しかし許されぬ仲の二人は隅田河岸を死出の旅に向かわなくてはならなかった。

《解説》宝永七年（一七一〇）に起こった大坂油屋の娘お染と丁稚の久松との心中事件は、当時の醜聞報道にあたる「祭文」で歌い広められた。今に名作として伝わる近松半二作の『新版歌祭文』も、この媒体を意識した外題である。その他、お染久松の題材は多く舞台化されたが、本曲はその江戸版といえる鶴屋南北作『鬼若根元台』の道行所作事。本曲では、油屋が浅草瓦町に設定され、心中場も隅田堤となっている。本来は様々な人物が絡む複雑な筋を持っていたが、猿曳だけを出して独立した舞踊劇として成立させた。恋に盲目な男女をしばし冷静にさせる第三者を出すのは道行場の常套であり、この深刻さを緩和する猿曳の芸が舞踊的にも見どころとなる。

《構成》お染の出～久松の追い掛けの出～花道の振り～久松の後悔～お染のクドキ～猿曳の出～猿曳の四ツ竹を持った意見の歌祭文～猿曳の万歳～心中へ

お染の七役 ［おそめのななやく］

お染久松を題材とする舞踊として、歌舞伎で本曲以上に上演頻度が高いのは『お染の七役』の道行「心中翌の噂」（常磐津／文化十年初演）である。

文化期の歌舞伎は目先の変化が重視され、早替わりの手法が流行した。その時期に、名女形で知られた五世岩井半四郎がお染久松に因む人物七役を演じ分けて好評を得たのが『お染の七役』。その大詰に出された道行浄瑠璃が本曲である。近代になって渥美清太郎によって整理、補綴された台本を基本に手が加えられ、

①三囲土手のお染久松の駆け落ち

②「お光狂乱」。これに船頭と女猿廻しの夫婦が悪魔払いで絡む

③隅田堤でのお染久松の早替わり

という三場の構成となっている。特に最後の隅田堤での吹き替えの役者を使って、糸立て（幕内用語の昆布巻き）や傘の内で行う早替わりは、歌舞伎のショー的要素を突き詰めたものである。もちろんそこには、替わるだけではない地芸が必要であり、江戸女形芸の最後といわれた四世澤村源之助にこの役を習った四世河原崎國太郎（前進座）が昭和九年に上演して、現行上演の基礎を作った。その國太郎の芸は二十一歳の五世坂東玉三郎に伝わり、昭和四十六年の上演以来、人気狂言となって再演が繰り返された。その後中村福助・中村七之助・中村壱太郎といった後進の女形にも継承され、後継者の中には、四世國太郎の孫・五世國太郎もいる。なお本曲を元に背景を上方に移した舞踊作品に『お染の五役（お染・久松・お光・雷・お六）』があり、これら二作を念頭において原作を大胆にアレンジしたと思われるのが、猿之助四十八撰『独道中五十三驛』の大詰浄瑠璃「写書東驛路」である。（鈴木）

『忠臣蔵』の花 明るさと愁い（うれ）の道行

落人［おちうど］

本名題＝道行旅路の花聟（みちゆきたびじのはなむこ）

◉初演＝天保四年（一八三三）三月　江戸・河原崎座『裏表忠臣蔵』三段目裏
◉作者＝三升屋二三治　作曲＝清元栄治郎
◉早野勘平＝七世市川團十郎　腰元お軽＝三世尾上菊五郎

《物語》富士を望む相模国（さがみ）（神奈川県）戸塚山中。春風の中を、若い男女が人目を忍んで落ちて行く。塩冶（えんや）家中で主君判官の近習であった早野勘平（かんぺい）とその恋人の腰元お軽（かる）であった。二人は塩冶判官が高師直（こうのもろのう）に刃傷に及んだそのみぎり、密かに逢瀬を楽しんでいて、勘平は主君の大事に居合わすことができなかった。二人はお詫びのしようも解らず、鎌倉を抜け出してここまで来たのであった。判官は咎（とが）により死罪。勘平は不忠を恥じて自害をしようとするが、逢い引きに誘った責任を感じているお軽はこれを必死に留め、ひとまずは自分の故郷山崎（山城国／京都府）まで立ち退こうと説得する。勘平はこの思いを聞き届け、時節を待ってお詫びの機会を得ることにする。そこへ師直の家来鷺坂伴内（さぎさかばんない）が、家来を引き連れて現れる。かねてよりお軽に横恋慕する伴内は、お軽を渡せと勘平に迫るが、勘平はこれを軽くあしらって追い散らした。主君を失った御家はどうなるのか。二人は不安な面持ちで、互いを労りながら山崎を目指すのであった。

《解説》『仮名手本忠臣蔵』は武士による仇討ちという快挙を描きながらも、その裏で不幸に陥っていった者たちの生き様、死に様を痛切に描く。その意味で、恋路を優先させたがために人生を転落していったお軽勘平の悲話は、作品の主要なテーマといえる。この二人の道行は原作にはなく、古典作のマンネリ化を防ぐために十一段すべてに裏をつけた『裏表忠臣蔵』の「三段目裏」として上演された。ただ現行において通し上演が行われる場合は、通常「四段目」の後につけられ、昼夜二部制興行では昼の打ち出しに上演されることが多い。大序から続いてきた武士の相克からの緊張緩和、世界が「時代」から「世話」に移る繋ぎ目として恰好である。〽落人の」と、『梅川』からとった歌詞から始まるが、心中道行の沈痛さはなく、勘平の憂いはありながらも、どこか明るさを感じさせる一幕である。舞台も夜の戸塚山中としながらも、陽光で富士を眺望し、桜や菜の花が咲き誇っている。そして何よりも、恋しい男との二人だけの旅路を嬉しがっているようなお軽が愛らしく感じられる。もう一人、この一幕で華やかさを演出するのが、道化役の鷺坂伴内。女郎の湯文字を着て、おかしみの化粧を施して花四天を引き連れて現れる。鳥尽くしの〝ノリ（三味線に合わせて語る）〟で「お軽をこっちに渡せ」と迫るが、立廻りで勘平に散々な目に合わされてしまう。この〝所作ダテ〟は「忠臣蔵」中で最も華やかなシーンである。最後は観念した伴内が自ら定式幕（じょうしきまく）を引いて閉めるチャリがあり、お軽勘平は浮いた合方（あいかた）で機嫌良く花道を引っ込んでいく。なお初演の際には、奴可助が出て絡んだ。

《構成》（浅葱幕振り落とし）お軽勘平の出～お軽のクドキ～勘平の死の覚悟～お軽のクドキ～鷺坂伴内の出～ノリ地～所作ダテ～幕外の引っ込み

聴きどころ＋豆知識

【忠臣蔵の恋の物語】
大作を一つのテーマで語ることはできないが、「叶わぬ恋」も忠臣蔵を読む視点に加えられる。師直が判官をいじめた大きな理由は、判官の妻・顔世御前への叶わぬ横恋慕があった。その逆怨みのいじめが刃傷事件になり、判官と顔世は永遠の別れに。その事件の陰で逢い引きをしていたお軽勘平は悲恋に。そしてこの事件の影響で、大星由良助の息力弥と加古川本蔵の娘小浪、判官の弟縫之助と桃井若狭之助の妹三千歳姫、という許嫁が疎遠になった。

（鈴木）

近代狂乱物の代表作

お夏狂乱

［おなつきょうらん］

◉初演＝大正三年（一九一四）九月　東京・帝国劇場
◉作詞＝坪内逍遙　作曲＝二世常磐津文字兵衛
振付＝二世藤間勘右衛門
◉お夏＝六世尾上梅幸　馬子＝七世松本幸四郎

《物語》晩秋の近江路。里の童たちが踊り遊んでいると〽向こう通るは清十郎じゃないか」と、恋い慕う男と引き離されて物狂いとなったお夏が現れる。笠をかぶった人を見つけるたびに「清十郎じゃないか」と声をかけ、嫁入行列を見ても泣き狂う。そんなお夏を見て、童たちは「清十郎がきたぞや」といってからかい、意地悪に田舎節を歌わせて去って行く。そこに追分唄を歌いながら酔った馬子がやってくる。馬子はお夏に一目惚れしてじゃれかかるが、幼時の蛍狩りや清十郎が拷問を受ける幻影を見て狂い乱れるお夏に、思わず酔いを覚まして逃げていく。放心したお夏は、笠を被（かぶ）った巡礼夫婦を見ても清十郎と思い近づいていく。

《解説》新時代に相応しい舞踊を模索していた坪内逍遙は「新楽劇論」を著し、その主張を実践するため、本作『お夏狂乱』を発表した（明治四十一年『早稲田文学』）。題材は播州但馬屋の娘お夏と、手代清十郎との悲恋。駆け落ちが露見して捉えられた清十郎は、店の金を盗んだとして処刑。お夏はその刑死を知って発狂したという。芸能化された先行作もあったが、逍遙はあえて井原西鶴の『好色五人女』をモチーフにして新感覚を狙い、舞踊界に受け入れられる人気曲となった。従来の「狂乱物」は、扇使いなど特殊な芸をみせるための記号としての要素が多かったが、本作では演出のすべてがお夏の精神構造にスポットを当てることに向いている。まさに「近代狂乱物」の先駆けと言えよう。里の童が無邪気で陽気であればあるほど、また馬子が剽軽であればあるほど、お夏の哀れみがより際立ってくる。歌舞伎公演では六世梅幸から六世尾上菊五郎そして六世中村歌右衛門が多く手がけ、近年では五世坂東玉三郎をはじめとした真女形がお夏をつとめている。

《構成》オキ～童の踊り～中オキ～お夏の出～童のからかい～しょんがえ節～馬子の出～馬子の踊り～お夏の幻影による狂乱～馬士の走り去り～御詠歌～巡礼夫婦の出～お夏の自失

聴きどころ＋豆知識

【〽向こう通るは清十郎じゃないか、笠がよう似た菅笠が……」】

オキ浄瑠璃があり、花道から里の童が出てきて踊る。そののち中オキに俗謡の〽向こう通るは清十郎じゃないか」があってお夏が花道から現れる。お夏と清十郎に関係する俗謡が他にも引用されている。

【引用された曲】

「お夏狂乱」には多くの曲が引用されている。〽おまんが紅さいた」は童謡を、〽向い通るは」は清十郎を歌った俗謡を、〽わしとナアお母さと糸とっていたければ」は田舎節を、〽清十郎殺さばお夏も殺せ」は『好色五人女』から引用して、〽むすめサアなにょする行燈の陰で」は馬子唄を用いて、坪内逍遙は『お夏狂乱』を構成した。

【坪内逍遙と新舞踊運動】

「日本舞踊の将来」の中に、「私が日本の振事即ち世界無比と称すべき舞踊劇を、何とかして新代の需要に適するものとしたいと望む」と書いている。西洋をはじめとした文明国には国劇があり、日本の音楽劇は文明国と対峙できるものではないとして、逍遙は新しい国劇の必要性を説き、その考えに基づいて新しい舞踊劇を創作していった。「日本古来からの芸能を取捨選択して、いつまでも日本芸能を守り続ける事に専念」とは逍遙の養女である飯塚くにの証言。

（重藤）

復活された古風な趣向の拍子舞

鬼次拍子舞

［おにじひょうしまい］

本名題＝月顔最中名取種（つきのかおもなかのなとりぐさ）

（長唄正本内題「拍子舞　名取種」）

◉初演＝寛政五年（一七九三）八月　江戸・河原崎座『姫小松子日の遊』一番目三立目

◉作者＝初世杵屋正次郎　作曲＝初世杵屋正次郎　振付＝二世西川扇蔵・三世藤間勘兵衛

◉長田太郎＝三世大谷鬼次（二世中村仲蔵）　松の前＝二世岩井喜代太郎（四世市川八百蔵）

＊現行は大正十一年（一九二二）二月、五世中村福助が七世坂東三津五郎と第一回羽衣会（帝国劇場）で復活したもの。

《物語》秋の洛北賀茂の山中。長田太郎は父・長田庄司と共に主人源頼朝を殺害し、その功によって平家の武将となっていた。長田太郎が縞の褞袍（どてら）に折り頭巾の山樵（やまがつ）姿に身をやつしてやって来る。そこへ烏帽子（えぼし）に水干（すいかん）という白拍子姿の松の前が現れ、白拍子の男舞の縁起を拍子舞で語る。名笛を探している松の前は、長田の懐に手を入れ、この様子を訝（いぶか）しく思う長田に対して取り繕う。〽問うも憂し」からは、虫尽くしの歌詞に合わせて松の前のクドキ。続いて、長田のチョボクレ風の神おろしの所作で法印の振りを見せ、長田が懐中していた笛を奪い合い、〽悪性なほど」から踊り地。ついに二人とも正体を顕し、立廻りとなる。

《解説》通称の『鬼次拍子舞』は、初演時に長田太郎に扮した三世大谷鬼次の名を取って名付けられたもの。俊寛を主人公とした『姫小松子日の遊（ひめこまつねのひのあそび）』（通称『洞（ほら）が嶽（だけ）の俊寛』）の三立目（序幕）に挿入された舞踊だったが、その後上演機会を失い、曲だけが伝えられた。渥美清太郎の発案で、大正十一年第一回羽衣会で坂東流の伝承をもとに復活され、一幕物の所作事として再構成されたのが本曲。以来、時々上演されるようになった。

眼目は拍子舞。これは三味線に合わせて唄いながら踊る技巧のことで（『蜘蛛拍子舞』八六頁）、踊り手が三味線に乗って唄うセリフ術と踊り、それを受ける長唄の地方の技量が問われるところ。また優美で色気漂う松の前の男舞と、武骨な長田の大時代的な振りの対照も見どころで、見顕しでは両者がぶっ返りや引抜きを見せ、華々しい立廻りで終わる。松の前が色に事寄せ長田と名笛を奪い合うというだけのシンプルな内容だが、おおらかで古風な舞踊劇の雰囲気を楽しみたい。

《構成》長田太郎・松の前出～オキ・三下り〽頃は寿永の白拍子」～拍子舞～クドキ〽問うも憂し」（虫尽くし）～神おどりの所作・法印の振り〽出花の花」～踊り地・手踊り〽悪性な」～見顕し～立廻り〽互いに劣らぬ」

聴きどころ＋豆知識

【名笛】

長田太郎が懐中する名笛は、初演では常盤御前が平清盛の暗殺を企み、凶器を仕込んだ笛という設定で松の前の方が懐中していた。この名笛銘「小枝」は「青葉」とも呼ばれ、笛の名手平忠盛が鳥羽院より賜り、忠盛の孫・平敦盛が秘蔵した（『平家物語』敦盛最期）。今も神戸の須磨寺に伝存する。

【初世杵屋正次郎】

本曲を作った初世杵屋正次郎は、十八世紀後半の安永期から享和期にかけて、江戸長唄の三味線方として活躍した演奏家。『羽根の禿』『手習子』『木賊刈』などの曲を残したほか、〝林鶯〟の号で詞章も手がけた。門弟には『勧進帳』の作曲で知られる四世杵屋六三郎などがいる。

【唄う歌舞伎役者】

現在の歌舞伎舞台において自ら唄って演技することは、『黒塚』などの例外を除いてほとんどない。しかし、野郎歌舞伎や元禄歌舞伎の頃には、役者はしばしば舞台で唄を披露し、唄の巧拙が重要な評価対象にもなっていた。中でも、立役の古今新左衛門の歌は「古今節」の名がつくほどの評判に。こうした〝江戸時代のミュージカル〟の名残りをとどめるのが、舞踊に垣間見える拍子舞といえようか。

（前島）

役者の粋と機嫌を味わう祭礼物

お祭り

［おまつり］

別称＝申酉

『再茲歌舞妓花轢』の一コマ

◉初演＝文政九年（一八二六）六月　江戸・市村座　二番目大切

◉作者＝二世桜田治助　作曲＝初世清元斎兵衛
振付＝松本五郎市

◉鳶頭＝三世坂東三津五郎

《舞台》六月十五日、山王祭の夕刻。山車や練り物が赤坂日枝神社に戻るのを見届けた先導役の鳶頭が一杯機嫌で登場する。白縮緬の首抜きの鯔背な姿で、町の衆に労いの言葉をかける。〽じたい去年の山帰り」から、昨年の大山参りでの出会いをしっとりと惚気てみせるクドキ。〽あきらめて」からの字余り都々逸、〽お手が鳴るから」の滑稽な狐拳など流行物が並ぶ。〽ヤア引け引け」と木遣りの掛け声にのって、引き物尽くしの早間の踊り地になる。獅子舞を絡めたり、若い衆を出して派手な立廻りをみせることもある。

《解説》祭り好きの江戸っ子の心意気を明るく踊っていく。鳶頭の一人立ちが基本だが、座組みによって鳶頭を二人出したり、芸者絡みを出したりして、賑やかな祭が自由に演出される。神田祭を当て込んだ清元『神田祭』（一八三九年）は、鳶頭二人と手古舞姿の芸者一人を中心に演じたので、その影響も受けたらしい。祭礼に縁起をかつぎ、理屈抜きで機嫌良く踊れる作品ゆえ、十七世中村勘三郎、十五世片岡仁左衛門は病み上がりに好んで演じた。復帰を待望していた観客の総意を大向こうが「待ってました」と発声し、「待っていたとは、ありがてえ」と俳優が応えてくれるのは芝居の醍醐味だ。
初演の『再茲歌舞妓花轢』は山王祭の出し物を当て込んだ三段返しで、武内宿禰の山車人形、漁師の網打を見せたあと、本曲になった。三世坂東三津五郎が初演した作品の復活をライフワークとした九世三津五郎は、初演番付を参考に初演の形と三段の通しを復活上演した。

《構成》 オキ〜出または振り落とし〜クドキ〜踊り地（引き物尽くし）〜チラシ

聴きどころ＋豆知識

【申酉】
〽申酉の花も盛りの」という浄瑠璃で幕を開けるので、通称を「申酉」とも。十二支の申と酉の意で、祭の二番山車が御幣を担いだ猿、一番山車が諫鼓鶏と決まっていた。猿は日枝神社（日吉山王権現）では神の使いとして尊ばれ、諫鼓鶏は天下泰平の象徴であった。この組み合わせは神田祭にも踏襲された。

【鳶頭】
鳶人足の頭。建築業に従事し、町火消しの重責も担ったが、祭では警固と先導を任される花形であった。時に〽オーヤリョー」と木遣りを唄って祭を盛り立て、勇みな俠客（勢い者）の気風で祭を仕切った。

【狐拳】
二人で相対し、狐・庄屋・狩人のポーズを組み合わせた拳の一種。幕末に酒席で流行した遊技で、その掛け声と振りが歌舞伎舞踊にしばしば引用された。

【天下祭り】
江戸の二大祭り、日枝神社の山王祭（六月十五日）と神田神社の神田祭（九月十五日）は、神輿のほか豪華な山車・練り物の巡行が眼目で、江戸城に入って将軍の上覧に浴したので天下祭と称された。交互に隔年で開催され、参加する各町の山車や練り物は毎回テーマを変え趣向を凝らした。その内容と踊り屋台に出演する町衆の顔ぶれは、歌舞伎さながら番付に刷られ、江戸中に話題の種をまいた。

（竹内）

古代ロマン溢れる恋争い
恋にも作法がある

お三輪［おみわ］

本名題＝道行恋苧環（みちゆきこいのおだまき）
　　　　願糸縁苧環（ねがいのいとえにしのおだまき）

別称＝妹背山道行・お三輪道行

◉人形浄瑠璃、初演＝明和八年（一七七一）正月　大坂・竹本座　作者＝近松半二ほか『妹背山婦女庭訓』四段目
◉常磐津初演＝天保四年（一八三三）七月　江戸・河原崎座
作者＝宝田寿助補綴　作曲＝岸澤市造

《物語》大和国（奈良県）、三輪の里。杉酒屋の娘お三輪は隣家の烏帽子売（えぼしうり）の求女（もとめ）（実は藤原淡海）と恋仲になり、男の心が変わらないようにと、今日七夕の晩に紅白の苧環（おだまき）に願をかけた。その求女のもとに夜ごと素性の知れぬ姫が通ってくる。姫は蘇我入鹿（いるか）の妹橘姫。求女は立ち去る姫の裾に紅い糸を結び付けて追い、これに嫉妬したお三輪は求女の裾に白い糸を結び付けて追う（ここから「道行」）。布留の社（ふるのやしろ）で求女が姫に追いつくと、姫は求女への恋心を吐露する。ここにお三輪が駆けつけ、求女への恋心を町娘らしく蓮葉（はすは）にかき口説き、ついには男を取り合う女同士の恋争いとなる。その争いが収まらぬなか、三笠山御殿に帰る姫には求女が、求女にはお三輪が糸を結び付けて、再び追っていく。

《解説》表層的には、二枚目の殿御を巡る町娘と高貴な姫の三角関係が描かれるが、乙巳の変（いっし）（大化の改新）を題材とするスケールの大きな物語を背景に持つ。求女は実は藤原鎌足の子淡海であり、権勢をほしいままにする蘇我入鹿を誅伐（ちゅうばつ）するために烏帽子売に身をやつしていた。この求女に敵方の入鹿の妹・橘姫が惚れてしまい、夜毎に通ってくる。その姫にお三輪は嫉妬を募らせ、このあと「三笠山御殿」でついに〝疑着（ぎちゃく）の相（そう）〟という恐ろしい形相に転じる。実はその形相になった女の生血こそが入鹿の妖力を失わせるためには必要で、お三輪は藤原方の侍に命を奪われる。

お三輪は「惚れた男のためなら」と諒解して死んでいくが、如何に求女に惚れ抜いていたかが理解できるのがこの道行である。大名題にも詠まれている「女庭訓」という女の躾・作法を持ち出して、直情的で可憐な町娘と高貴でおっとりとした姫の対照的な恋の仕様を見せる。

歌舞伎興行では、稀に原作の改作である常磐津曲で上演されることがあるが、近年では義太夫地が殆どになった。その場合は『妹背山道行』『お三輪道行』と通称し、振りに京舞井上流の人形振りを採用することもある。一方、日本舞踊の舞台では常磐津地が多く、この場合『お三輪』とのみ称する。常磐津ではお三輪が出る前に女黒木売が登場し、求女と橘姫に向かって自らの恋模様を田舎節で語り、ほっと息をつかせることがある。

《構成》橘姫の出～求女の出～橘姫のクドキ～お三輪の出～お三輪のクドキ～恋争い～三人の手踊り～裾に付けた糸を追う引っ込み

聴きどころ＋豆知識

【三輪山伝説】

お三輪の名は三輪山に由来し、『古事記』に一つの神婚伝説が記されている。活玉依毘売のもとに夜ごと通ってくる謎の男がいた。正体を突き止めるため、姫が男の裾に針を通して糸の跡を追っていくと三輪山に着いた。男の正体は山のご神体である大物主大神であったというもの。本曲はこの〝苧環型説話〟をモチーフとしている。

【踊り地・総踊り】

本曲が常磐津で上演された場合、〽月雪花……」という二上りの踊り地がある。義太夫だと三下がりの〽園に色よく……」という歌詞になる。今まで深刻な恋争いをしていた三人が、なにやら急に手に手を取って踊るような浮いた雰囲気の曲調になり、歌詞も物語と直接関係を見いだせない不思議さ。『関の扉』の〽恋じゃあるもの……」も同様であり、敵対する者同士の手踊りが展開される。ここに初期歌舞伎のフィナーレだった〝総踊り〟の形式が残されている、と見るなら貴重。

（鈴木）

歌舞伎↓吉原の俄↓歌舞伎

女車引

［おんなくるまびき］　本名題＝五諸車引哉袖褄

◉初演＝天保後期から安政頃の吉原俄（八月）
◉作者＝三世桜田治助　作曲＝清元千蔵
◉千代・春・八重＝吉原の芸者

《舞台》『菅原伝授手習鑑』の三つ子の兄弟、松王丸・梅王丸・桜丸による『車引』を、彼らの女房の千代・春・八重に置き換えて見せる趣向。『菅原伝授手習鑑』を踏襲し、舞台は京都・吉田神社の社頭、衣裳は童子格子。〽色香争う車引 酒の機嫌かほんのりと」と好い機嫌の女房三人が『車引』を当て込み、長柄の傘を引っ張り合う。御所車にちなんで〽影をのみ」から『源氏物語』の車争いを塡め込み、仲直りの振り。〽摘み草や」から『菅原伝授手習鑑』の「賀の祝」を下敷きに女房たちの料理ごしらえ。扇子を巧みに使う。〽これも面白 鹿島エ」から踊り地で、豆太鼓を打って賑やかな鹿島踊り。二上りの〽恋の言葉」から片肌を脱ぎ総踊り。三人の夫にちなみ襦袢に染め抜いた松・梅・桜が華を添える。三人の見得で幕となる。

《解説》吉原恒例の行事、八月の吉原俄（『俄獅子』一六二頁）で芸者たちが初演したので、総じて華やかで陽気尽くし。三つ子とその妻たちが登場する『菅原伝授手習鑑』の名場面を通人好みにアレンジしている。本作の手本になったのは、文化十一年（一八一四）十一月市村座の常磐津『車引和絵姿』（二世桜田治助作詞、初世藤間勘十郎振付）で、五世岩井半四郎が女鉄棒引、三世嵐三五郎が桜飴売に扮した。女鉄棒引は本曲初演のクドキに登場したが現在は省略される。桜飴売が使った豆太鼓は、踊り地で継承されている。現行の振付は、のちに各流で付けられたもの。三人が板付で出る場合と、『車引』の役柄に即して春と八重が花道から出る場合がある。二〇一九年六月歌舞伎座での、二世中村魁春の千代、六世中村児太郎の八重、五世中村雀右衛門の春による華麗な舞台は記憶に新しい。

《構成》出～「車引」「車争い」の振り～「賀の祝」の振り～豆太鼓を使う鹿島踊り～片肌脱いで総踊り（二上り）～チラシ

聴きどころ＋豆知識

【車引】

人形浄瑠璃・歌舞伎『菅原伝授手習鑑』三段目の様式美に溢れる名場面。菅丞相の舎人梅王丸と斎世親王の舎人桜丸が、藤原時平への恨みを晴らすため、時平の牛車を引き留め、時平の舎人の松王丸と争う内に牛車が壊れ、中から時平が現れる。本作の〽五所車　戯れが嵩じてめり〳〵」は、俄を演じた吉原の五丁町にかけて御所車の損壊を読み込んだもの。

【賀の祝】

『菅原伝授手習鑑』三段目の内、「車引」に続く「佐太村の段」の通称。菅丞相下屋敷を守る三つ子の父、百姓白太夫が齢七十の賀の祝（古稀）を迎えたので、三つ子の女房たちが料理をこしらえる。白太夫は桜丸の切腹を見届け、筑紫へ旅立つ。

【鹿島踊り】

江戸時代、白仕丁を着た神官姿で戸口に立って「鹿島の事触れ」と称し、怪しげな神のお告げを唱え、物乞いして歩いた門付け芸人のこと。また、その歌と踊り。千代の白仕丁姿から想を得て取り入れたものか。常磐津『どんつく』、長唄『月の巻』などにも。鹿島神宮（茨城県）の信仰から起こり、民俗芸能としても各地に現存。

【役柄を「女」に変える】

昨今「女だてらに」「女〇〇」「〇〇女」は禁句となった。男の妬みと羨みが生んだ字句といえようが、そこには性差をリスペクトする意図も確かにある。江戸の歌舞伎作者や浮世絵師は、船頭、馬子、駕舁き、物売りなど男の生業をしばしば女に置換して描き、舞踊では『女戻駕』『女伊達』『女船頭』などが現行する。男から女への空想的美化と性の倒錯による舞台映え、絵面映え。それを具象化してみせたのが歌舞伎の女形であり、吉原俄の女芸者であった。

（竹内）

女伊達の侠気（きょうき）と色っぽさ

女伊達［おんなだて］

『邯鄲園菊蝶（かんたんそののきくちょう）』の一コマ

◉初演＝文化六年（一八〇九）四月　江戸・中村座
◉作者＝不詳　作曲九世杵屋六左衛門
振付＝初世市山七十郎
◉女伊達＝瀬川仙女

《舞台》場面は夏の夕方、吉原仲の町。帯を矢の字に結び、尺八を背中にさした女伊達がさっそうと登場し、絡んでくる男伊達を難なくあしらう。この男伊達を大坂のならず者とする場合もある。女伊達は〽恋をしよなら新町橋へ」と、二人の男伊達を相手にからかい半分のクドキ（恋心を見せる場面）で、〽好いた殿御に嫌われても外の殿御はもつまいと心で立てる女子伊達」とちょっとした女心を覗かせる。そして、江戸の男伊達の代表・助六の真似をする場面の後、所作（しょさ）ダテという舞踊的な立廻りを見せ、華やかに幕となる。

《解説》男伊達（侠客）は強きをくじき弱きを助け、仁義を重んじる江戸時代のヒーロー。この男伊達を女にしたのが女伊達。女だてらにケンカし、力も強いという人物。男勝りの江戸の女伊達の気っぷの良さと、キビキビとしたキレのよい動きが楽しめる舞踊である。そして、ただ強いだけではなく、ちょっとした色気を漂わせるのがチャーミング。喧嘩の相手を好いた男性に見立てたクドキには、からかいつつもサラリとした色気を見せる点が格好いい。所作ダテの歌詞には有名な男伊達の名前が盛り込まれている洒落た作品となっている。

もとは『邯鄲園菊蝶』という四季の所作事（春「子守」、夏「女伊達」、秋「小褄重〔白拍子〕」、冬「山姥」）の一コマだった。短い上演時間のうちに舞踊と所作ダテといった華やかさが詰まっていることからか、近年歌舞伎での上演が多くなっている。

《構成》女伊達の登場～男伊達とのやりとり～女伊達のクドキ～所作ダテ

聴きどころ＋豆知識

【喧嘩をしながらのクドキ】

恋心をかき口説（くど）くクドキは娘の舞踊の見どころだが、本作ではその味わいがちょっと異なる。女心を覗かせてはいるが、男伊達たちが絡んでくるのをあしらいながら展開する。たとえば〽いかに女子の相手なればとて　やわらで来るのは好かんすえ（女が相手だからって柔道でかかってくるのは嫌い）」の件では、抱きしめられそうになるのを軽くかわす振りなどが見られ、全体的に小気味よいクドキになっている。

【伊達ってなに?】

伊達とは、意気や侠気をことさら示そうとすることやその様。人目を惹く派手な服装や振る舞いをすること、好みが粋であることなどをいう。物事を立て通そうとする意の「立（たて）」や、人目に付くようにする意の「立つ」からとも。他に伊達政宗の部下が華美な装いをしたことからという説が有力。ことわざの「だての薄着」は寒いのにわざと薄着をすること。「男伊達」は「男気のある人」の意で、侠客をさす。ちなみに「だて眼鏡」は、眼も悪くないのに、ファッションのためにする眼鏡である。

【女伊達のモデル】

大坂に実在した女性が本作のモデル。本名を雪といい、詩歌、音曲にも通じる一方、無頼漢を投げ飛ばす腕力、胆力の持ち主であったという。自分が身を任せる男は由比正雪の再来より他にはいないとし、一切の縁談を断っていたが、盗賊として名高い日本左衛門と言い交わし、彼こそ正雪の生まれ変わりだと信じていたとも伝わる。雪は後に実母の名「万」を名乗っていたため、ここから浄瑠璃や歌舞伎の中で、奴の小万という女伊達が創造された。

（阿部）

江戸のパペット 放浪芸の面白さ

傀儡師

［かいらいし］

『復新三組盞』の一コマ

◉初演＝文政七年（一八二四）九月　江戸・中村座
◉作詞＝二世桜田治助　作曲＝初世清元斎兵衛
　振付＝松本五郎市
◉傀儡師＝三世坂東三津五郎

《舞台》傀儡師は古来より津々浦々を旅して歩く人形遣い。今日はその傀儡師が人形箱を首から提げた、古の姿そのままでやってきた。これから遣われる人形の心で、傀儡師自身の振事が始まる。まずは昔の外記節『傀儡師』にある、人となりの異なる三人息子の物語。総領息子は色好みで夜鷹・瞽女・巫女・市子と手当たり次第。二番息子はその反対でやたらと堅物。三番息子は色白虚弱の美男子で寺の小姓にやられ、吉三郎と呼ばれた。ここから「お七吉三」の情話となり、振りは吉三を恋い慕うお七のクドキ。そこに二人の恋路を邪魔する坊主の弁長が現れ、扇子と花錫杖で、八百屋お七に因む青物尽くしのチョボクレを踊る。ここで話が世話から時代に変わり、義経と浄瑠璃姫の恋物語。その義経に恨みを持つ平知盛が登場する『船弁慶』の一くさりを見せて、〽どうで義公」と再び世話にくだける。幕切れは鳥籠から逃げ出した雀を追う振りできまる。

《解説》人形を遣うことは人類が行う遊戯の原初であろう。これを生業とした傀儡師は中国では放浪系の芸能であり、日本でも平安期には既に「くぐつ」が存在が認められる。この者たちは人形を遣うのみならず、男は狩猟や手品の披露、女は遊女にもなったとされ、独特の漂泊集団と見られていた。傀儡師はやがて、西宮戎神社（兵庫県）の支配を受けるようになり、その末社である百太夫神社に祖先として祀られることになる。江戸では「首掛け芝居」ともいわれ、箱から出した人形を義太夫節や流行唄を唄いながら遣って人気があった。また山猫と呼ぶ鼬のような動物をだして芸を納めたことから「山猫」とも称された。京では「紗の紗の衣」という異称があった。傀儡師を扱った音曲では外記節『(浮世)傀儡師』が古く、後に河東節に預けられた。その他、長唄・富本掛合の『三重霞傀儡師(朝比奈の傀儡師)』があり、この曲は近年長唄と清元の掛合曲として再構成されている。本曲は舞踊の名手三世坂東三津五郎が三変化(「傾城」「大山参り」「傀儡師」)の中で初演したもの。段切れに突然雀が出てくるのは、切りに「雀踊り」が出たため。また坂東流では初演通りに、唐子を出して絡ませることもある。〈舞踊の神様〉と称された七世三津五郎の映像が残っているのは芸能史の財産である。

《構成》オキ~人形箱を首から提げた出~三人息子の振り~お七吉三のクドキ~弁長のチョボクレ~浄瑠璃姫物語~「船弁慶」~くだけて世話の踊り~唐子踊り~雀を追う段切れ

聴きどころ+豆知識

【八百屋のチョボクレ】八百屋お七の縁で出てくる青物尽くしが面白い。通常カットされる箇所も含めて記された青物を羅列すると、ほうれん草・松茸・根芋・シメジ・山椒・貝割・独活・奈良漬・松露・生姜・胡瓜。これが全て色事の掛詞となっている。

【阿波の人形文化】オキ浄瑠璃に〽阿波の鳴門を小唄とは」と宝井其角の句が引かれ、人形芸能と阿波国(徳島県)の関係性が示唆される。人形遣いの元祖として伝えられるのが、西宮戎神社の引田淡路掾。近世初期より阿波国の支配下に置かれた淡路島は、人形遣いが職掌として認められ、人形浄瑠璃が盛んな島になった。また阿波国も藍作りで潤った経済で、淡路の人形一座を招いて、これを素人が習う独自の人形芸能文化を形成する。この系譜とは別に、徳島には路傍や門付けで芸を行う「箱廻し」の人形芸能が伝わる。門付けは近年でも千軒近くの訪問先があるというのは驚きだ。

(鈴木)

九世團十郎振付による最高位の難曲

鏡獅子

［かがみじし］

本名題＝春興鏡獅子

◉初演＝明治二十六年（一八九三）三月　東京・歌舞伎座
◉作詞＝福地桜痴　作曲＝三世杵屋正次郎
振付＝九世市川團十郎・二世藤間勘右衛門（勘翁）
◉御小姓弥生後に獅子の精＝九世市川團十郎
＊新歌舞伎十八番の内

《舞台》場面は千代田城の大奥。正月六日のお鏡曳きの余興に、上様の御所望により御小姓の弥生が踊ることになる。まずは手踊りで日本の神話や御殿勤めのつらさなどを綴り、女扇の舞では、春から夏の景色を描く。続いて二枚の舞扇を使い、牡丹の咲き乱れる風景を描写。その後扇一本で中国清涼山にかかる石橋の様などを映してゆく。そして弥生が獅子頭を手にすると、獅子頭がひとりでに動き出して蝶を追うので、弥生は獅子頭の力に引っ張られて花道を入っていく。舞台には二人の可愛らしい胡蝶の精が現れ、振り鼓（鈴太鼓とも）と羯鼓を使って軽快に踊る。やがて花道から獅子の精が登場。勇壮な姿を見せた後眠りにつくが、胡蝶の精が獅子を起こして戯れ遊ぶ。獅子は「狂い」という激しい動きをし、豪快に毛を振り、獅子の座に直って幕となる。

《解説》能『石橋』をもとにした石橋物の代表的な作品。明治に入って、文明開化の影響から歌舞伎を高尚なものにしようとする演劇改良運動が起り、それに意欲を燃やした明治期の名優・九世市川團十郎が、娘たちが稽古していた『枕獅子』から着想した。舞台を廓から千代田城の大奥に、主人公を傾城から女小姓に変更し、色っぽい内容から上品なものにした。またそれまでの石橋物が前シテが女性ならば後シテは雌の獅子に、男性ならば雄の獅子というパターンであったのに対し、本作では前半が女性で後半が雄獅子となっている。可憐な御小姓と勇壮な獅子、女形と立役の両方をひとりで踊り分けるのが眼目である。九世團十郎制定の「新歌舞伎十八番」のひとつ。

《構成》御小姓弥生の出～弥生の踊り（手踊り～女扇の舞～手踊り～二枚扇の踊り～扇一本の舞）～弥生の引っ込み～胡蝶の精の踊り～獅子の精の登場～獅子の狂い～胡蝶と戯れる～毛振り

聴きどころ＋豆知識

【御小姓って?】

御小姓とは武家方の奥向きに仕える女小姓のことで、主な仕事は茶の給仕。弥生が帯に袱紗（ふくさ）をはさんで出てくるのはお茶の点前（てまえ）をしている途中に連れてこられたことを示している。

【お鏡曳きって何?】

しばしば鏡開きと混同されるが異なる。お鏡曳きは江戸城で鏡餅を板にのせて曳いて歩く行事のこと。当時は正月七日の前夜を年越しとし、七草のご祝儀として、各大名家から紅白の鏡餅が贈られ、その鏡餅を台所の下男や女中が馬鹿囃子に合わせて踊りながら曳いて回った。本来、御小姓は参加しないが、本作では将軍の御所望により、鏡曳きの先導をする獅子頭を手にして踊る設定になっている。

【六世尾上菊五郎の映像】

『鏡獅子』は九世市川團十郎が初演した当初は不評であったが、その薫陶を受けた六世菊五郎が大正三年（一九一四）に手がけて絶賛され、以降二十回以上の上演を重ねて洗練大成された。その六世菊五郎の映像が残っている。小津安二郎監督が初めて取り組んだトーキー映画であり、唯一のドキュメンタリーである。日本文化の海外への紹介のため、国際文化振興会が松竹に委嘱した。日本での一般公開はせず、プリントは海外の日本大使館などに送られて外国人向けの上映会に用いられたという。一九三六年公開。

この上映用ポジプリントは、東京国立近代美術館フィルムセンターが上映尺22分の英語ヴァージョンを所蔵、松竹大谷図書館が上映尺24分の日本語ヴァージョンを所蔵している。松竹版は『小津安二郎 DVD-BOX 第四集』に収録。また、クラウドファンディングで資金を集め、二〇二二年に4Kデジタル修復が実現し鮮明な映像に蘇った。

（阿部）

江戸の鳥追女と越後の角兵衛

角兵衛［かくべえ］

本名題＝后の月酒宴島台（のちのつきしゅえんのしまだい）

◉初演＝文政十一年（一八二八）九月　江戸・中村座
◉作者＝二世瀬川如皐　作曲＝五世岸澤式佐・十世杵屋六左衛門
◉越後獅子角兵衛＝二世中村芝翫（四世中村歌右衛門）
鳥追＝五世瀬川菊之丞　いさみ＝五世松本幸四郎

《舞台》初春を祝す門付けの大道芸人で賑わう江戸の正月。越後から来た角兵衛と江戸育ちの鳥追（とりおい）（女太夫）が連れ合ってやってくる。角兵衛は獅子頭を被（かぶ）り、胴につけた太鼓で囃して曲芸を見せ、鳥追は編笠を被り、三味線で歌を聞かせる芸人。どうやら二人は仲睦まじく、角兵衛が一緒に帰ろうかと尋ねると、鳥追は「オオ嬉し」と答える。女が「どうせ女房にゃなられぬ」と控えめにクドくと、男は正直に惚れたと吐露する。〽親兄弟にまで見放され」で吉原廓の投げ節になって、鳥追による色里通いの様。方や角兵衛は「松坂節」など郷里の俚謡（りよう）で越後の風俗を踊り、都市と鄙の対照をみせる。〽沖のエ」からは、団扇太鼓を持った二人の軽快な題目（だいもく）踊りになり、最後は御贔屓に丁重に礼を述べ、次の街へと連れ立って行く。

《解説》江戸の正月に門付けをしていた角兵衛と鳥追の風情、風俗を描いた曲。角兵衛は越後からやってきた素朴な田舎者、方や女太夫は江戸育ちの粋を体現する仇な姿の女芸人。小正月の十五日までは「鳥追」の名で呼ばれた。曲の趣意はその両者のコントラストを生かした構成となっており、歌詞も越後の民謡と江戸での流行歌が巧みに取り入れられている。角兵衛の芸は本来少年がするもので、大人の親方はこれを囃すだけだが、本作では獅子頭を被って芸を見せ、若さや純朴さを加味する。一方鳥追は、「聞いたようだよ」というセリフからも受け取れるように、都会の遊びや流行に〝通〟じていて、帯で強く締めた柳腰にもその美学が感じられる。後の天保期に『北越雪譜』が出版されたように、江戸っ子の越後風俗への関心は高く、後半の松坂節などの越後俚謡や越後七不思議などの風俗を読み込んだ踊りが眼目。最後の団扇太鼓を用いた題目踊りは、佐渡へ流された日蓮上人に因む。元々は常磐津と長唄の掛合（かけあい）の曲だが、現在は常磐津のみによる演奏が多い。名曲の誉れ高いが歌舞伎公演での上演は少なく、今後に期待される。

《構成》花道の出～角兵衛の曲芸の振～口説き～投げ節～吉原通いの振り～松坂節の馬子の振り～田舎節～二人の団扇太鼓～チラシ

聴きどころ＋豆知識

【成駒屋と浜村屋】
本作は、不和が噂された二世中村芝翫（しかん）（成駒屋）と五世瀬川菊之丞（浜村屋）の仲直りのために作られたものとされ、その仲介役のいさみ男に五世松本幸四郎が出る楽屋落ちもあった。もちろん現在はその件はカットされるが、常磐津には伝承されている。

【角兵衛獅子】
経済の中心地であった江戸には越後からも大勢出稼ぎが来ていた。例えば「越後米つき相模下女」といわれ、米をつくのは越後出身者の代表的な仕事という印象もあった。その越後の蒲原（かんばら）郡月潟（つきがた）村では治水工事の費用を稼ぐため、子供に芸を仕込んで旅稼ぎをさせた。これが角兵衛獅子（越後獅子）であり、その街頭芸が江戸の正月の風物詩でもあった。大人が太鼓や笛で囃すのに合わせ、獅子頭を頭にのせた子供が「獅子の洞入り、洞返り」などの曲芸を見せる。昭和の大ヒットソングに美空ひばりの「角兵衛獅子の唄」がある。

【鳥追】
三味線を弾いて門付けをした女の芸人のことを女太夫と呼ぶ。正月に限り、新しい着物に日和下駄、編笠という出で立ちで家々を回り「鳥追唄」を歌い粋な芸を披露した。

【波題目】
段切れの踊りは、日蓮宗で使われる団扇太鼓を用いた題目踊り。日蓮が越後から佐渡へ流される際、海が荒れて船が難破のしかけたところ、日蓮が船の舳先に立って題目を唱え、筆を執って海面に「南無妙法蓮華経」と認めた。すると不思議にも海面にその文字が現れ、波が静まったという。曲中に〽沖の題目波に浮かんで」とある。

（重藤）

江戸の三大幽霊 かさなる因果の物語

かさね

［かさね］

本名題＝色彩間苅豆（いろもようちょっとかりまめ）

◉初演＝文政六年（一八二三）六月 江戸・森田座『法懸松成田利剣』第二番目序幕
◉作者＝松井幸三 作曲＝初世清元斎兵衛 振付＝藤間大助
◉累＝三世尾上菊五郎 与右衛門＝七世市川團十郎

《物語》奥女中の累（かさね）は同じ家中の与右衛門と深い仲だったが、与右衛門は「死ぬ」と書置を残して消えた。夏の雨上がりの夜。累は後を追い、ようやく木下川（きねがわ）堤（東京都葛飾区の中川の北部）で男に巡り会う。累が思いを切々と訴え、身ごもっていることを伝えると男は心中を承諾する心を見せる。そこへ鎌の刺さった髑髏と卒塔婆（そとば）が流れつく。それは累の父・助（すけ）の変わり果てた姿だった。与右衛門は過去に累の母と密通し、助を殺していたのだ。助の怨念が累に取り憑いたため、累は顔が醜く変わり、片足も不自由になる。与右衛門は、累をだまして後ろから斬りつけ、自分が親の敵であることを告げ、累の因果を語る。そして壮絶な立廻りの末、土橋の上で累を殺す。与右衛門は立ち去ろうとするが、累の怨念によって連理引きで引き戻されて幕となる。

《解説》日蓮上人と祐天上人の事跡に累の怪談を取り合わせた四世鶴屋南北作『法懸松成田利剣（けさかけまつなりたのりけん）』の一幕であるが、今は独立して上演されることが多い。再演の後、途絶えていたのを、明治三十九年（一九〇六）、舞踊家の藤間政弥が五世清元延寿太夫の補曲で復活。さらに大正九年（一九二〇）、歌舞伎座で六世尾上梅幸のかさね、十五世市村羽左衛門の与右衛門で上演されてから流行を見た。大正十四年七月、市村座で六世尾上菊五郎の累、十三世守田勘弥の与右衛門で原作に近づけて上演。以降、梅幸型と菊五郎型が伝えられている。大きな違いは、登場の仕方と衣裳である。

《構成》累の出～与右衛門の出～累のクドキ～心中を決意～髑髏が流れ寄る～与右衛門と捕手の立廻り～累の変貌～累と与右衛門の立廻り～累の最期～連理引～幕

聴きどころ＋豆知識

【祟りの連鎖『累物語』】

累説話の中で最も流布したのが元禄三年（一六九〇）刊の『死霊解脱物語聞書』という江戸時代の高僧祐天上人の勧化本である。累の誕生以前に累の母が連れ子の助を殺した因果のため、累は助の姿そのままに醜く片目と片足が不自由に生れついた。累は成長し、入婿となった与右衛門に、苅豆を背負わされ、川に沈められて殺される。そして怨霊となり、与右衛門の後妻を六人まで取り殺し、六人目の妻が生んだ娘菊に取り憑き与右衛門に襲いかかるが、祐天上人の法力で解脱。続いて助も菊に取り憑き、再び祐天上人が解脱させるという内容。この話は江戸時代初期に下総国岡田郡羽生村（茨城県常総市羽生町付近）で実際に起こった事件とされ、東京目黒の祐天寺には、祐天上人によって解脱した累を祀る累塚があり、羽生町の法蔵寺には累の墓がある。

【清元の名曲】

清元の名曲に乗せて、男と女の恋模様と惨劇が繰りひろげられる。累の出〽男にちょうど青日傘、骨になるともなんのその…」や与右衛門が親の仇と知った後の悔恨〽身は煩悩の絆にて恋路に迷い親おやの仇なる人と知らずして……」など、美しい旋律がもの哀しさを彩る。

【色悪・与右衛門】

与右衛門は歌舞伎で色悪と呼ばれる役。色悪は二枚目の色気のある悪役である。クールな趣が女を惹きつけるが平気で裏切る。与右衛門はかつて累の母と密通し、父の助を殺した男。累が二人の娘と知り、邪魔になったので殺そうとするに至る。（阿部）

鯔背(いなせ)な船頭とコワかわの雷が出会ったら

雷船頭

［かみなりせんどう］

『四季詠(い)歳(しきのながめまるにいのとし)』の一コマ

◉初演＝天保十年（一八三九）三月　江戸・河原崎座
◉作者＝三世並木五瓶　作曲＝五世岸澤式佐・初世岸澤三蔵
振付＝西川扇蔵・松本五郎市
◉船頭＝初世澤村訥升（五世澤村宗十郎→三世助高屋高助）
雷＝澤村訥之助

《舞台》川開きの花火で賑わう両国の隅田河原。人気の的は猪牙舟(ちょき)の粋な船頭。客が船にお亀の面がついた笹枝を置き忘れていることに気づいて追いかけようとすると、突然の夕立と雷鳴。稲光とともに虎皮の褌(ふんどし)を締めて太鼓を背負った雷が空から落っこちてくる。空に帰りたいと必死になって飛び跳ねる雷を、船頭は面白がって笹を燻(いぶ)した煙で責め、見世物小屋に売って金にしようとする。酒を呑み色仕掛けでじゃれつく船頭に、雷は天上での恋を思い出したのか思わず涙ぐむ。「廻るもの尽くし」の軽快な踊り、ともに「ごろつき同士」という威勢の良い振りがあって、とどのつまり雷は猪牙舟に乗せられて、吉原に案内されるのが原曲。

《解説》遊びに急ぐ吉原通いの客に愛用されたのは、屋根がなく舳先が猪(いのしし)の牙のように尖った猪牙舟。その迅速な船を漕ぐ船頭は鯔背な江戸っ子の代表。一方の古来より恐ろしい存在として鬼に見立てられた雷は、ここでは虎皮の褌を締めた縫いぐるみで登場し、チャーミングに擬人化されている。この船頭と雷の黄表紙的な対比とやりとりが眼目と言える。クドキでは、雷或いはお亀の面を付けた船頭が、滑稽に女の身振りを真似る。これを悪身(わるみ)といい、見どころの一つである。

船頭を気っ風のいい女船頭で演じる場合もあり、歌舞伎公演に多い藤間流宗家の振付では、雷を先に引っ込ませて、女船頭と若い者との立廻りになり、「廻るもの尽くし」の歌詞で花道の引っ込みとなる。二〇一九年四月歌舞伎座、十世松本幸四郎が船頭を、四世市川猿之助が女船頭を日替わりで上演して話題を呼んだ。


《構成》佃の合方～船頭の粋な振り～「雷鳴」～悪身のクドキ～廻るもの尽くし～踊り地～チラシ

聴きどころ＋豆知識

【四季詠(い)歳】

人気絶頂であった澤村訥升が四季の四変化として踊ったもの。この年は亥年であったことと、澤村訥升の定紋が「まるにいの字」をかけている。『雷船頭』は、夏。そのため『夏船頭』と呼ばれることもある。ちなみに秋は『屋敷娘』（二〇八頁）。


【船頭物】

江戸時代後期、江戸っ子を代表する職業は鳶の頭と船頭。芝居の中にも生世話物が流行すると江戸っ子を代表するキャラクターとして登場するようになる。『夕月船頭』『佃船頭』『大津絵船頭』『鯒船頭』など。


【廻るもの尽くし】

『雷船頭』には、曲中廻るものを並べる趣向がある。風の方向を示す「風見の鴉」、「娘糸くる」と糸車が廻り、「庄屋がくわえ煙管で野良廻る」「親父やきもちで気を廻す」などなど……。続く「夜は金棒」には、火の用心のために金棒をついて町内を廻るという意味がある。


【船頭について】

船は庶民にとって日常生活の交通手段だが、「板子一枚下は地獄」というように船頭は常に危険と隣り合わせであった。油を使わず髪を結い川風で髪が壊れることを厭わず毎日髪を結うことも船頭の振る舞いであったそうだ。江戸後期には、火消しの鳶の者と並び船頭は粋なものとされていた。また隅田川の船頭は吉原や深川に客を送ることも多く、花街で遊ぶ客の世話も行い洗練されていったのであろう。船の中で男女の間違いがあってはいけないと「一人船頭一人芸者」が禁じられたこともあった。『雷船頭』の「むこう見ず」「流れ渡り」「裸百貫」といったフレーズは、江戸っ子の船頭のイメージそのものであろう。（重藤）

祭礼風俗と曾我物語

勢獅子［きおいじし］

本名題＝勢獅子劇場花䇳

◉初演＝嘉永四年（一八五一）五月　江戸・中村座
◉作者＝三世瀬川如皐　作曲＝五世岸澤式佐
振付＝初世花柳壽輔
◉梃子前升吉＝四世市川小團次　梃子前竹松＝初世坂東竹三郎（五世坂東彦三郎）
芸者およし＝三世岩井粂三郎（八世岩井半四郎）
芸者お梅＝二世尾上菊次郎

《舞台》賑わう赤坂日枝神社の山王祭。神酒所に獅子頭を運んできた芸者たちが待っていると、祭礼を差配する鳶頭を先頭に、若い者や手古舞の行列も浮かれきて勢揃いとなる。まずは鳶の若い者と手古舞が木遣りに合わせて景気よく踊り、続いて鳶頭の二人が曾我兄弟の仇討ちの様子を物語る。酒宴の最中に起こったその仇討ちは、遊女や山中の獣が逃げ出す騒ぎとなり、次第におかしみの振りとなる。芸者のしっとりとしたクドキの後、おどけ節で鳶頭のぼうふら踊り。鳶頭たちの獅子舞になると、手古舞の芸者が扇を蝶に見立てて絡み、「獅子のクルイ」の見立てとなる。ひょっとことお亀の面をつけた飄逸な太神楽のあと、悪魔鎮めと人々の繁栄を皆で祈り、目出度く踊り納められる。

《解説》江戸歌舞伎では、正月吉例の「曾我物」が大当たりしてロングランとなると、仇討ちが行われた五月二十八日に、兄弟の慰霊のために「曾我祭」を行うことが宝暦三年からの慣例となっていた。町内、楽屋での余興、そして舞台においても座中総出の群舞などが行われたといい、歌舞伎での上演が避けられた討ち入りの模様、すなわち『夜討曾我』の趣向もあった。この祭事は一時期途絶えたが、嘉永四年春に上演された曾我物が当たったため、二番目大切に「曾我祭」を復活させる形で本曲が上演された。作名は侠気のある勢い肌の鳶頭による獅子舞を主たる見どころとすることに拠る。慶応三年（一八六七）の再演時からは山王祭をモチーフとするようになり、天下祭と謳われた江戸を代表する祭礼の風俗と威勢が味わいどころとなった。その後、昭和期に六世尾上菊五郎と七世坂東三津五郎が太神楽の見立てでひょっとこの道化踊りを加え、後の演出の範となった。現行でも上演頻度が高く、そのたび毎に演出が変わるのが興味深い。原曲にある「女戻駕」や「草摺引」などの趣向は上演が少ない。

《構成》オキ〜連中の行列〜木遣り音頭〜夜討曾我語〜クドキ〜ぼうふら踊り〜獅子舞〜太神楽のひょっとこ踊り〜チラシ

聴きどころ＋豆知識

【曾我の仇討ち】

日本三大仇討ちに数えられる曾我兄弟の仇討ち。建久四年五月二十八日雨が降る夜、源頼朝が催した富士の巻狩にて、兄の曾我十郎祐成と弟の曾我五郎時致が父親の仇である工藤祐経を討った。その後に時致が頼朝を討とうとして捕らえられるが、兄弟には祖父伊東祐親の仇である頼朝を狙う意図があったと推される。歌舞伎の曾我狂言では、通常この討ち入りの様子は描かれないが、本作では〽それ建久四つの皐月闇　念のう父の仇がたき」と、夜討ちの様子が描かれているのが興味深い。

【木遣り】

大勢で材木を運んだり、地面をつき固める際の合図や掛け声として伝わった作業唄で、現在では祝いの場などで披露されることが多い。東京オリンピック２０２０の開会式で半纏姿の鳶頭連中が木遣りを披露したのが記憶に新しい。山王祭でも警固・先導を目的として鳶頭が活躍をし、山車をひいて歩く際に木遣りで音頭をとるのが鳶頭である。鳶頭は火事の際は真っ先に火の中に飛び込み消火活動をしたため、その俠気から江戸で人気の職業であった。歌舞伎座でも毎年一月に「木遣り始め」が行われ、江戸消防記念会による木遣りがロビーで披露される。江戸鳶を主役とする『め組の喧嘩』でも役者たちによる木遣り声が聞こえる。

【かんこどり】

山王祭には鶏の飾りを乗せた山車が先頭を、二番目に猿を乗せた山車が行くとの決まりがある。本作にも〽猿鶏の花 踊り花……」という詞章があり、この山車の鶏を「諫鼓鶏」と呼ぶ。「諫鼓」とは古代中国で主君に対し諫言しようとした者が打つ太鼓のこと。「諫鼓」を打つ必要がなく「諫鼓」に停っている鳥が逃げ出さない平穏な世の中の象徴が「諫鼓鶏」である。また同じ山王祭を描いた清元に『申酉』がある。（重藤）

恋人を想う一念が起こす白狐の憑依
御神渡り伝説

狐火
［きつねび］

別称＝廿四孝・奥庭

◉初演＝明和三年（一七六六）人形浄瑠璃で大坂・竹本座
◉近松半二らの合作『本朝廿四孝』四段目切「奥庭」
常磐津作曲＝岸澤古式部

《物語》川中島で合戦を繰り返す越後の上杉謙信と甲斐の武田信玄。その謙信の娘八重垣姫と信玄の息勝頼は許嫁の仲。逢ったことのない恋人の戦死を聞いて悲嘆に暮れその回向をしていると、その前に花作りに身をやつして謙信館に潜入していた勝頼が現れる。勝頼は本名を明かし、姫に武田家の重宝「諏訪法性の兜」を盗み出すことを頼むが、その正体を知る謙信が命を奪おうと花作りを使いに出す。（ここから「奥庭」所作事）姫は実の父が許嫁の命を狙う因果を嘆く。勝頼にその危急を知らせたいが、湖には氷が張り詰め通行が叶わない。この上は神仏に頼る他はないと姫が法性の兜に祈りを捧げると、不思議にも兜に諏訪明神の使わしめである白狐が憑依する。姫はこの狐の加護を受け、夫を想う一念で湖を渡っていく。

《解説》川中島の合戦を描いた近松半二作の浄瑠璃『本朝廿四孝』の四段目切「奥庭」の舞踊化。歌舞伎では「十種香の場」に続いての上演が多く、父が許嫁の命を狙う因果とそれを恋人に知らせられないもどかしさが、真女形芸のクドキで表現される。後半は法性の兜を手にする姫に白狐が憑依し、その狐に守護されて湖を渡って行く奇瑞。この湖水渡りは諏訪に伝わる〝御神渡り〟伝説に拠るもので、諏訪湖で冬期に起こる氷の亀裂筋を「上社の男神が下社の女神のもとに通う道」と見立てた伝説の転用である。この狐の憑依、また超常現象を起こすほどの焦恋を表現する手段としてケレンの手法が採用され、人形振りによる上演も多い。現行、人形振りを採用するのは雀右衛門型と（坂田）藤十郎型を基本に置く場合で、歌右衛門型と菊五郎型は人形にならない。人形振りの場合は、幹部俳優が人形遣い役を勤め、これも一つの見どころとなる。八重垣姫は三姫と呼ばれる歌舞伎女形の大役の一つ。「十種香」において繰り広げられた真女形〝赤姫〟の芸が、この「奥庭」でどのような異類の表現になるのか見どころは多い。通常、義太夫地で上演されるが、常磐津での上演も稀にある。どちら曲も奥の間で検校が演奏している地唄「狐火」が巧みに取り入れられており、冒頭の琴唄を狐が憑依した印となる衣裳〝ぶっ返り〟の後に使う場合もある。

聴きどころ＋豆知識

【クルイ】

本曲で狐憑依の場面は〝クルイ〟と呼ばれ、特殊な三味線の手と、精神の高揚や恍惚を示すような振りで表現される。芸能は本来神懸かりの状態を源とし、その境地を意図するような通常とは異なる〝クルイ〟〝乱れ〟などの所作を別格に扱って見どころとする。獅子物、猩々物などがその好例であり、「物狂物（狂乱物）」なども根底を同じくする。そこで行われる所作は〝クルル〟（廻ること）が元なのであろう。

【狐と芸能】

浄瑠璃・歌舞伎には動物の登場が物語の主題となるものがあるが、最も多いのは狐であろう。同じく人を騙すとされる狸と較べて陰獣のイメージが強く、人に馴れにくく、またエキノコックスなどで接触が戒められるような距離感が、術を使って化ける謎めいた存在を想起させる。九尾の狐が三国に渡って国家転覆を企む『三国妖狐伝』、人と狐の異類婚を描いた『芦屋道満大内鑑』、人間に化けて親狐を慕う『義経千本桜』等々、名作が多い。恐らくは五行思想に由来するであろう宝珠の所持、鳥居や火炎の赤色なども役の造型に影響を与えている。本物の狐はもちろん油揚げは食さないが、芸能に扱われる狐釣りの餌は「鼠の天麩羅」である。

（鈴木）

心をこめて彫った人形が動き出す

京人形

［きょうにんぎょう］

『時翫雛浅草八景』の一コマ

●初演＝弘化四年（一八四七）五月　江戸・河原崎座　二番目大切

●作者＝三世桜田治助　作曲＝四世岸澤式佐・二世杵屋勝五郎　振付＝藤間大助ほか

●左甚五郎＝四世中村歌右衛門　おやま人形の精＝四世尾上梅幸

八〇

《物語》彫物師左甚五郎は吉原の傾城梅が枝を見染め、恋煩いとなって仕事が手につかない。とうとう梅が枝を象った等身大の京人形を彫り上げ、甚五郎が木箱のこの人形を相手に一人酒をしていたところ、精魂込めて彫り上げた人形は人間のように動き出した。姿形は美しい傾城でも動きは甚五郎のような男の武骨さが目立つ。そこで以前拾った傾城の鏡を人形の懐に入れると、鏡は女の魂とばかりにたちまち女の動きに変身。ここから三味線の清掻に合わせ、甚五郎が傾城を見染めた揚屋入り道中の再現となる（〽歩み廓の」）。〽如月の」からがクドキ。鏡の抜き差しで男になったり女になったり。この後、歌舞伎では甚五郎が匿っていた姫の身代わりに京人形の首を切り、敵に切られた右手をかばい、左腕だけで大工道具尽くしによる所作ダテ（立廻り）を見せて幕。

《解説》弘化四年五月、江戸河原崎座の大切に出された『時翫雛浅草八景』という所作事の一コマで、初演時は四世中村歌右衛門や四世尾上梅幸らが本作に続き、草苅童子と随身の雛人形、和歌三神の三つ人形、お祭りの山車人形に見立てた三社の漁師・蜑・善玉悪玉と踊り抜く人形尽くしの出し物だった。なおこの時は『おやま人形』といっていたが、後に『京人形』と呼ばれるようになった。名工左甚五郎が傾城の姿を人形に彫る話は、『浮世草子』や歌舞伎、人形浄瑠璃にあるが、本作の直接の先行作は、同じく歌右衛門が四年前の天保十四年（一八四三）五月に出した『箱入あやめ木偶』で、この時も常磐津と長唄ので独立した一幕物として上演された。初演時以来、御家騒動ものの趣向に仕組まれ、甚五郎の女房が主筋の姫を匿う筋があり、その姫の身代わりになるのが本作京人形だが、舞踊会では御家騒動ものの背景は取り除かれ、最後の所作ダテも省略。また全曲常磐津で済ませることが多い。眼目は甚五郎と京人形のクドキと踊り地。生真面目な職人の淡い恋に人形の擬人化を絡ませながら、滑稽さと軽妙さを演出する。それには前の女房との間を面白くやる必要がある、と八世坂東三津五郎の談にある。

《構成》通り神楽で幕開け～甚五郎一人酒〽身を捨つる」～甚五郎人形箱の蓋を取る～京人形歩み出る～京人形傾城の振り〽歩み廓の八文字」～甚五郎の踊り・京人形クドキ〽如月の」～踊り地・二人の手踊り〽おちょぼくく」～所作ダテ〽シャ、猪口才な」～幕

聴きどころ＋豆知識

【左甚五郎】

江戸初期に活躍したとされる伝説的な宮大工、彫物師。存在さえも疑われている一方、実在の人物とする文献もある。それによれば、文禄三年（一五九四）播磨国（兵庫県）明石に、足利家臣伊丹左近尉正利の子として誕生（名は利勝）。京伏見禁裏大工棟梁の弟子となり、元和五年（一六一九）江戸へ下り、江戸城改築に参画。一時、高松藩主のもとに亡命するが京都に戻り、禁裏大工棟梁を拝命。慶安四年（一六五一）頃歿したという。享年五十八。なお、現在知られる名匠としてのエピソードの多くは歌舞伎や講談、落語等から生れたもの。甚五郎をモデルにした歌舞伎に『花街曲輪商曾我』（宝暦二年／一七五二）、人形浄瑠璃に『彫刻左小刀』（寛政三年／一七九一）などがあり、九世市川團十郎の『左小刀』は新歌舞伎十八番の一つ。


【京人形の始まり】

平安時代、貴族の子らの間でひいな人形を使った遊びが流行。これが京人形の始まりとされる。江戸時代になると京都に人形職人が数多く出るようになり、店先に雛人形や節句人形など様々な人形が並べられたほか、江戸では十軒店の雛市などで売られた。

（前島）

荒事と道化敵の力比べ

草摺引

［くさずりびき］

本名題＝正札附根元草摺（しょうふだつきこんげんくさずり）
別称＝正札附

◉初演＝文化十一年（一八一四）正月　江戸・森田座『双蝶仝仮粧曾我』一番目五立目大詰
◉作者＝本屋宗七ほか　作曲＝四世杵屋六三郎
振付＝藤間大助（二世藤間勘十郎）
◉曾我五郎時致＝七世市川團十郎　小林朝比奈＝初世市川男女蔵

《物語》曾我五郎時致（ときむね）は、父の敵である工藤左衛門祐経（すけつね）に対面するため、逆沢瀉（さかおもだか）の鎧（よろい）を脇にかかえて踏み込もうとする。和田義盛の三男小林朝比奈がおしとどめ、二人は力比べの草摺引となる。力自慢の時致はびくともしないため、朝比奈は戦術・攻略法を変えて女の振りをユーモラスに踊りながらクドキでみせる。両者の草摺引は相拮抗して終わる。

《解説》江戸歌舞伎の正月には吉例として必ず曾我狂言が上演された。本曲も文化十一年正月に『双蝶仝仮粧曾我（ふたつちょうちょうよそおいそが）』一番目五立目大詰で出されたもの。直接の原拠となったのは『曾我物語』第六（仮名本）を典拠とした幸若舞（こうわかまい）の『和田酒盛』で、兄十郎の危急に駆けつけ和田の宴に現れた五郎の草摺を、和田義盛の三男朝比奈が引くという力比べの心理的駆け引きシーンがあったが、歌舞伎ではこれを敵の工藤左衛門祐経との対面に結び付けて発展させた。元禄十年（一六九七）五月江戸中村座の『兵（つわもの）根元曾我』以降、数々の草摺引が作られたが、本名題にある『正札附』はその〝極め付き〟の意。古風な荒事（あらごと）が廃れていく中で、七世市川團十郎と初代男女蔵が古き良き伝統を復古したのが本作で、草摺引物の代表作となった。作曲は『勧進帳』でも七世團十郎とタッグを組んだ四世杵屋六三郎。全曲三下り（さんさがり）。通り神楽で幕が開くと大薩摩（おおざつま）。ヨセの合方（あいかた）で雛段を引き割り、正面より押出しで曾我五郎時致と小林朝比奈が鎧を引き合う形で出る（セリ上がることもある）。草摺引となるが、五郎は全く動かない。朝比奈は戦術を変え、白の冠り手拭いで悪身（わるみ）という女の振りをユーモラスに踊りながらクドキで見せる（舞鶴のクドキの場合もある）。再び力比べとなり、〽肩に手拭」で両者共、赤い襦袢の肌脱ぎで手踊り。最後にまた草摺引となって、花道の七三および本舞台で見得。力比べは両者互角のまま相拮抗して終わる。

なお、現在は朝比奈を妹舞鶴に替えて上演することが多く、その場合歌詞が変わり、色模様が加味される。

《構成》大薩摩・三下り〽それ磯山覆う雲霧や」～ヨセの合方～五郎・朝比奈出〽逆沢瀉の」～両者の草摺引〽裳裾にしっかり小林が」～朝比奈の悪身のクドキ〽野暮な力は奥の間の」（妹舞鶴クドキ）～再び草摺引〽そのマア顔は」～手踊り・小唄〽留めて留まらぬ」〽肩に手拭」～草摺引・チラシ〽互いに争う」～晒の合方にて幕

聴きどころ＋豆知識

【草摺】

鎧の胴の下に垂れて腰下を覆う物。草の摺れる部分にあたるためこの名称が付いた。

【草摺引物】

七世團十郎が制定した歌舞伎十八番の中には、互いに引き合う「象引（ぞうひき）」といった引合（ひきあい）事の演目があり、荒事の一様式となっている。鎧の草摺を引き合う草摺引も荒事の系譜。無数に作曲されたが、現存するものには『分身草摺引』（宝暦十二年／一七六二）、正月初演『菊寿の草摺』（天明七年／一七八七）、二月初演『根元草摺引』（明治十七年／一八八四）などがある。

【曾我物で明ける歌舞伎の正月】

上方の「傾城」狂言に対して、江戸では享保期頃より正月の初春興行は「初曾我」を慣例とし、明治初年までほぼ毎年新作の曾我物が書き下ろされた。曾我狂言は大名題をそのまま残し、場を抜き差ししながら五月まで当たり続けると、五月二十八日に座中総出で曾我祭を催し、曾我兄弟の討入本懐と芝居の大入りを祝した。当時楽屋には芝居の守護神として曾我荒人神を祀った。

【「かまわぬ」「かまいます」】

〽肩に手拭」の手踊りの歌詞に見られる「かまわぬ（鎌輪ぬ）」、「かまいます（鎌ゐ升）」は、初演時の團十郎と男女蔵が流行らせた染模様のこと。「かまわぬ」は元禄期に町奴の間で流行した模様で、鎌の絵に丸の輪と「ぬ」の字を連ね「構わぬ」と読ませる洒落。

（前島）

服わぬ者たちの怪異 ケレンの醍醐味

蜘蛛の絲

［くものいと］

本名題＝蜘蛛絲梓弦

◉初演＝明和二年（一七六五） 江戸・市村座
◉作者＝金井三笑 作曲＝初世佐々木市蔵
◉土蜘蛛の精＝九世市村羽左衛門

《物語》源頼光が物の怪に悩まされて館で病の床に伏せっている。家来の坂田金時と碓氷貞光が警護の宿直をしていると、怪しい切禿、続いて仙台座頭が現れて、踊りや浄瑠璃の披露に事寄せて寝所に近づこうとする。これを物の怪の仕業と見た二人は、正体を突き止めようと追っていき、寝所には頼光一人。そこにかつて頼光と馴染んだ傾城薄雲が近づいてきて、色仕掛けで迫る。これを怪しと見た頼光が、源家に伝わる宝剣を抜くと、傾城は消え失せ、物の怪はついに葛城山の土蜘蛛の本性を顕す。日の本を魔界になさんとする土蜘蛛と、頼光とその四天王は激しく闘う。

《解説》日本の古代には大和朝廷にまつろわぬ部族が数多あり、その征伐譚は鬼や怪物退治に喩えられて伝えられてきた。大和葛城山の土蜘蛛伝説もその一つで、典型として源頼光とその四天王の武勇伝の形をとり、能『土蜘』も成立した。歌舞伎では『前太平記』の世界で扱われ、特に顔見世狂言の所作事の題材となることが多かった。本曲の原型は明和九年に九世市村羽左衛門が上演した『蜘蛛絲梓弦』。その際には切禿・仙台座頭・山伏・梓巫女（実は桝花女）に替わったが、特に切禿と座頭が評判を呼び、その後の同趣向の作品にも採用されることが多い。見せ場としては、切禿の赤馬貝の所作、座頭の仙台浄瑠璃・田舎節の踊りが特筆される。近代への伝承という点では、百物語の趣向をとって様々な妖怪を登場させた『来宵蜘蛛線』（天保八年）、それを改訂した『蜘蛛絲宿直噺』（明治二十二年、四世中村芝翫）などが挙げられ、上演の度に役数や出入り、早替わりの方法に変化が見られるのも、作品の魅力である。

近代に入り、大阪ではケレンを得意としていた市川斎入が手がけ、戦後東京で六世中村歌右衛門が『宿直噺』で復活。その後、二世猿翁が『宿直噺』、四世坂田藤十郎が『梓弦』の外題で上演を繰り返した。現猿之助は二〇〇六年に『梓弦』で新たな改訂版を示して評判を呼び、その後も度々再演を行い、コロナ禍においては座頭を抜いて太鼓持を入れるなどした改作を『宿直噺』として上演した。その他、扇雀、愛之助らも『梓弦』名での上演を手がける。

《構成》金時貞光の宿直～切禿の出～馬貝の所作～禿引っ込み～仙台座頭の出～仙台浄瑠璃～奥州名所の踊り～座頭の引っ込み～金時貞光の引っ込み～傾城の出～クドキ～蜘蛛の精の見顕し～立廻り～蜘蛛退治

聴きどころ＋豆知識

【蜘蛛の糸】

本曲では舞台を飛び交う小道具〝蜘蛛の糸＝千筋の糸〟が魅力を大いに引き出す。これは主として小道具職の担当ではなく、特定の役者に作成法が相伝される慣わし。幕切れに舞台上のバトンから一面に振り落とされる糸は、その見た目から通称「素麵(そうめん)」。一度振り落としたら戻せない貴重で経費の掛かるものと聞いているが、近年劇場によっては使い回し可能な道具も開発されている。

【蜘蛛退治】

蜘蛛は「益虫だから殺してはいけない」と教えられる家庭は多いが、やはり姿は不気味。『日本書紀』に、蜘蛛のように「背が低く手足の長い」高尾張邑(たかおわりむら)の土蜘蛛族が、神武天皇に〝葛網〟で征伐されたとある。それよりこの辺りの地名が葛城となり、土蜘蛛の棲息地と目された。時代が下がり源頼光が退治した蜘蛛は『平家物語』によれば、北野社の塚穴に棲んでいたということだが、後にやはり葛城山の蜘蛛と統べられることに。

【仙台浄瑠璃】

仙台浄瑠璃は江戸時代に奥州で流行した浄瑠璃。奥浄瑠璃ともいう。ここで座頭が語るのは「樊噲(はんかい)門破り」。いわゆる「鴻門(こうもん)の会」で劉邦(りゅうほう)の警護役として付き従っていた樊噲が、劉邦暗殺の危機を察し、制止する敵兵を追い散らし、鉄門を破って城内に進んでいく場面。

（鈴木）

刀剣ファン必見！　名匠を唄い込む

蜘蛛拍子舞

［くものひょうしまい］

本名題＝我背子恋の合槌

◉初演＝天明元年（一七八一）十一月　江戸・中村座『四天王宿直着綿』一番目三立目
◉作者＝初世桜田治助　作曲＝初世杵屋佐吉　振付＝二世藤間勘兵衛
◉源頼光＝三世澤村宗十郎　碓井貞光＝初世尾上松助　白拍子妻菊＝三世瀬川菊之丞
＊初演は大薩摩と長唄の掛合。現行は昭和三十年（一九五五）二月六世中村歌右衛門が第二回莟会で復活。渥美清太郎補綴台本

《物語》花山院古御所で病に臥す源頼光を守護するため四天王が宿直している。そこへ白拍子妻菊（実は葛城山の女郎蜘蛛）が「女暫」の姿で出て、頼光四天王の一人碓井貞光と妻菊の三人による名剣膝丸の問答となる。次に妻菊が色仕掛けで頼光をたぶらかそうとするクドキ（〽千早振りにし」）となるが貞光が間に入って妨ぎ、三人が代わる代わるに唄いながら踊る名工名寄せの拍子舞になる。さらに、刀を打つ鍛冶拍子に合わせて紅葉（あるいは桜）の枝を持った三人による鍛冶の振りの総踊り、〽様に逢う夜は」で三人の手踊りと続き、最後は名剣の威徳で妻菊は女郎蜘蛛の本性を顕して立廻り、千筋の糸を投げて見得となる。

《解説》頼光四天王の世界に取材した土蜘蛛物は顔見世狂言の典型の一つで、本曲も天明元年中村座の顔見世狂言『四天王宿直着綿』三立目の中で初演されたもの。なお、江戸の顔見世狂言では三立目に『暫』の趣向を見せるという約束事があったため、女形の三世瀬川菊之丞が『女暫』を演じ、それに続いて本曲が上演された。また初演時は、三世大薩摩主膳太夫と初世富士田音蔵による大薩摩と長唄の掛合だった。したがって現行の長唄にもその遺風が残り、三味線の調弦を頻繁に変えるなど、全体的に変化に富む作品となっている。

本曲の特徴は曲名にもなっている拍子舞。拍子舞とは三味線の拍子に合わせて、役者自らが唄い踊る技巧で、古くは鼓一挺に合わせた。拍子舞を挿入した曲には、ほかにも『吉原雀』や『鬼次拍子舞』などが知られ、当時流行の趣向だった。『蜘蛛拍子舞』では、頼光・貞光・妻菊が刀匠を列挙しながら長唄に合わせて唄い踊る。なお現行は、昭和三十年二月六世中村歌右衛門が第二回莟会で復活したもので、その後も再演を重ねている。名剣膝丸、刀匠尽くし、刀を打つ鍛冶拍子など、刀剣ファン必見の一曲でもある。

《構成》前弾き・本調子～オキ〽それより代々の」～クドキ・三下り〽千早振りにし」～本調子〽謹上再拝」～拍子舞〽花の姿を垣間見に」～踊り地・三下り〽様に逢う夜は」～本調子〽不思議や火炎」～鼓唄〽我背子が」～立廻り・本調子〽尽きぬ恨み」

聴きどころ＋豆知識

【頼光四天王】『平家物語』『御伽草子』『前太平記』などには源頼光とその家臣の四天王、渡辺綱、金太郎こと坂田金時、碓井貞光、卜部季武が活躍する様々な逸話がある。例えば、大江山酒呑童子退治の話、葛城山の土蜘蛛退治の話、戻橋や羅生門で鬼の腕を斬り落とした話など。こうした頼光四天王のエピソードが芸能化され、能『土蜘蛛』や『羅生門』となり、江戸歌舞伎では顔見世狂言の中で好んで取材され、明治以降にも及んだ結果、本曲や『蜘蛛の糸』『新山姥』『戻橋』『茨木』『土蜘』などが誕生した。

【膝丸】何度も改名を繰り返した名剣。源満仲が罪人の首を討った時、膝まで切れたというのが名前の由来。満仲の嫡男、源頼光と四天王の土蜘蛛退治に結び付いた「蜘蛛切」、源義経が命名した「薄緑」など別名や異説が多く、伝膝丸とする刀も複数存在する。

【刀匠】拍子舞の歌詞に出てくる「重俊」「当麻少将」「金剛正枝」「力王一王」「加賀四郎」「新造五郎」「月山」「森房」「行平」「則宗」「宗近」「義助」「文殊四郎」「兼光」「長光」「青江四郎」「助光」「仁王三郎」「左文字」「森綱」「安綱」「友成」は、いずれも刀鍛冶の名人。（前島）

三二

復曲された顔見世舞踊

鞍馬獅子

「くらまじし」

本名題＝夫婦酒替ぬ中仲

◉初演＝安永六年（一七七七）十一月　江戸・市村座『児華表飛入阿紫』二番目大切

◉作者＝中村重助　作曲＝名見崎徳治　振付＝二世西川扇蔵

◉静御前＝三世瀬川菊之丞　太神楽実は御厩喜三太＝初世中村仲蔵　饅頭売実は姥が嶽の雌狐＝初世中村富十郎　酒売伊勢屋実は源九郎狐＝九世市村羽左衛門

《物語》伊勢の御裳濯川のほとり。〽「嵐の誘う」とオキがあって、牛若丸（源義経）が死んだと欺かれた卿の君（本来は静御前）が狂乱の姿で、父の形見の薙刀を担げてさまよい出る。牛若が鞍馬山にいると聞いた卿の君は、〽「鞍馬の里は」と大原女の踊りに興じる。そこへ、〽「諸国廻りに」と獅子舞の恰好をした太神楽が浮かれくる。〽「そもそも神楽」と神楽の由来を物語り、〽「まさきの葛」からのクドキで卿の君に寄り添おうとするが薙刀で払われ所作ダテとなり、獅子の狂いをみせる。〽「わがつまの」から卿の君のクドキ。太神楽に取りすがって牛若丸に逢わせて欲しいと頼み、二人の見得で幕となる。

このあと通常は上演されない下巻がある。本名題に示されるように餅売り・酒売りの夫婦が出ての所作事。太神楽が、実は牛若に仕える御厩喜三太だと正体を明かし、所持する白鳥の明鏡をかざすと、静御前の狂気が解ける。牛若丸が無事奥州に匿われていることも判明。夫婦は、女夫狐の正体を現し、源義朝に助けられた恩返しにと育てた悪源太の子源太丸を静御前に返し、褒美に明鏡を授かると、源氏の吉運を予言して去って行く。

《解説》本作の前幕では、盗賊の熊坂長範が静御前の父であったという設定で、長範は静御前のためにわざと死に、静御前に薙刀を与える。静は平家の悪侍から牛若丸が死んだと欺かれたので悲しさのあまり気が狂い、薙刀を手に伊勢へと辿り着いたのだった（鞍馬山に着いたとする演出もある）。前半は気もそぞろな静御前の哀婉な表現、後半は太神楽を演じる喜三太との応酬や薙刀さばきが見ものである。

もとは富本の曲だが、天保七年（一八三六）森田座『鞍馬獅子其影形』で上巻が清元に改曲されたらしい。のち下巻の上演は途絶えたが、一九三四年に花柳舞踊研究会で復曲された（作曲＝三世清元梅吉、振付＝二世花柳壽輔）。富本の原曲も残り、一九六七年国立劇場第二回舞踊公演で初世猿若清方が富本で踊った。

《構成》オキ～卿の君の出～大原女の踊り～太神楽の出～神楽の物語～太神楽のクドキ～獅子の狂い～卿の君のクドキ～チラシ

聴きどころ＋豆知識

【〽薙刀取って打ちかかる」】

卿の君と太神楽が所作立てという見せ場。六世尾上梅幸が卿の君、六世尾上菊五郎が太神楽を演じた際、立師の坂東薪左衛門創作した。菊五郎は卿の君も演じ、七世坂東三津五郎の太神楽との共演は殊に素晴らしかったという。

【義経をめぐる女性たち】

歌舞伎の世界では、『吉野山』（二一六頁）の道行に登場する白拍子静御前が義経の愛妾として有名で、正室は卿の君とされている。しかし、卿の君は『義経千本桜』によって創出された役名でここでは平大納言時忠の養女とされ、義経が頼朝から平家と縁を組んだことを疑われたので、兄弟の和睦のために実父川越太郎の介錯で自害する。一方、鎌倉幕府が関わった史書『吾妻鏡』によれば、正室は河越重頼の娘（本名不明、俗称は郷御前）とされ、側室は静のほか、平氏滅亡後に平時忠が保身のために差し出した時忠の娘（俗称蕨姫）がいたとされる。つまり『千本桜』の作者は、正室の郷を「さと」ではなく「きょう」と読み替え、もう一人の側室の出自を付け加えて、卿の君という正室役を創出したのだろう。本作で、静御前を卿の君に替えて上演するのは、前後のあらすじに矛盾を生ずるが、静御前には『吉野山』道行での嫋やかなイメージが強かったので、思い詰め狂乱するさまや薙刀をふるう果敢な様子は、卿の君にふさわしいと捉えられたのかもしれない。牛若の吹く笛の遠音にあわせて箏を弾いた縁で結ばれたのは矢矧の浄瑠璃姫。これは語り物「浄瑠璃」の起源になった。（竹内）

安達原の鬼女伝説を描いた昭和の名作

黒塚［くろづか］

◉初演＝昭和十四年（一九三九）十一月　東京劇場
◉作詞＝木村富子　作曲＝四世杵屋佐吉　振付＝二世花柳壽輔
◉老女実は安達ヶ原の鬼女＝二世市川猿之助（初世猿翁）　阿闍梨東光坊祐慶＝七世澤村宗十郎　山伏大和坊＝八世市川八百蔵　山伏讃岐坊＝五世澤村田之助　強力太郎吾＝三世市川段四郎
＊猿翁十種の内

《物語》〈上の巻〉奥州安達原の芒原にぽつんと立つ一軒家に、諸国行脚の僧・阿闍梨祐慶一行が一夜の宿を求める。そこに一人住む老女は促されて糸を繰る業を見せ、哀れな身の上を語る。やがて祐慶の説く仏の道に、自分も救われると知るとたいそう喜び、僧たちをもてなす薪を取りに出かける。〈中の巻〉心の憂いが晴れた老女が、月光が照らす一面の芒原で、童唄を思い出し童心にかえってひと踊り。そこへ形相を変えて走り出してきた強力の様子から「決して見るな」といった一間を見られたと悟り、鬼女の正体を顕し姿を消す。〈下の巻〉芒原の別の場所。祐慶一行の前に鬼女が姿を現し、彼らを一口に喰い殺そうと襲いかかる。念誦する祐慶たちと鬼女との激しい立廻りの末、高僧の法力でついに鬼女は力尽き、祈り伏せられる。

《解説》奥州安達原（福島県二本松市）の鬼女伝説に題材を得た能『黒塚（安達原）』を歌舞伎化したもの。上中下の三段構成で上と下は能『黒塚（安達原）』に拠り、中の巻がこの作品のオリジナル。祐慶に仏の道を説かれ、心の憂いも晴れた老女が月明かりの下、己の影と追いつ追われつするところに興趣があり、大きな見どころとなっている。また作品を通して、老女の不幸な身の上や心理の変化が描かれている点も、人間を描く近代の歌舞伎らしい特色がある。上の巻で、老女は都に生れたものの、父が罪を犯して陸奥国（東北）をさすらい、やがて夫となった人には捨てられたと語り、その怒りと哀しみから世を呪い、人を恨み、来世の望みもなく、己の悪行に悩んでいるという。そして高僧の教えに救いを得るが、信じた高僧の裏切りに怒り、仏の道もあてにならないといって元の鬼にかえる。鬼女の恐ろしさばかりではなく、その内面を掘り下げた点がこの作品の魅力となっている。

《構成》

〈上の巻〉祐慶一行の出～老女の糸繰り歌～老女の引っ込み～強力の覗き見　**〈中の巻〉**老女の出～老女の踊り～強力の出～老女の怒りと引っ込み　**〈下の巻〉**鬼女の出～鬼女VS祐慶

聴きどころ＋豆知識

【箏曲と尺八】

中の巻には長唄に加えて、箏・尺八が入るのが特徴。初演時は箏曲に中島雅楽之都、尺八に片山雄山、その後も箏曲に唯是震一・中島靖子、尺八に山本邦山など、外部の名演奏家が出演。陸奥の秋の美しさ、憂いが晴れた老女の心などを描く長唄に、より一層の興を添えている。

【洋舞の摂取】

中の巻、月下の老女の踊りには初演の二世市川猿之助が、若い頃に西欧で見たロシアン・バレエの「つま先で踊る」技法を用いたという。老女があえてつま先で踊り、歌舞伎舞踊にあまり見られない上下動をすることで心浮き立つ風情が出、積年の苦悩から解き放たれた心が効果的に表現される。また、強力が命からがら逃げる足使いには、コサックダンス風の表現を使うなど、新しい舞踊を模索した時代の香りが感じられる。

【「見るな」の怪談】

「見るな」といわれるとなおさら見たくなるのが人の心。世界各国の神話や伝説に、「見てはいけない」と禁じられたにもかかわらず、それを見てしまったがために離別などの悲劇となるか、恐ろしい目にあうという類型があり、〝見るなのタブー〟と呼ばれている。旧約聖書の「ロトの妻の塩柱」、ギリシャ神話の「パンドラの箱」、日本の神話の「亡くなったイザナミをイザナギが黄泉の国へ迎えに行く話」、民話では「鶴の恩返し」などがある。近年大ヒットしたアニメ映画『千と千尋の神隠し』の終盤は「決して振り向いてはいけない」という点が、この類型に近いといえる。（阿部）

品格と美しさ 女形芸の境地

傾城物

［けいせいもの］

『恋傾城』『仮初の傾城』『天下るの傾城』『雪傾城』

《内容》傾城とは、文字通り城を傾け没落させるという中国の故事に由来するが、女性の色香に溺れることがその要因とされたことから、美しい女性のことを傾城というようになり、江戸時代には最高位の遊女（太夫、天神など）を指した。遊女の原点は、神楽を演じて神をなぐさめ祀る芸能者たる巫女（ふじょ）であるが、江戸時代の遊女は、廓（くるわ）の厳しい制度下で、歌舞音曲、和歌、茶、花、香などの諸芸を嗜んだ。それは、廓が歌舞伎と同様、文学や芸能の生産と消費の拠点であり、華やかな社交の場であったが故に必要とされた技能であった。その最高技能を有する傾城は、人々の憧れの的、トップスターであり、それゆえ歌舞伎の女形が担う役柄では最も重いものの一つとなった。夕霧・高尾・揚巻などの役の豪華な姿にその貫禄が示されるが、変化舞踊曲の一コマとして、傾城が登場する長唄の舞踊曲が多数作られ、それらを傾城物と総称する。いずれも筋立てはなく、傾城の格式、美しさと風情、華麗な世界の裏の身のはかなさや心象を描いている。

《作品》

◉長唄『傾城』（恋傾城、芝翫（しかん）傾城）

傾城の品格と美しさを明るく華やかに描く。〽「恋という文字の」というオキがあってセリ上がり、前半は河東節（かとうぶし）のような曲調で吉原の風物を品よく踊る。〽言葉もつれて」からクドキ。遊女と客の口説き模様がしみじみと描写される。三下り（さんさがり）の〽風薫る」の音頭から季節が夏になり、秋、冬へと四季が移ろう。二世中村芝翫（四世歌右衛門）が演じた『拙筆力七以呂波（にじりがきななついろは）』の一景として文政十一年（一八二八）三月中村座初演（作者＝二世瀬川如皐、作曲＝四世杵屋三郎助、振付＝四世西川扇蔵）。成駒屋のほか、二〇一一年から五世坂東玉三郎がしばしば演じている。禿（かむろ）や新造（しんぞう）を絡ませる演出もある。

◉長唄『仮初（かりそめ）の傾城』

〽仮初めの夢も浮き寝の」という唄い出しで、夢から覚めた傾城という設定で、差し金の蝶を追ってしっとりと踊り出す。クドキのあと、地歌の歌詞を引く〽閨（ねや）の扇は」から打掛を脱いで扇の舞。扇の巧みな技巧に特徴がある。三世中村歌右衛門が演じた『遅桜手爾葉七字（おそざくらてにはのななもじ）』の一景として文化八年（一八一一）三月中村座初演（作者＝奈河篤助・松井幸三、作曲＝九世杵屋六左衛門、振付＝市山七十郎）。二〇〇四年の歌舞伎座で中村時蔵が演じた。なお、三世歌右衛門の傾城物では長唄『天下るの傾城』（文化十二年）も知られ、助六の揚巻の振りや、最後の牡丹獅子の所作に特徴がある。

◉長唄『雪傾城』

吹雪の夜に現れる雪女のイメージで、廓の冬景色を背景に傾城の暮らしと心情を描く。追い羽根を突く禿の前に忽然と傾城が登場し、苦界に勤める中で、間夫（まぶ）に逢う嬉しさ、別れの辛さなどの艶っぽい心情を描く。四世中村芝翫が演じた『月雪花名歌姿画』の一景として、慶応元年（一八六五）三月森田座初演（作者＝三世桜田治助、作曲＝五世杵屋弥十郎）。七世中村芝翫が二〇〇九年歌舞伎座で演じた『雪傾城』は別曲で、文政二年（一八一九）三世中村歌右衛門の九変化『御名残押絵交張（おんなごりおしえのまぜばり）』からの復曲。

（竹内）

江戸歌舞伎随一の二枚目 風流男の廓噺

源太

［げんだ］

『倭仮名色七文字』の一コマ

◉初演＝文化五年（一八〇八）十一月　江戸・森田座　大切
◉作者＝二世桜田治助　作曲＝三世岸澤古式部
振付＝三世坂東三津五郎
◉源太＝三世坂東三津五郎（七変化　初演時には御家の重宝北斗名玉の通力により七役に変じる設定）

《舞台》梶原源太が羽織着流し姿の遊蕩気分で、瓢簞（あるいは小さな兜）を結び付けた梅の枝を担ぎ、酩酊の足取りで廓に現れる。乞われて生田森の合戦の様子を語り出すが、話はいつの間にやら廓噺に。傾城梅ヶ枝との色模様から痴話喧嘩、これを止める店の若い衆と法印によるその仲裁までを一人で演じわける。

《解説》梶原源太景季は源平合戦で活躍した源氏方の武将で、生田森の合戦では矢を入れる箙に盛りの梅の枝を差して出陣し、その風流ぶりが知られた。歌舞伎では二枚目の代名詞であり、『ひらかな盛衰記』四段目「神崎揚屋の段」では、傾城梅ヶ枝に身を落とした恋人千鳥の許に通う場面が描かれる。この廓通いに着想を得て、鎌倉時代の侍大将を江戸の吉原に出現させて廓噺をさせる洒落た趣向が味わいどころとなる。眼目の物語は能『箙』を範にする趣向だが、戦物語から入った話がやがて廓噺に転じてしまう。源太・梅ヶ枝・廓の若い衆・田町の法印の四役を身振り手振りで演じ分ける、いわゆる〝仕方噺〟や〝しゃべり〟といわれる手法で、能狂言以来の一人で様々な人物を演じ分ける「独狂言（芸）」を舞踊化したもの。生死を懸けた武士の闘いも、些細な男女の痴話も同じ次元で扱う、皮肉めいた享楽的思考は江戸後期の文芸ならではである。稀に法印の縁で、〝神降ろし〟の踊り地の所作がつく。近年では、二〇〇五年と二〇〇六年に十世坂東三津五郎が久しぶりに手がけた。

《構成》ほろ酔いの出～戦物語～廓噺～神降ろし～段切れ

聴きどころ＋豆知識

【源太と景清】

浄瑠璃でも歌舞伎でも「源太」を「ゲンダ」と濁る慣わしがある。この『源太』の上演を受けて、三世坂東三津五郎を尊敬していた七世市川團十郎が、文化十年に上演した八景の所作事『閨茲姿八景』の中で、『源太』をパロディーにした『景清』を踊る。眼目の物語は「その話は先だって御贔屓強き梶原源太が話したではないか」との台詞でお客を沸かせ、「ほんのヘチマの景清が……」と卑下する。へちまは團十郎の顔かたちを差し、このことからこの曲を『へちまの景清』という。日本舞踊では素踊りの名曲として知られるが、『一人景清』の名でも上演される歌舞伎では上演が多くない。これを『一人景清』というのは他に景清が禿と絡む『五条坂（呉道子）の景清』（天保十年四世歌右衛門『花翫暦色所八景』）があるからである。

【南瓜の当たり年】

文化期には、三世中村歌右衛門は大坂から下ってきて、三世坂東三津五郎と舞踊芸を競い合った。先に名誉ある七変化を手がけたのが三津五郎。その一コマの『源太』に、〽今年ゃ南瓜の当たり年」という歌右衛門を揶揄する歌詞があったことから、歌右衛門は金主に無理強いして七変化をにわかに上演。『越後獅子』等の名曲が一夜でできあがった。

【江戸のイケメン】

『冥途の飛脚』の忠兵衛が「梶原源太は俺かしらん」と自惚れていることでも知られるように、江戸においては源太が二枚目の美男子の代名詞であった。『曾我対面』に出てくる親の梶原平三景時と弟の平次景高が〝げじげじ〟と呼ばれる敵役で嫌われているのとは好対照である。『平家物語』『源平盛衰記』に戦場に盛りの梅を持ち込んだ風流人として描かれ、これを主題にした能『箙』を下敷きに、近世芸能が一人の〝イケメン〟武将を生み出した。（鈴木）

海外でも紹介されるニッポンの歌と踊り

元禄花見踊

［げんろくはなみおどり］

◉初演＝明治十一年（一八七八）六月　東京・新富座
◉作詞＝竹柴瓢助　作曲＝三世杵屋正次郎　振付＝初世花柳壽輔
◉八世岩井半四郎・三世中村仲蔵ほか

《舞台》民衆が平和と豊かさを謳歌した元禄の御代。上野の山には満開の桜が咲き誇っている。〽吾妻路を」というオキ唄があって、早渡りの鳴物（なりもの）で、花道から丹前（たんぜん）武士・供の奴・町娘・若衆・湯女……などがそれぞれ元禄風の派手な装いで出てくる。〽連れて来つれて」で、いにしえのかぶき踊りを思い起こさせるような花見の総踊り。〽花と月とは」は京の都の花見風俗を歌う上方（かみがた）唄風のクドキ。〽花見するとて」からは花見の宴での酩酊の様子。〽武蔵名物」の盆唄で、一座総出の賑やかな総踊りとなり、〽入り来る入り来る」でチラシ。追廻しの合方（あいかた）で踊りながら幕となる。

《解説》元禄時代は経済の活性化により上方を中心に町人文化が花開いたが、新開地であった江戸でも活気に溢れた庶民が新しい文化を生み出した。その豪華さ、駘蕩さに対する憧憬は江戸後期に既にあり、極彩色の元禄風俗を描く『三人形（みつにんぎょう）』『土佐絵』などの舞踊も作られた。そのような回想される太平の世の、豪華絢爛たる花見風俗を描いた明治期の曲。ここで踊られる総踊りは、歌舞伎初期のフィナーレを想起させるものでもある。初演は明治十一年、東京新富座の新装開場式。文明開化時代における洋風劇場柿（こけら）落としの高揚感に、全編三味線の二上（にあが）りで作られた浮き立つような曲調が叶う。初演の振りは伝わらず、時に応じて自由に振り付けられ、登場人物の役柄も人数も様々。歌舞伎や日本舞踊に限らず、映画・テレビ・ショー……多種多様な媒体で使用されてきた三味線音楽屈指の人気曲といえる。歌舞伎本興行では意外に上演頻度が高くなかったが、近年では人気曲となり、大切舞踊として上演されることが多くなった。

《構成》オキ～早渡りで花道の出～花見の総踊り～クドキ～酩酊の振り～盆唄の総踊り～チラシ

聴きどころ＋豆知識

【新富座】明治五年（一八七二）、浅草猿若町にあった守田座が芝居町を離れ、都心の新富町に移転した。同八年に座名を新富座に改め、その後火災で一旦焼失するが、十一年六月、ガス灯を完備した洋風劇場として新装開場する。この開場式では軍楽隊の演奏があって、歌舞伎俳優や関係者が燕尾服などの夜会服姿で参加。その記念曲の上巻として『元禄花見踊』は初演され、下巻の『三人石橋』とともに、そのまま同月興行の大切所作事『牡丹蝶扇彩』となった。新富座は大正十二年（一九二三）、関東大震災で焼失。以降再建されることはなかった。

【上野の山】江戸では、上野・浅草・墨堤・飛鳥山・御殿山などが桜の名所であった。上野の山が桜の名所となったきっかけは、徳川家光の桜の植樹。徳川家の菩提寺である寛永寺の境内に奈良の吉野を再現しようとして桜を植樹した。このような事情もあって、上野の山では飲酒や歌舞音曲による余興が禁止されていた。本曲終盤の歌詞〽みな清水の新舞台 賑わしかりける次第なり」には、上野にある清水堂の〝舞台〟と、新富座の新〝舞台〟をかけたもの。

【野球拳】歌い踊りながらじゃんけんをする宴会芸の「野球拳」は、『元禄花見踊』をアレンジしたものだと言われている。大正十三年、高松市で行われた実業団野球大会の懇親会にて、野球部のメンバーが即興で『元禄花見踊』をアレンジして歌詞と振りを付けて披露した。部員がユニフォーム姿で踊りを披露すると懇親会は大盛り上がり、それ以降「野球拳」が定着するようになった。

（重藤）

名刀を鍛える稲荷明神との相槌(あいづち)

小鍛冶

［こかじ］

◉初演＝昭和十四年（一九三九）九月　東京・明治座
◉作詞＝木村富子　作曲＝初世鶴澤道八（義太夫）・四世杵屋佐吉（長唄）　振付＝二世花柳壽輔
◉童子 後に 稲荷明神＝二世市川猿之助（初世猿翁）　三條小鍛冶宗近＝十二世片岡仁左衛門
＊猿翁十種の内
＊原曲は天保三年（一八三二）九月　江戸・市村座での長唄『姿花后雛形』（三条小鍛冶宗近＝初世澤村訥升（三世助高屋高助）　作者＝二世劇神仙　作曲＝二世杵屋勝五郎）

《物語》（稲荷社）一条院の霊夢により、三条の小鍛冶宗近に御剣を打つように宣旨(せんじ)が下る。相槌を打つ者がいないため、氏神である稲荷明神剣に祈願すると童子が現れ、中国と日本それぞれの名剣の威徳を「剣尽くし」で説いて励まし加護を約束し、狐の本性を示して去る。（間(あい)狂言）弟子と巫女の滑稽な踊り。（鍛冶場）勅使と宗近が祈り待つ鍛冶場に、槌を持った稲荷明神が示現する。宗近と稲荷明神は息のあった打ち合いをして刀を鍛え、見事御剣を完成させる。宗近は勅使に御剣を捧げ、明神は勇んで去って行く。

《解説》平安時代作と伝えられる名刀「小狐丸」にまつわる作刀譚。三条小鍛冶宗近が稲荷明神の加護を受けてこの名刀を打った伝説を題材とした能『小鍛冶』を歌舞伎化したもの。天保期に初世沢村訥升(とっしょう)が『姿花后雛形(すがたのはなのちのひながた)』という五変化舞踊の一コマとして上演したものがあり、日本舞踊に伝わる。歌舞伎では、昭和十四年に木村富子が脚色し直し、二世市川猿之助（初世猿翁）により上演された義太夫・長唄掛合(かけあい)の曲が上演される。能取り物を意識した神霊としての幽玄な振りの一方、狐の所作を思い起こさせる躍動的なケレンの振りが多用され、歌舞伎舞踊の楽しさを充分に味わえる。特に鍛冶拍子に合わせて行う稲荷明神と宗近の刀の打ち合いは、拍子の音も相俟って観客の気分を高揚させる。幕切れのクルクルと廻る花道の引っ込みも、強い印象を残す。二世市川猿翁が上演を重ねてきたが、二〇二一年に四世猿之助が歌舞伎本興行では二十数年ぶりに上演。また二〇二三年に上演された新作歌舞伎『刀剣乱舞』序幕に、この相槌の場に対するオマージュがあった。

《構成》（稲荷社）オキ～宗近の出と名乗り～祈り～童子の出現～問答～童子の「剣尽くし」の踊り～童子の引っ込み（間狂言）弟子と巫女、町人の踊り（鍛冶場）勅使と宗近のセリ上がり～稲荷明神の示現～明神の踊り～鍛冶拍子による相槌～三人の踊り～明神の引っ込み

聴きどころ＋豆知識

【木村富子】
大正期から昭和期にかけての劇作家。新史劇の上演に寄与した松居松翁に師事し、大正十五年（一九二六）には『早稲田文学』で掲載された『玉菊』が五世中村歌右衛門によって上演された。富子は二世猿之助（初世猿翁）の従兄弟に当たり、猿之助の勧めで舞踊劇を手がけるようになる。「猿翁十種」のうち『黒塚』『小鍛冶』『独楽』『蚤取男』『花見奴』『酔奴』は彼女の作。夫の木村錦花も劇作家。昭和の名脇女形、五世沢村源之助は二人の子息。

【『小鍛冶』に織り込まれた、刀に纏わる言葉】

・**金工**（かなだくみ）　金属の細工をする人のこと。金属を打ち道具や器を作る人のこと。

・**相槌**　師匠の槌を見計らって弟子が槌を変えて交互に打っていく。

・**丁々しっていころり**　刀を打つ槌の音を表したもの。

・**金床**（かなとこ）　熱して赤くなった刀を叩く台のこと。熱して赤くなった刀のことを歌詞では「初紅葉」に例えている。

【歌舞伎に登場する名刀】

・**『土蜘』**（つちぐも）**膝丸**（ひざまる）　源頼光が土蜘と対峙する際に用い、「蜘蛛切」とも呼ばれる。

・**『戻橋』『茨木』髭切**（ひげきり）　渡辺綱が鬼女と対峙する際に用いた。

・**『紅葉狩』小烏丸**（こがらすまる）　平維茂が鬼女と対峙する際に用いた。

・**『籠釣瓶花街酔醒』**（かごつるべさとのえいざめ）**籠釣瓶**　佐野次郎左衛門が自分を振った八ツ橋花魁を斬り殺した際に用いた。

・**『伊勢音頭恋寝刃』**（いせおんどこいのねたば）**青江下坂**（あおえしもさか）　青江下坂を手にした福岡貢は心狂わされ、衝動的に人を切りつけていく。

（重藤）

江戸の子守娘の愛らしさ

子守［こもり］

本名題＝七夕星祭祀(たなばたのほしまつり)
『大和い手向五文字(やまとがなたむけのいつもじ)』の一コマ

◉初演＝文政六年（一八二三）三月　江戸・森田座
◉作者＝増山金八　作曲＝初世清元斎兵衛　振付＝岩井吉五郎
◉子守娘＝岩井紫若（七世岩井半四郎）

《舞台》豆腐屋に使いに出かけた子守の娘は、買ったばかりの油揚げを鳶(とんび)にさらわれ、それを追いかけて転んでしまう。その拍子に背中の赤子が泣き出し、慌てて〽お月様いくつ」と子守唄であやす。転んだ拍子に下駄の鼻緒が切れてしまったので跛行(はこう)になり、背から子をおろし、人形を並べて〽ほんに思えば」とクドキになる。その後、子守娘の故郷越後に因み、越後座頭の振(ふり)、越後おけさを綾竹(あやたけ)で踊る。最後は、憎い鳶に気をつけながら赤子をあやし、再び豆腐屋に向かう。

《解説》かつて子守の仕事は、経済的に豊かではない家の幼娘が担った。それ故、各地に伝わる子守唄には悲哀ある労働歌が多い。江戸期には、他の労働同様に子守にも越後出身の出稼ぎが多く、本曲でも越後風物が多く綴られている。舞踊『越後獅子』や『角兵衛獅子』の上演、或いは天保期に『北越雪譜』が著されたことでも理解できるように、江戸っ子の越後への興味は非常に強かった。本曲を初演したのは岩井紫若（七世半四郎）で、縁戚にあたる三世と四世の澤村宗十郎、二世澤村田之助兄弟の追善所作事として上演したもの。『子守』の先行作としては、四世瀬川菊之丞が『邯鄲園菊蝶(かんたんそののきくちょう)』（文化六年）、三世市川團之助が『三人形紅の彩色』（文化十四年）の中でそれぞれ踊っている。姫でも傾城でもなく、また世話の娘でもない、愛らしさを第一とする身体の造型は、女形芸の新しい境地だったと思われる。現代では、歌舞伎俳優が自主公演や勉強会で舞踊の修練として出すことが多く、本興行では猿之助家による上演が印象深い。昭和期の舞踊界では花柳寿南海の名演が知られた。

《構成》鳶を追う出〜赤子をあやす子守唄〜字余り都々逸〜クドキ〜越後座頭の振り〜綾竹おけさ踊り〜チラシ

常磐津

三ツ面子守

［みつめんこもり］

『菊蝶東籬妓』の一コマ

◉初演＝文政十二年（一八二九）九月　江戸・河原崎座
◉作者＝二世瀬川如皐・津打治兵衛　作曲＝名見崎徳治
◉子守＝五世瀬川菊之丞

《解説》富本・長唄の掛合曲であったが、常磐津に移曲された。既に先代が『子守』を手がけたことがある女形の名家瀬川家が、〝三ツ面〟の趣向を加えることで独自の『子守』を創ったといえる。舞台は神社境内。転んでしまった子守が、なんとか赤子をあやそうと、子守唄、田舎の臼ひき唄、手まり唄遊びをして見せる。〽やん面白や」から眼目の太神楽風の三ツ面の所作。笹の枝についた三つの面を使い分けて踊る。お亀と恵比寿の面で、常磐津のツケ台詞による痴話喧嘩のクドキ模様。その恋路を羨む心で、手拭いで頬被りをしたひょっとこのおかしみの所作。最後は泣く子を抱えながらも、そこはまだ遊び盛りの子供。隠れん坊や鬼ごっこをする友達の居る所を目指して走り去って行く。舞踊会での上演頻度の高さに較べ、歌舞伎興行での上演は珍しいが、一九九三年に十八世中村勘三郎、二〇〇七年に十世坂東三津五郎という舞踊の名手が手がけた。（鈴木）

妄執の恋を舞う幻想の世界

鷺娘 ［さぎむすめ］

『柳雛諸鳥囀(やなぎにひなしょちょうのさえずり)』の一コマ

◉初演＝宝暦十二年（一七六二）四月　江戸・市村座　二番目大詰
◉作曲＝初世杵屋忠次郎・富士田吉次（治）　補曲＝三世杵屋正治郎
◉鷺娘（雪の鷺）＝二世瀬川菊之丞

《**舞台**》寒々とした夜の冬の水辺、雪の降る中を白無垢の振袖に黒帯を締め、白い綿帽子を被(かぶ)った娘が傘をさして出てくる（セリ上げ／幽霊の出に用いられる「シャモジ」に乗る）。花嫁衣裳を思わせる美しい姿はどこか陰鬱幽婉(いんうつゆうえん)で、遂げられなかった娘の恋の妄執が鷺の姿となって現れたようにも、鷺の精が娘の姿で現れたようにも見える。〽濡れて雫と消ゆるもの」で引抜くと、友禅模様の振袖を着た町娘に変わり、クドキ〽縁を結ぶの」になる。引っ込んで着替えの後、〽須磨の浦辺で」や〽繻子の袴の」の流行り唄を楽しげに踊る。〽恋に心も」は鼓唄(つづみうた)でホソリと呼ばれる祝い歌。その後、傘のかげで再び引抜き、傘尽くしの踊り地が続く。〽添うも添われず」からは恋の妄執ゆえに地獄の責め苦を受けるセメ（責め）でテンポが速くなり、ぶっかえりを見せ、鳥のように羽ばたいて苦しむ娘の陰惨な様で終わる（あるいは火焔(かえん)衣裳となり、二段にのぼって見得で幕）。

《**解説**》人気演目の一つ『鷺娘』は、宝暦十二年（一七六二）四月江戸市村座の変化舞踊『柳雛諸鳥囀』の一コマとして、名女形二世瀬川菊之丞が初演した。この頃の歌舞伎舞踊は女形が中心で、三下り(さんさがり)の優美でしっとりした長唄の曲調が好まれた。本曲もその一つ。初演時は江戸で初めて、舞台に大きな六角廻り灯籠を出す形の廻り道具を使ったことでも知られる。その後、歌舞伎では長らく上演が途絶えていたのを、明治期に入って九世市川團十郎が復活。初演時にはなかった派手な引抜きや、クドキに『新鷺娘』の一節（〽縁を結ぶの」）を使うなどの換骨奪胎を施し、現行演出への基礎を作った。また近年では、五世坂東玉三郎が照明効果など細部にわたって演出を練り上げ、幻想美の独自の世界へと誘う。

《構成》幕開け・鼓唄〽妄執の雲」～鷺娘出〽吹けども傘に」～引抜き～〽われは涙に」～クドキ〽縁を結ぶの」～引込着替・新合方～流行り唄〽須磨の浦辺で」～鼓唄〽恋に心も」～引抜き～傘踊り・踊り地〽傘をさすならば」～ぶっかえり（肌脱ぎ）・セメ〽添うも添われず」～チラシ〽二六時中が」～段切

聴きどころ＋豆知識

【鷺娘の系譜】

『鷺娘』を扱った舞踊には本作のほかに、文化十年（一八一三）三月中村座で三世坂東三津五郎が演じた『四季詠寄三大字（しきのながめよせてみつだい）』のものや（『雪鷺娘』常磐津・長唄掛合、初代杵屋勝五郎作曲）、天保十年（一八三九）三月中村座『花翫暦色所八景（はなごよみいろのしょわけ）』で四世中村歌右衛門が踊ったもの（『荻窪に鷺娘の暮雪』、十世杵屋六左衛門作曲）があるが、本曲とは別曲。いずれも『新鷺娘』と呼ばれ長唄現行。なお『鷺娘』といえば雪や傘の連想があったらしく、長唄正本の表紙絵や鈴木春信（一七二五?～一七七〇）の錦絵等にも描かれている。

【バレエ「瀕死の白鳥」】

『鷺娘』の正体は、果たして白鷺（の精）なのか、娘なのか。解釈が分かれ、それによって演技演出も異なってくるが、鷺というイメージが強くなったのは近代以降であるという。これには明治期の九世團十郎の創意による三世正治郎の補曲も一役買っているだろうが、もう一つ大正十一年（一九二二）に来日したロシアバレエ団のアンナ・パブロアの代表作「瀕死の白鳥」（サン・サーンス「動物の謝肉祭」より）の影響が指摘されている。湖に浮かぶ傷ついた白鳥が必死に羽ばたき、やがて息絶える様子を描くこの小品は、主題が如何にも『鷺娘』と似通っている。特に幕切れの虫の息で落ち入る『鷺娘』の現行演出は、日本版「瀕死の白鳥」といった趣がある。（前島）

浅草神社縁起 踊り競う悪玉善玉

三社祭

［さんじゃまつり］

『弥生の花浅草祭』の一コマ

◉初演＝天保三年（一八三二）三月、江戸・中村座
◉作者＝二世瀬川如皐　作曲＝初世清元斎兵衛、振付＝二世藤間勘十郎　松本五郎市
◉漁師浜成・善玉＝四世坂東三津五郎
漁師竹成・悪玉＝二世中村芝翫（四世中村歌右衛門）

《舞台》宮戸川（浅草付近の隅田川）に浮かんだ舟に、漁師の兄弟・浜成、竹成（武成とも）が乗っている。そして山車人形を模した動きにはじまり、今日の大漁も浅草の観世音様のお陰と拝み、漁師の生活を描く。続いて二人が当時の流行歌で軽快に踊っていると、突然上空に黒雲がかかる。不思議なことだと見上げるうちに、中から善と悪の二つの玉が現れて二人に取り憑き、善玉、悪玉の踊りとなる。まず悪という字がついた人名を集めた「悪尽くし」の後、しっとりとした曲調のクドキと呼ばれる部分となり、悪玉が男役、善玉が女役になって絡み、おかしみのあるクドキを繰り広げる。そして眼目の悪玉踊りでは二人がアップテンポで踊り込んでいく。やがて善玉と悪玉は消えて、二人は舟に戻って幕となる。

《解説》浅草神社（通称三社様）のお祭り「三社祭」を当て込んだ作。漁師の浜成、竹成の兄弟が、宮戸川で網打ちをして浅草観音のご本尊を掬い上げた伝説に、山東京伝の黄表紙『心学早染草』から悪玉・善玉の趣向を取り入れた。眼目は善と悪の字を描いたユニークな面をつけての「悪玉踊り」。躍動感あふれる楽しい踊りである。
初演は文化文政期に江戸の人気を二分した舞踊の名手・三世坂東三津五郎と三世中村歌右衛門の後継者同士。ライバ

ルが競い合うところに魅力があり、今日でも実力の伯仲した二人のエネルギッシュな踊りが見どころになっている。

一曲を通じてテンポ良く、立役が二人、同じ比重の役どころで、競い踊る妙味があり、たとえ詞章がわからなくとも、演者の動きを見ているだけでも楽しめる。衣裳も体の線、特に足の線がはっきりと見えるシンプルなもののため、身体そのものの動きがよく見え、洋舞にも通じる面白さがある。

《構成》 二人の漁師の出～網打ちの様～流行歌での踊り～悪玉の悪尽くし～善玉・悪玉のクドキ～悪玉踊り

聴きどころ＋豆知識

【「悪玉」「善玉」と悪玉踊り】

江戸時代中期に、人間が善人や悪人になるのは、善玉、悪玉のどちらかが魂となって体に入り込むからだという考えがあった。その善玉・悪玉を山東京伝が擬人化して黄表紙『心学早染草』に書き、悪玉が主人公を堕落させて喜び踊るシーンをもとに「悪玉踊り」として三世坂東三津五郎が文化八年（一八一一）に『願人坊主』の中で踊って大流行した。この「悪玉踊り」は文化十二年（一八一五）刊、葛飾北斎画『踊独稽古』という教則本にも取り上げられている。一つ一つの振りが図解され、すぐにも踊れそうな気分になる楽しい本である。

【弥生の花 浅草祭】

『三社祭』はもとは『弥生の花浅草祭』の一コマ。三社祭は浅草神社、通称「三社様」のお祭りで、三社様は、浅草寺の観音像を掬い上げた漁師の檜前浜成・武成兄弟とその主人土師直中知の三人を祀っている。土師氏は剃髪、自宅を改めて寺とし、観音像の供養と教化に生涯を捧げたという。そこがのちに浅草寺となり、三社様はその傍らに創建された。現在では毎年五月に行われているが、江戸時代は隔年の旧暦三月に開催されていた。

『弥生の花浅草祭』では、三社祭の屋台の山車人形が動き出すという趣向で、「神功皇后・武内宿禰」から漁師の兄弟に替り善玉・悪玉の踊り、続いて若旦那と田舎侍、石橋の狂いと展開した。この善玉・悪玉の場面が『三社祭』として独立して伝わり、他の場は廃れていたのを、昭和四十三年（一九六八）に六世市村竹之丞（五世中村富十郎）と三世市川猿之助（二世市川猿翁）が復活。その後もたびたび上演されるようになった。

（阿部）

三番叟物

［さんばそうもの］

『操り三番叟』『舌出し三番叟』『寿式三番叟』『雛鶴三番叟』『晒三番叟』『廓三番叟』『四季三葉草』

《解説》能『翁（式三番とも）』の三番叟の舞を取り入れた作品。その祝儀性を軸に、歌舞伎舞踊では様々な趣向を加えた変種が多数作られ、それらを三番叟物と呼んでいる。

能『翁』は、第一に千歳が舞い、第二に翁が舞ったあと、狂言方が三番叟（三番目の叟＝老人）を軽快に舞うもの。三番叟は、勇壮な揉出しの囃子にのって舞いはじめ、前半の揉ノ段は直面、軽快かつ躍動的に舞い、烏飛びなどを見せる。後半の鈴ノ段は黒式尉（黒い老人面）をかけ、鈴を振って荘重かつ飄逸に舞う。翁が天下太平を祝うのに対し、三番叟は五穀豊穣を祈願するとされ、足拍子を多用するので、三番叟を舞うことを「踏む」ともいう。これには農耕儀礼の地固めの意図があるという。また三番叟は、日本各地の民俗芸能にも、〝祝言の舞〟として伝承されている。

歌舞伎舞踊の三番叟物は、剣先烏帽子に舞鶴・若松等などの文様を配した直垂上下の扮装を基本とする。能にならい、前半は揉出し、抜き足、眼目の烏飛びなどの足使いや走りを交え軽快に舞い、問答のあと、後半は左手に扇、右手に鈴を持って舞い、種卸し、種蒔き、面返り、揺合わせ、達拝などの型や足拍子がある。なお、歌舞伎では明治中頃まで、番立と呼ばれる略式の『三番叟』が開演前の儀式舞踊として名題下の俳優によって演じられていた。

《作品》歌舞伎の三番叟の古形を伝える三世中村歌右衛門の『**舌出し三番叟**』（一一四頁）、操り人形の趣向で踊る長唄『**操り三番叟**』（一二〇頁）、能『翁』の趣を生かした長唄・義太夫掛合の『**寿式三番叟**』（一一〇頁）のほかにも多数の三番叟物があるが、ここでは女の振りで演じる作品をいくつか紹介する。

◉長唄『雛鶴三番叟（ひなづるさんばそう）』

三番叟を柔らかくくだいた古風な曲。雛鶴とは鶴の子供、または将軍家や諸大名など身分の高い家の姫君のこと。当初は幼い役者が舞ったらしいが古い振りは残らず、現在は、翁・千歳・三番叟の三人を高貴な女に仕立てて華やかに踊ることが多い。宝暦五年（一七五五）頃の顔見世で初演か。作詞作曲未詳。

◉長唄『晒三番叟（さらしさんばそう）』

曾我の二の宮という娘が鈴を持って三番叟の振りをし、槍踊りのあと、源氏の白旗を布晒しにして踊るという見た目の楽しさが眼目。本名題は『今様四季三番三』。宝暦五年（一七五五）十一月、江戸市村座初演（作曲＝杵屋忠次郎、二の宮＝瀬川吉次）だが、振りは当初のままでなく、現在は三人立が多い。近年では中村壱太郎（かずたろう）が演じている。

◉長唄『廓三番叟（くるわさんばそう）』

廓の座敷を舞台とし、翁が傾城、千歳が新造（または禿（かむろ））、三番叟が太鼓持（たいこもち）（または新造）の見立てで踊る。文政九年（一八二六）正月開曲（作曲＝四世杵屋六三郎）で、大正期に振りが付き、様々に踊られる。近年では片岡孝太郎の傾城でしばしば上演されている。

◉清元『四季三葉草（しきさんばそう）』

『（寿）式三番叟』（一一〇頁）をもじった題名で、四季の草花の名寄せを綴る。天保九年（一八三八）夏の開曲（作者＝紫雲菴、作曲二世清元斎兵衛）で、振りは後に付けられたもの。翁・千歳・三番叟の能ガカリで演ずる場合と、女の振りで優美な座敷舞風に演じる場合がある。

（竹内）

慕う男を懐かしむ海女(あま)

汐汲

［しおくみ］

『七枚続花の姿絵(しちまいつづきはなのすがたえ)』の一コマ

●初演＝文化八年（一八一一）三月　江戸・市村座
●作者＝二世桜田治助　作曲＝二世杵屋正次郎・二世岸澤式佐
　振付＝初世藤間勘十郎
●松風＝三世坂東三津五郎

《舞台》場面は秋の夜、須磨の浦。海女の松風が烏帽子(えぼし)・狩衣(かりぎぬ)を身に着け、汐汲桶を下げて登場し、月光の下で汐（海水）を汲む様を見せる。そして松風は中啓(ちゅうけい)を手に須磨の浦の様子を描写し、在原行平(ありはらのゆきひら)との思い出にふける。烏帽子と狩衣はかつて契りをした形見で、形見がなければあの人を忘れることができたのかもしれない……と嘆きつつ、行平と寄り添い、約束をした甘い夜を回想する。そこから一転して賑やかな傘づくしの曲となり、三蓋傘(さんがいがさ)という長い傘を使って踊り、やがて〽松風ばかりや残るらん……」と静かに舞納める。

《解説》海女の松風が汐を汲みながら、三年の間に恋をした在原行平への思いを舞う。能『松風』に取材し、能では、行平が愛した海女の姉妹松風と村雨(むらさめ)が登場するが、本作は松風の一人立(ひとりたち)として描かれている。扮装も能から離れ、赤姫のような振袖姿に、烏帽子・狩衣・海女の腰蓑(こしみの)を着けている。また汐汲桶も銀色地に波の絵が描かれた華やかなもので、これを二つ、荷棒に赤い紐で前後に下げており、とても汐を汲めるようには見えないのが様式本位の歌舞伎らしい面白さ。中啓を使った舞から手拭いを扱うクドキ、長い柄の傘が三層に連なる三蓋傘での踊り地など変化に富んだ作品である。歌詞も所々能の詞章に拠りつつ、江戸時代らしい色っぽい箇所もあり、中世と江戸が調和されている。もとは一人の役者が何役にも扮する変化舞踊『七枚続花の姿絵』（女三宮、源太、汐汲、猿廻し、願人坊主(がんにんぼうず)、老女、関羽(かんう)）

の一コマで、初演では鎮守霊府こと関羽の精霊が様々な役に変わった。また常磐津と長唄の掛合(かけあい)だったが、再演から長唄だけになった。

《構成》松風の登場～汐汲む様～行平との恋の回想（クドキ）～三蓋傘の踊り～チラシ

聴きどころ＋豆知識

【能『松風』】

能『松風』には、海女の姉妹松風と村雨の二人が登場し、行平への恋慕の情を示すが、村雨よりも松風の方が狂おしい思いを抱いているように描かれている。松風は形見の烏帽子・狩衣を身に着けて舞を舞い、松の木を行平に見立ててすがりつき、狂乱の態を見せる。一方、村雨は一旦は姉の行動を留めるという冷静さを持っている。また、能の終曲部の詞章〽村雨と聞きしが今朝見れば、松風ばかりや残るらん…」を、「松風一人が残った」と解釈し、村雨は行平の後を追い、松風は一人残されるという設定の歌舞伎『今様須磨の写絵』も生れた。ここでも松風は烏帽子・狩衣を着け、狂乱となる。

【在原行平と和歌】

在原行平（八一八～九三）は、平城(へいぜい)天皇の皇子阿保(あぼ)親王の第二子。プレイボーイとして名高い在原業平(なりひら)の同母兄で平安初期の歌人でもある。『古今集』巻十八、須磨に隠棲した時の作「わくらばに問ふ人あらば須磨の浦に藻塩たれつつわぶと答へよ」があり、『源氏物語』の「須磨」の巻はこれに拠ったともいう。

また百人一首にも採られた『古今集』巻八の「たち別れ因幡の山の峰に生ふる　松とし聞かば今帰りこむ（あなたと別れて因幡の国に行きますが、その山に生えている松のように、私を待っていると聞いたら、すぐにでも帰ってきますの意）」の歌もあり、これに『選集抄』に見える行平が須磨の海女と歌問答をした話、『源氏物語』「須磨」の巻などをもとに、田楽能『汐汲』、能『松風村雨』を経て、能『松風』が成立した。この能『松風』は「熊野(ゆや)松風は米の飯」といわれるほど『熊野』とともに流行し、歌舞伎や浄瑠璃の題材にもなって、松風物という一ジャンルを形成するもととなった。

なお「たち別れ……」の歌を使ったおまじないに、家出した猫が帰ってくるという俗信がある。

（阿部）

祈りと祝言の儀式舞踊

式三番叟

［しきさんばんそう］

本名題＝寿式三番叟

◉初演＝安政三年（一八五六）十一月江戸・市村座
※河東節「翁」に拠ったもの
◉作者＝不詳　作曲＝十一世杵屋六左衛門

《舞台》幕口から面箱を持った千歳、翁、三番叟が出る。翁が〽「とうとうたらり」と呪文を唱え、この土地に住む皆々が長寿の鶴亀の如く末永く栄えるようにと祈る。次に千歳が〽「とうとうたらり」を滝水の流音と見立て、日照りになろうと枯れることのない滝を謡って露払いの祝言を勧める。白式（肉式）尉の面をつけた翁は古楽の歌により天下泰平、国土安穏の祈りを捧げ、「萬歳楽」と唱えて退場する（翁かえり）。ここから三番叟の登場。〽「おおさえ、おおさえ」の「揉出し」から、「揉みの段」になり、その中で「烏飛び」をみせる。千歳との問答があって、今度は黒式尉の面をつけ、神鈴を手に「鈴の段」を舞い、最後は七福神の宝船を詠み込んで目出度く舞い納める。

《解説》日本の宗教観やそれに伴う習俗の基本となる発想に〝厄払い〟がある。この旧年の厄を払う最大のイベントが修正会、修二会と呼ばれるものであり、その中で仏教的な色彩の強い〝呪師〟が『翁』という祝福芸を演じた。やがてこの役は猿楽師に担われることとなり、能楽に『式三番（＝翁）』が成立し、三番目に登場する三番叟は狂言師が演じることとなった。歌舞伎もこの式楽を取り入れ、江戸期には「翁渡し」と称して、十一月の顔見世興行の初日から三日間と正月の三が日に「式三番」を舞台にかけた。その際、翁は座元（太夫元）、千歳は若太夫、三番叟は踊りを得意とする役者或いは振付師が勤めた。また毎朝、興行の開始時に稲荷町（下級役者）が囃子のみで三番叟を簡略にした「番立(ばんだち)」を勧める習慣もあった。その一方、江戸歌舞伎は『翁』の〝擬(もど)き〟のような存在ともいえる三番叟の娯楽性を追求した様々な新趣向を創造し、「三番叟物」といわれる所作事(しょさごと)群を形成するにいたったが、あえて儀式舞踊として祝言性に懐古したのが本曲である。その後、より能楽の故実に準拠しようとする俳優も現れ、劇場の開場式などで上演されることで、その儀式性がより強くなった。六世尾上菊五郎などは能楽に準拠した構成過程を「覚え書き」として公開した（『藝』）。現在、『寿式三番叟』の外題(げだい)で上演されるのは、本曲と義太夫によるもの二曲ある。後者は二世豊澤段平が明治中頃に人形浄瑠璃のために復曲したもので、文楽では『二人三番叟』の趣向。これを猿之助家が趣向ごと取り入れ、こちらは『二人三番叟』の外題で御家芸としている。

《構成》三役の出～翁の呪文～千歳の露払い～翁舞～翁かえり～三番叟揉出し～揉みの段～問答～鈴の段～七福神の踊り

聴きどころ＋豆知識

【〽とうとうたらり】
歌舞伎の舞台では「とうとうたらり」と清音が多いが、能では観世流のみ。他流は「どうどうたらり」或いは「とうどうたらり」と濁る。この意味はいまだに判明せず、典拠も不明。昭和初期に河口慧海(えかい)がチベット語説を唱えたが現在では否定されている。

【儀式性】
現在でも能役者は別火による精進潔斎(しょうじんけっさい)を行って『翁』を勧める。江戸歌舞伎の「翁渡し」もこれに従った。流石に現在の歌舞伎にその潔斎性はないが、ある劇場の柿落(こけら)としの際には、翁の部分を幕を閉めて行い、観客に見せなかったことがある。

【三番の意味】
同じ「三番」という文字が使われるが、「式三番」と「三番叟」では〝三番〟の意味が異なる。「式三番」は「翁」「三番叟」「父尉」という儀式演目が三つ（三番）あるという意味であり、基数。一方「三番叟」は〝三番目に登場する老人〟という意味なので、こちらは序数である。（鈴木）

獅子物

［ししもの］

『相生獅子』『執着獅子』『枕獅子』『鏡獅子』『連獅子』『越後獅子』『角兵衛』『勢獅子』『鞍馬獅子』

獅子は中国から伝わった想像上の霊獣で、獅子物は獅子を扱ったもの全般をいう。大別して次の二つの系統がある。

⑴ 能『石橋』から派生したもの。

能に倣い前後二段の構成で、後に獅子の姿になるのが特色。「石橋物」ともいう。文殊菩薩を守護する獅子が石橋に現れ、牡丹に戯れて舞い遊ぶというのがパターンになっている。石橋は、文殊菩薩が住むと伝えられる中国の清涼山にかかる石の橋のこと。この橋は幅が狭く、苔で滑りやすく、下は深い谷底で、人間の渡り得る橋ではないという。石橋物は、歌舞伎の初期には能から離れた『**相生獅子**』や『**執着獅子**』『枕獅子』などのように、女方の踊りで恋の思いを訴えるものであった。後シテも雌獅子だったのが、次第に能に近づき、『**連獅子**』（二二二頁）や『**鏡獅子**』（六八頁）など後シテを雄獅子とする作品が生れた。現行の獅子の勇壮な「毛振り」は見どころとなっているが、初期から中期の獅子は毛振りをしなかった。

◉長唄『相生獅子』

現存する長唄最古の獅子物、石橋物である。もとは『浅間嶽』の後日譚にあたり、悪人に殺された傾城奥州が恋人の見る夢の中に現れ、牡丹の花笠を被り、手にした雄と雌の獅子頭を使って舞うというものだったが、その振りは伝わっていない。前段で両手に雄と雌の番いの獅子頭を持つことから、夫婦仲の良さを示す相生の名があり、歌詞は獅子が蝶に戯れる様や恋の物思いが綴られている。現在では、前後二段の構成で、前段を傾城とする場合と振袖姿の姫とする場合、二人の姫とする場合など様々な演出、振付で行われている。後シテは扇付の白頭（赤頭の場合も）を付け、獅子の狂いを見せる。前半の座敷から後半の石橋のある庭の場面に変わることが多く、立廻りとなることもある。

◉長唄『執着獅子』（『英執着獅子』）

『娘道成寺』とともに女方舞踊を代表する名作。場面は廓の大広間。病鉢巻きをした傾城が登場。傾城は蝶が舞うのを見るとそれを追うようにして優雅に舞いはじめる。懐紙を持った振り、二つの扇獅子（重ねた二枚の扇に牡丹の花のついた小道具）や手紙を扱う踊り、やがて団扇や振り鼓など、様々な小道具を使って華やかに踊る。そして扇獅子を手にして踊るうちに、蝶に引かれて花道を引っ込む。後半は、石橋に見立てた石の橋のある庭になり、雌の獅子になって登場。牡丹の持ち枝を手にした立廻りの後、獅子の長い毛を振る。色気ある傾城の恋の物思いと女の獅子の勇壮さをみせる舞踊。傾城ではなく、赤姫にする場合もある。

⑵ **民俗芸能の獅子舞を取り入れたもの。**

獅子は悪霊を退散させるものとして信仰され、獅子舞は日本全国に流布し、約八千箇所で様々な形態で行われている。⑴の他にこうした民間の獅子舞を取り入れたものも獅子物という。一人が一頭の獅子となって踊る「しし踊り」の系統をひく『越後獅子』（四二頁）や『角兵衛』（七〇頁）。また伊勢の太神楽やこれが祭礼に入った「獅子舞」を取り入れたものとして『勢獅子』（七六頁）や『鞍馬獅子』（八八頁）などがある。なお『お祭り』（五八頁）や『神田祭』に獅子舞を登場させる演出もある。この獅子舞は獅子頭に胴幕をつけ、二人が入って踊る形式が主流である。

（阿部）

歌舞伎三番叟の名作　舌を出す祝言性

舌出し三番叟

［しただしさんばそう］

本名題＝再春菘種蒔（またくるはるすずなのたねまき）
別称＝種蒔三番叟・志賀山三番叟

●初演＝文化九年（一八一二）九月　江戸・中村座
●作者＝二世桜田治助　作曲＝（長唄）二世杵屋正次郎・豊後路清海太夫（初世清元延寿太夫）　振付＝初世藤間勘十郎
●三番叟＝三世中村歌右衛門　千歳＝中村明石

《舞台》松羽目（まつばめ）の舞台に三番叟が「おおさえ、おおさえ」と中央に出て舌を出してきまり、「揉出し（もみだし）」が始まる。千歳（せんざい）から鈴を渡されて踊り、舟唄を二人で踊った後、長者が見目麗しい娘を嫁に望んで使者を立て、輿入れ（こしいれ）の長持ち唄となる〝嫁入り〟の様が踊られる。クドキから手踊り、「鈴の段」の種蒔きの振りとなり、再び舌を出してきまる。

《解説》天明六年（一七八六）十月、江戸中村座で初世中村仲蔵（当時中山小十郎）が『寿世継三番叟（ことぶきよつぎさんばそう）』を踊った。これは仲蔵の養子先であった舞踊・志賀山（しがやま）流に伝わる曲と振りを洗い直した作で、ベロリと舌を出す大胆な振りが特徴であった。この舞台に幼少時に触れて感銘を受け、本人に教えを請うたとされる三世中村歌右衛門が、仲蔵の三番叟を復活させる意図で上演したのが本曲である。この上演に際し、歌右衛門がこだわったのはやはり〝舌出し〟の振り。赤い舌を見せる行為は、世界の多くで魔除けの意味を持ち、面や絵、玩具などにも表象される。日本においても同趣の玩具があり、その形容を真似たものであろうが、もともと江戸歌舞伎には強さや畏怖の表現として舌を出す演技があった。『車引（くるまびき）』の藤原時平（しへい）や、『関の扉（せきのと）』の大伴黒主（くろぬし）などがその例で、ある意味〝江戸名物〟だった演技を、上方（かみがた）出身の歌右衛門が帰坂に際し、〝江戸御名残（おなごり）〟として舞踊に取り入れたのであった。現在では、初演時にあった前狂言の「羯鼓炮碌（かっこほうろく）」と「翁」のくだりは消失し、三番叟と千歳の二人の踊りとなっている。曲の主題を三つ挙げれば、まずは「仲蔵由来の志賀山振りを見せる」こと、また全体として「三番叟の擬きとして、くだけて見せる」こと、そして後半部分のテーマとして「婚礼と、子福者が子の成長を祝う」〝子宝〟の振りを見せることで、三番叟物の厳粛性を根底に置きながら、民衆劇としての娯楽性が追求されている。本来は清元と長唄の掛合だが、どちらか一方の音曲でも上演され（歌詞や雰囲気がやや異なる）、清元の場合は『種蒔三番叟』、長唄の場合は『志賀山三番叟』の曲名でも上演されることがあり、本名題の『再春菘種蒔』でも上演される。二〇一二年の平成中村座（隅田公園）公演では、中村座座元の家系を継ぐ中村勘九郎が『江戸随一志賀山三番叟』と外題を掲げて、古格に則った舞台を披露した。三番叟の扮装は厚綿の着付を吾妻絡げにし、鶴菱模様（中村座の紋）の素襖、剣先烏帽子というのが曲意に叶うが、通常の三番叟のような素襖、大口袴での上演もある。この場合は戯れ隈もとらず、舌も出さない。

《構成》 揉出し～千歳の踊り～鈴の踊り～舟唄～嫁取りの使者の物着～長持唄から踊り地～鈴の段～舌出し

聴きどころ＋豆知識

【特殊な振付】

志賀山流に伝えられた曲なので、〝ナンバ〟の振りが随所に出てくる。「烏飛び」で尻もちをつくのはご愛敬。「揉みの段」で烏帽子の剣先で「大入り」を書く決まり事。〽藤内次郎が……」で、裃・袴をつけるだけの仕草が振りとなっているのは歌舞伎舞踊ならでは。

【舌を出す】

コロナ禍において、日本人はマスク着用に違和感がなかった。西洋人と違って口の開け方で表現をしないし、口元を隠す習慣が元々あった故といわれる。その真逆ともいえる〝舌を出す〟行為は、相手への侮辱であったり、威嚇、敵対意識を意味し、これが悪魔払いの習俗に繋がる。そこには舌が魔除けの赤である前提があり、歌舞伎では舌を真っ赤に塗って観客に出して見せる（舌先を下唇と下の歯の間に入れるという口伝もある）。『舌出し三番叟』には舌を出す玩具の影響がありそうだが、魔除けの意図に愛嬌が加わり、これが本曲の味わいにも通じている。

（鈴木）

霊獣の舞 乱れの祝祭性

猩々

［しょうじょう］

◉初演＝明治七年（一八七四）七月　東京・河原崎座の新築開場
◉作詞＝三世河竹新七　作曲＝三世杵屋正次郎
振付＝初代花柳壽輔
◉酒売り高風＝三世関三十郎　猩々＝二世河原崎国太郎・九世市川團十郎

《物語》唐の潯陽江（揚子江）の近くに住む高風が登場（名乗りまたは謡ガカリ）。親孝行による夢のお告げで、高風は街で酒を売り、やがて富貴な身になる。ある晩、潯陽江から猩々が現れ〽老いせぬや」と唄い、高風に酒の泉を与えて「乱れ」の舞（二上り）を舞う。

《解説》能『猩々』（作者未詳）に依拠した松羽目物の舞踊。あらすじ、衣裳、作り物をはじめ、眼目である猩々の「乱れ」の舞も、能に取材している。また、能の特殊演出「双ノ舞」に倣って猩々の二人舞を基本とするが、一人舞や高風を略す演出もある。

本作の原型は、河原崎座の脇狂言『寿二人猩々』として、再開場などの節目に江戸時代から度々演じられたもの。現行の形は、大正九年（一九二〇）十一月市村座で六世尾上菊五郎・七世坂東三津五郎がまとめたという。

本作のほか、坂東蓑助（八世三津五郎）振付の義太夫『猩々』（一九四六年、野沢松之輔作曲）、一中節『猩々』（一八五五年）が舞踊の地としてよく上演される。ほかに地歌『女猩々』、江戸歌『猩々双の舞』、長唄『酔猩々』（一九二一年）、常磐津では『今様猩々』（西川流）・『雪の猩々』（一九一八年頃）・『浮無瀬猩々』（一九二六年）、清元『猩々』（一九五四年）、豊本『猩々』（野沢松之輔作曲）など多数が現行。いずれも「乱れ」の舞を見せ場とする。

能では妖精の少年を表す赤くにこやかな猩々面をつけるが、そもそも猩々とはオランウータンを範にした想像上の動物。猿に似て体は朱紅色の長毛で覆われ、顔は人間に、声は子供に似て、人語を解し無邪気で酒を好むという伝説がある。

《構成》 高風の出（名乗り）～猩々の出～乱れの舞

聴きどころ＋豆知識

【かね金山】

中国江蘇省鎮江市、揚子江の南岸の景勝地金山のこと。もと小島だったが土砂が堆積し岸になった。漁師高風はそのふもとの里に住む者と名乗って登場する。

【猩々乱】

能『猩々』の特殊演出で、酔った猩々が波上で乱舞する様子を表現すること。笛を主に大小鼓・太鼓で囃し、緩急の変化が激しい。赤頭を振る動作、流れ足、乱れ足など水上の乱舞を表す型が特徴。その趣も能から舞踊へ細やかに写されている。

【芸能にみる架空動物】

芸能には猩々のほか様々な架空動物が棲息する。大日如来や文殊菩薩の使いとしてその台座を守る〝獅子〟は、邪悪を退け国家鎮護を祈念する形代となり、それを動体化する芸能では、伎楽や舞楽を経て、能『石橋』の獅子とその囃子事が歌舞伎舞踊・三味線音楽に摂取され、獅子物が育まれた（詳しくは一一二頁「獅子物」参照）。手水鉢の水口を守る〝龍〟は、雲を起し雨を呼ぶ神獣。歌舞伎『鳴神』では龍の霊力が物語の伏線となる。鹿に似る〝麒麟〟、鳥獣の集合体〝鳳凰〟は、聖人や吉祥の前触れとされる。山間では「かのしし」として身近な鹿を麒麟獅子に仕立て舞う地域がある。宮廷の舞楽には、鳳凰の姿を舞う『萬歳楽』があり、錚錚たる管弦が奏でる鳳凰の鳴声の表現は古代のファンタジーといえよう。その吹奏にあたる十七管の笙も古来、鳳凰の形容とされる。芸能の衣裳や道具を彩る文様に描かれた架空動物を探すのもまた楽しい。

（竹内）

鑓踊りと丹前 水仙のような美しさ

水仙丹前

［すいせんたんぜん］

◉寛延元年（一七四八）十一月　江戸・中村座『室咲京人形』カ
◉作者＝不詳　作曲＝七世杵屋喜三郎カ　振付＝不明
◉若衆＝初世中村粂太郎

《舞台》幕開きは、〽水仙の花の姿や若衆振り」と水仙の花のような若衆の美しさを見せ、〽山も色めく花紅葉」から紅葉尽くしの歌詞で散り敷く紅葉の美しさに恋の要素を織り交ぜる。〽振れ振れふりこめさふりこめさ」は、毛鎗を振る鎗踊りとなる。〽恋はさまざまあるが中にさ」から恋尽くし、〽逢う恋待つ恋忍ぶ恋……と恋のさまざまを綴る。中に、大らかな曲にのって丹前振りというかつて流行した格好いい歩き方を見せ、やがて幕となる。

《解説》歌舞伎俳優の初世中村粂太郎を水仙の花にたとえ、華やかな鎗踊りと丹前振りを盛り込んだ作品。粂太郎は所作事の名手で娘や傾城役を得意とした人物。粂太郎が踊った『京人形』の所作事のうちの「丹前」に「鎗踊り」を挟み込んで一曲にまとめた。従来、初演は宝暦五年（一七五五）の『門出京人形』とされてきたが、近年の研究から寛延元年（一七四八）の『室咲京人形』の可能性が高く、また天明四年（一七八四）十一月以降にはこの形になっていたと考えられている。曲の冒頭に〽水仙の花の姿や」と歌われていることから『水仙丹前』の曲名になった。後に荻江節にもほぼそのまま移入され人気曲となっている。

特に劇的なストーリー展開はなく、丹前の他に「紅葉尽くし」や「恋尽くし」など、当時の言葉遊びの風雅な趣と優美な旋律に乗せた演者の美しい動きが見どころ。初演当時の振りは伝わっておらず、今日では若衆や遊女の姿などさまざまな、振付、演出がされている。

《構成》若衆の出～紅葉尽くし～鎗踊り～恋尽くし（丹前振り）

聴きどころ＋豆知識

【丹前】

丹前とは、江戸時代初期に神田にあった丹前風呂に通う伊達な男達の風俗を写した演技様式のこと。丹前六方とも丹前振りともいわれる。その演技は、右手と右足、左手と左足を一緒に踏み出す様式で、歩く芸の一種として歌舞伎や舞踊に多く取り入れられている。

【水仙と美少年】

本作では女とみまごう美しい粂太郎を水仙に見立てているが、水仙を美しい青年にたとえる例は西洋にも例がある。ギリシア神話では美少年ナルキッソスが、彼に恋する乙女や妖精たちにすげなくしたために、呪いをかけられ、水面に映る自分の姿に見とれ、恋い焦がれて死に、水仙の花と化したという。これがナルシストの語源となったとも伝わる。

【堀丹後守前の風呂屋】

丹前というと今日では防寒のための部屋着（「綿入れ」とも「どてら」ともいわれる厚く綿を入れた広い袖の着物）が思い浮かぶのではないだろうか。これもまた丹前風呂に通う客の風俗から来たものだ。丹前風呂は江戸初期、江戸の神田佐柄木（さえぎ）町、堀丹後守（ほりたんごのかみ）邸の前にあった町の風呂屋。「丹」後守の「前」から「丹前」の名称が生れたとか。美しい湯女（ゆな）を置いて、遊客を誘い、繁盛したという。湯女は客の身体を洗ったり、入浴後に湯茶を出すなどの本来の業務のほか、終業後に板の間や二階を宴席として歌や踊りを見せた。遊女に劣らぬ名声を得た湯女も多くいたと伝わる。そしてここに通う旗本や町奴の間に、丹前姿と称される姿が流行した。

（阿部）

狂言取り物の傑作 那須与市語

素襖落

［すおうおとし］

本名題＝襖落那須語（すおうおとしなすのかたり）

◉初演＝明治二十五年（一八九二）十月 東京・歌舞伎座
◉作詞＝福地桜痴 作曲＝三世杵屋正次郎（長唄） 鶴澤安太郎（義太夫） 振付＝二世藤間勘右衛門
◉太郎冠者＝九世市川團十郎 大名＝市川新蔵 姫御寮＝五世中村歌右衛門 次郎冠者＝二世市川段四郎 三郎吾＝七世松本幸四郎
＊新歌舞伎十八番の内

《物語》さるところの大名がにわかに伊勢参宮を思い立ち、かねてより同道を約束していた伯父のもとに、家来の太郎冠者を使いに出す。生憎と伯父は留守であったが、姫が応対に出て、伊勢に行く太郎冠者の門出を祝す宴を開いてくれる。酒好きの太郎は盃を重ねて、ほろ酔い機嫌で姫に口追従（くちついしょう）。姫の召使いの次郎冠者と三郎吾の肴舞（さかなまい）に続いて、『那須（奈須）与市語』を披露する。そのあまりの面白さに姫は餞別として素襖を与える。その帰り道、上機嫌の太郎が小謡（こうたい）を謡いながら千鳥足で歩いていると、遅い帰館を心配した大名が鈍太郎を連れて迎えに来た。浮かれている太郎冠者は、主人の迷惑をよそに小唄や小舞をはしゃいで見せるが、うっかり素襖を落としてしまう。大名は太郎冠者をなぶってやろうと素襖を隠し、これを探して奪い返そうとする太郎冠者。いつまでも滑稽な取り合いが続く。

《解説》明治期において九世市川團十郎を中心に歌舞伎の高尚化が企図され、本作はその一環として能狂言を歌舞伎化した「松羽目物（まつばめもの）」の嚆矢（こうし）となり、この成功により同趣の作品が多く生れた。狂言の『素袍（襖）落』を元にしているが、主として会話で進行する狂言に較べ、歌舞伎では舞踊的要素が盛り沢山に挿入されている。伯父役を姫御寮に替え、原作には出ない小舞の上手・次郎冠者と小謡の名人・三郎吾を加えての宴。そこで披露される次郎冠者の『靭（うつぼ）

猿』、三郎吾の『蛸』。そして眼目の太郎冠者の『那須与市語』は、能『屋（八）島』で演じられる特殊演出（小書）で、狂言方が扇の的の物語を仕方で演じる。狂言師にとっては初演を「披き」と重く扱う語り芸の究極だが、これを肴舞として作の中心に据えてしまう自由度が歌舞伎にある。その他「宇治の晒」「七ツ子」「暁の明星」「北嵯峨」などの狂言や小舞（小謡）の一部を抜粋して巧みに取り入れ、舞踊劇としての魅力が追求されている。その浮かれ舞っていた太郎が、素襖を落として一変に不機嫌になる様子が誰にでも理解される面白さである。初演の九世團十郎歿後は、次代の舞踊の名手であった七世幸四郎と六世菊五郎によって上演が繰り返され、主としてその両者の芸系をひく役者によって上演されている。

《構成》大名の名乗り～太郎冠者の呼び出しと使いの仰せ付け～伯父宅への訪問～姫御寮の歓待～次郎冠者と三郎吾の肴舞～太郎冠者の「那須語」（※ここから長唄が入り義太夫との掛合）～素襖を頂戴して喜びの帰路～上機嫌の小舞・小謡～素襖を落とす不機嫌～大名と太郎冠者との素襖の取り合い

聴きどころ＋豆知識

【扇の蝙蝠柄】
太郎冠者が使う扇子の柄は蝙蝠。初演の市川團十郎家に因む伝承で、指導者が贈ったり、太郎冠者を演じる役者が自描したりする。蝙蝠は中国では、「蝠」と「福」との音の共通性から富貴・吉祥の象徴であり、これが日本にも伝わり、七世團十郎が好んで替紋にもした。

【那須与市】
源平が争った「屋島の合戦」に義経方として従軍していた那須与市は、平家方が挑発のために小舟の先端に掲げた扇の的を見事に射貫いて、弓の名手の面目を保った。学校教育の古文の授業でもよく取り上げられる『平家物語』の一節である。この様子を独り語りする「那須語」が能『屋島』の狂言方の小書に取り入れられ、語り手・義経・与市・後藤兵衛を語り分ける。歌舞伎『素襖落』では、射貫かれた扇がひらひらと空へ舞い上がり、波間に落ちる様子が振りになっていて、緊張からの緩和が上手く描かれている。

（鈴木）

嫉妬と横恋慕が織りなす人間模様

須磨の写絵

［すまのうつしえ］

本名題＝今様須磨の写絵

◉初演＝文化十二年（一八一五）五月　江戸・市村座　大切
◉作者＝二世桜田治助　作曲＝清澤万吉（初世清元斎兵衛）
振付＝初世藤間勘十郎
◉行平・此兵衛＝三世嵐三五郎　松風＝三世市川團之助
村雨＝二世岩井粂三郎

《物語》

〈上の巻〉松風・村雨という海女の姉妹が汐汲みや海藻取りで生計を立てている須磨の海岸には、流罪となり三年の在原行平が隠棲を続けている。〽おもしろや」から姉妹が汐汲みの様子を見せ、〽辛気辛苦を」のクドキ。三人のセリフあって、〽あわれ古えを」から行平が境遇を述懐する振り。〽そのさすらえと」のクドキから、行平をめぐる姉妹の嫉妬があって、〽一夜寝る身を」と三人の手踊りになる。勅勘が許された行平は形見の烏帽子・狩衣と一首の歌を松枝に残し、別れを告げず須磨を去る。

〈下の巻〉〽かくとも知らず」で庵の伊予簾が上がると、姉妹が髪を梳く見得。行平の形見を見つけて追って行こうとするところを、〽奴のこのこの」と漁師の此兵衛が二人を遮る。村雨が去った後、此兵衛が松風に絡む。〽笑う山辺に」から村雨に嫉妬する松風の狂乱。此兵衛は「かわいさ余って憎さが百倍」の捨てゼリフ。立廻りあって幕となる。

《解説》在原行平が勅勘を受け須磨に流されたのは九世紀半ばのこと。その史実に松風・村雨姉妹との出会いを描き加えたのが、「熊野松風は米の飯」といわれるほど持てはやされた能『松風』である。能では姉妹が月影の如く行平を静かに慕う。舞踊では松風一人にスポットを当てた長唄『汐汲』（一〇八頁）が著名になったが、本作では姉妹の恋と嫉妬を軸に、長唄『浜松風』（一八〇八年）と同様に、荒くれ漁師の此兵衛が横恋慕して姉妹に絡むのが特徴である。下の巻だけの上演も多いが、八世坂東三津五郎が指摘したように、上の巻で白塗りの貴公子行平を、下の巻で赤っ面の此兵衛を、一人が演じ分けることに面白さと本作の値打ちがある。長唄『浜松風』は、行平に焦がれて死んだ松風の霊が下女小藤に乗り移り、狂女になってさまようところへ此兵衛に絡まれる筋で、地に義太夫を交えることもある。

《構成》

〈上の巻〉 オキ～出～汐汲みの振り～クドキ～行平の踊り～三人の手踊り～松風・村雨が上手へ去る～行平が下手へ去る

〈下の巻〉 髪梳き～姉妹が花道へ行きかけ此兵衛の出～村雨が花道を去る～此兵衛が松風に言い寄る～松風の狂乱～立廻り、チラシ

聴きどころ＋豆知識

【汐汲み】
汐を汲んでは運ぶ天秤桶は小道具として美化され、これを担ぐ姉妹の姿を引き立てる。舞台では見られないが、汲んだ汐は藻塩草（海藻）とともに煮詰めて塩を精製した。その効率を高めるため平底で注ぎ口をつけた陶製鍋が「行平鍋」のルーツ。朝廷に上納させるための製塩の管理と支援を、行平のような貴族が監督したのであろう。

【月は一つ影は二つ】
『続拾遺和歌集』の和歌より。桶に映った月影を姉妹になぞらえ、姉妹が桶の中の月影を覗く見得。六世中村歌右衛門の松風は、本作中で最も印象に残る秀逸な振りをここで見せたという（四世中村梅玉談）。

【嫉妬と恋と】
姉妹の激しい恋心と嫉妬、男の横恋慕は、能『松風』を離れた芝居の創作である。文耕堂作の人形浄瑠璃『行平磯馴松（そなれまつ）』（一七三八年）の四段目景事（けいごと）「形見忍夫摺」では、田井の畑の太夫の下女小藤が松風の霊に憑かれての狂乱、太夫の息子此兵衛の小藤への横恋慕が大好評で、そうした人間模様が長唄『浜松風』や本作に受け継がれた。嫉妬と恋は、今も昔も人類永遠のテーマ。邪険な横恋慕は時に滑稽を伴ってドラマを引き立てる。

（竹内）

亡き子の声を聞く母の悲しさ

隅田川

［すみだがわ］

◉初演＝大正八年（一九一九）十月　東京・歌舞伎座

◉作詞＝条野採菊　作曲＝二世清元梅吉　振付＝二世市川猿之助

◉班女の前＝二世市川猿之助　舟長＝二世市川段四郎　梅若丸の亡霊＝二世市川團子

＊明治十六年（一八八三）二月十七日に東京・下谷竹町条野採菊宅で素浄瑠璃（作詞＝条野採菊　作曲＝二世清元梅吉）として開曲。同三十九年、藤間政弥によって舞踊化。

《物語》春の隅田川、橋場あたり。舟長（ふなおさ）の待つ川の畔に、笹を手にした狂女がたどり着く。女は京に住む者だが、愛する我が子を人商人にさらわれて気も錯乱。その行方を尋ねるため、はるばると東国まで下ってきたのだという。舟長がやさしく船に乗せてやると、女は対岸の柳のもとに集まる人が唱える念仏を訝（いぶか）しむ。舟長はその柳に因む哀れな話を語り始める。去年三月ちょうど同じ日、人買いに拐かされた少年が体を弱らせて棄てられ、土地の人の介抱虚しく命を落としてしまったというのである。柳のもとに埋葬されたその子は十二歳の梅若丸。この女の愛し子であった。驚き嘆く女を、舟長は梅若丸が埋葬された塚に案内する。女は塚を見ると、掘り起こして我が子の亡骸に逢いたいと縋り泣き、ひたすら「南無阿弥陀仏…」と念仏を唱える。すると梅若丸の声が聞こえ、そこに佇む姿が女の目には見えた。しかし声だと感じたのは沖の鷗の鳴く声、姿と見えたのは柳の枝だった。心を乱し悲しみにくれる女を慈しむように、舟長が舟唄を歌う。空がほのぼのと明ける。

《解説》能「狂女物」の代表作である『隅田川』は歌舞伎に大きな影響を与え、「隅田川物」という一大ジャンルを形成した。近世の「隅田川物」は、（母）班女と梅若丸親子の悲劇以外にも『清玄桜姫』『法界坊』……といった多様な展開をみせたが、本作は原拠である能に準拠した近代の舞踊作品である。その近代性としては、伝統的な役柄としての「物狂い」とは一線を画す主人公の描き方が指摘できる。登場は笹をもった「物狂い」の形だが、舟長と会ってからは、一人の女の精神が乱れていく様子が描かれている。最後は幻影を見る錯乱状態にまで至るが、あくまでも母親が起こす精神的ショック。はじめから常人との境界が作ってある従来の「狂乱物」「狂女物」とは趣を別とする作劇法と言えよう。昭和二十八年（一九五三）に、より内面性を重視する六世中村歌右衛門が手がけてから、歌右衛門の代名詞的作品となり、上演を重ねて海外公演でも高い評価を得た。六世藤間勘十郎の振付、清元志寿太夫の喉、歌右衛門の情念という三幅対が昭和の名シーンに数えられる。

《構成》舟長の名乗り～班女の物狂いの出～問答～乗船～舟長の物語～梅若塚～班女のクドキ～回向～班女の狂乱～舟唄

聴きどころ＋豆知識

【人商人】騙して誘拐した子どもを、他人に売って稼ぐ仕事。人買いともいう。中世には珍しくなかったようで、鎌倉幕府は人身売買を禁止し、違反者には顔面火印の刑を行ったこともあったようだ。有名なのは安寿と厨子王（ずしおう）を誘拐した山椒大夫。昭和期の子供が「人さらいにさらわれるよ」と躾（しつけ）けられたのは今は昔でも、世界では今もって横行している犯罪。

【都鳥】芸能には、直接テーマとは関係ない箇所が見せ場となることも多い。狂女が舟長に「白き鳥」の名を尋ねると、舟長は「沖の鷗」と答える。しかし女は「なぜ都鳥といってくれないのか」と憂う。これは在原業平が東下りの際に詠んだ「名にしおわば、いざこと問わん都鳥……」を踏まえての問答で、清元の聞きどころ、踊りの見どころとなる。ところでこの〝都鳥〟は、新交通システムの名にもなっている東京都の鳥〝ユリカモメ〟であることは知られているが、これとは別に「ミヤコドリ」というチドリの仲間がいるので少しややこしい。

（重藤）

平安ミステリーと江戸の廓噺
人間界と自然界の相克

関の扉

［せきのと］

本名題＝積恋雪関扉

◉初演＝天明四年（一七八四）十一月　江戸・桐座『重重人重小町桜』二番目大切
◉作者＝劇神仙（宝田壽来）　作曲＝初世鳥羽屋里長　振付＝西川扇蔵
◉関守関兵衛実は大伴黒主＝初世中村仲蔵
◉良峯宗貞＝二世市川門之助　小野小町姫・傾城墨染・実は桜の精＝三世瀬川菊之丞

《物語》
〈上巻〉仁明天皇遺愛の桜が雪中に狂い咲きする逢坂の関に、遁世して天皇の菩提を弔う良峯宗貞と、関守関兵衛に身をやつして謀反の機会を窺う大伴黒主が住まう。ここに宗貞を慕う小野小町姫が現れ、関兵衛との「問答」を経て関を通り、宗貞との恋路をかき口説く。関兵衛は小町姫と宗貞との仲を取り持つが、謀反の証拠となる勘合の印と割符を所持していることが露見。宗貞は怪しい関兵衛の様子を都に知らせるため、小町姫を走らせる。
〈下巻〉黒主は謀反祈願の護摩木にしようと桜を切ろうとするが、中から傾城墨染が現れ、戯れの「道中」「廓噺」となる。その墨染の本性は人の体を借りた桜の精であり、黒主のために命を落とした夫安貞の恨みを晴らそうと詰め寄る。黒主は謀反人の正体を見顕し、斧を振り上げて襲いかかる。

《解説》〝天明ぶり〟といわれる古風でおおらかな作風と振付が伝わる顔見世舞踊の大曲。六歌仙という名歌人たちが王朝物の政治抗争の当事者に描かれている。上巻は大伴黒主が国家転覆を企み、これを良峯宗貞（僧正遍昭）と小野小町姫が牽制する内容。これが下巻になると大胆に時代世話、雅俗を一転させて、江戸時代の華やかな廓噺になる。この黒主の相手となる傾城墨染が実は桜の精であったという奇譚が繰り広げられる。墨染は夫の安貞（宗貞の弟）が黒主に攻められ命を絶たれたことで、黒主に恨みを持つ。降雪と桜花の散る中で人間界と自然界との相克が壮大なスケールで描かれている。役柄は宗貞は二枚目の貴人、小町姫は赤姫の典型。黒主役は洒脱な関守から公家悪へ、傾域墨染は傾城から妖艶な桜の精に変じるのが見どころ。

《構成》

〈上巻〉謡ガカリのオキ～関兵衛薪割りの登場～小町の出～問答～小町のクドキ～総踊り～関兵衛引っ込み～小町引っ込み

〈下巻〉生酔い～墨染の桜木からの出～道中・廓噺～墨染のクドキ～見顕し～所作ダテ

聴きどころ＋豆知識

【生野暮薄鈍】

常磐津の〽生野暮薄鈍情無し苦無しを見るように…」という歌詞で関兵衛はその音だけを利用して木・矢・棒・臼・ドン（手を叩く）・錠……というように全くの当て振りをする。日本の舞踊において露骨な当て振りは通常避けられるものだが、本作においては役柄の愛嬌や作風のおおどかさに上手く叶っている。この部分から当て振りの俗称を「きやぼ」というようにもなった。

【桜狂い咲き】

本作をまずイメージづけるのは、舞台一面の桜木。仁明天皇遺愛の桜で、帝崩御後全く開花していなかったが、小町の歌徳により再び花開き、雪中にも関わらず美しく狂い咲きしている。墨染役を得意にしていた昭和の名優六世中村歌右衛門の葬儀時に春先ながら雪が降り、名優の芸徳をファンが偲んだ。

【仲蔵振り】

初演の初世中村仲蔵はその出世譚が話芸ジャンルで知られるが、志賀山流の血を引く舞踊の名人でもあった。体を猫背に使うなどその個性的な癖振りは〝仲蔵振り〟と呼ばれ、本作や『戻駕』など、仲蔵が初演した作品に伝わる。

【付けゼリフ】

演奏者が役者がいうべきセリフを語り、役者はそれに合わせて振りをつける手法。本作では「生酔い」と呼ばれる関兵衛の酩酊場面に使われ効果をあげている。このあと黒主が自ら声を発することによって、謀反の本心が強調される。

（鈴木）

舞踊にタップダンスを 六世菊五郎の執念

高坏

［たかつき］

◉初演＝昭和八年（一九三三）九月　東京劇場
◉作詞＝久松一聲　作曲＝初代柏伊三郎　振付＝不明
◉次郎冠者＝六世尾上菊五郎　太郎冠者＝四世市川男女蔵
大名＝六世坂東彦三郎　高足売＝七世坂東三津五郎
＊初演〜昭和三十二年五月の上演までは、現行の次郎冠者と太郎冠者の役名とが逆になっているが、右の配役では役に合わせた

《物語》ある春の日。大名と家来の太郎冠者、次郎冠者が嵯峨の里に花見にやってくる。さっそく酒宴を始めようとするが、盃をのせる高坏がないため、次郎冠者に買ってくるように命じる。次郎冠者は高坏がどんなものかはっきりわからないままに出かけ、高足売と出会う。高足売はいたずら心から高下駄を高坏だといいくるめる。次郎冠者は高下駄を高坏だと信じ込み、高足に盃をのせて飲みはじめ酔い潰れてしまう。大名と太郎冠者が次郎冠者を捜しにくるも、高坏がないので怒ると、次郎冠者はこれこそが高坏だといいはり、使い方を示す。やがて木の枝に短冊をつけようと高下駄を履くとカタと音がし、その音につられるように高下駄のタップダンスとなる。大名と太郎冠者は次郎冠者を懲らしめようとするものの、次郎冠者の足拍子に浮かれて踊り出し、幕となる。

《解説》狂言と和製タップダンスを融合させた作品。初演当時流行していたタップダンスを下駄で踊りたいという六世尾上菊五郎の希望により作られた。狂言の『末広がり』のパターンに寄せて、主人に使いに出された次郎冠者が、買ってくるべき物がどんな品物か知らずに、騙されるといった筋になっている。なんといっても見どころは下駄のタップダンスだが、足のステップに主体が置かれるタップダンスと異なり、上体の表現も伴いながら足拍子を踏んで踊る、歌舞伎舞踊ならではの魅力が広がっている。六世尾上菊五郎歿後に上演が途絶えていたのを昭和二十七年（一

九五二）に十七世中村勘三郎が杵屋栄蔵の作曲に六世藤間勘十郎の振付で復活。以降、人気の曲になった。

《構成》大名と太郎冠者の出～次郎冠者の出～大名と太郎冠者の引っ込み～高足売の出～高足売と次郎冠者のやりとり～高足売の引っ込み～大名と太郎冠者の出～下駄のタップダンス～総踊り

聴きどころ＋豆知識

【間の面白さ】

下駄でタップダンスといっても、単にリズムに合わせて下駄をカタカタと鳴らすのではない。〽誰がつけたか桜の名所……」と綴る長唄とともに展開し、ある時は三味線やお囃子と足拍子との掛合（かけあい）があり、ある時は下駄の音のみの場面と、さまざまな音の競演がなされる。また、下駄が片方脱げて音を出さない部分があったり、下駄をしっかり履くためにつま先をトントンとする音、前歯と後歯をカタカタと小刻みに鳴らす音などなど、音の工夫が自在になされ、五線譜に記すことができない間の妙味が醸し出される。

【足拍子とタップダンス】

日本の伝統芸能――能狂言、文楽、歌舞伎――の舞や踊りには、足拍子が用いられている。もとは陰陽道の邪気を祓う呪法（じゅほう）で、足拍子を踏むことで大地を踏み鎮め、悪霊を祓うとされた。これが民俗芸能の反閇（へんばい）となり、能狂言、文楽、歌舞伎では足拍子として、リズムや型のキマリを強調する効果をもたらしている。

ところで、タップダンスは靴の底に金属板（タップ）をつけ、爪先とかかとを床にたたきつけるようにして音を出して踊るのが特徴である。起源には諸説あり、主にアメリカのボードビル、レビュー、ミュージカルといった舞台で踊られ、一九二〇年代から三〇年代に大いに流行した。そして二十世紀を代表するダンサー、フレッド・アステアとジンジャー・ロジャースによる映画のダンスシーンを通じて、タップダンスの魅力が世界中に伝えられ、日本でもタップダンスが大人気となった。当時習い事としてもバレエをしのぐ勢いがあり、高価なタップシューズを買えない一般の人々は、下駄の歯に釘をうちつけてその真似事をしていたとか。

この下駄でタップという発想を上手く取り入れ、歌舞伎らしい彩りの下に融合させたのが本作。後の北野武監督の映画『座頭市』の「下駄タップ」へとつながっているのではないだろうか。

（阿部）

太刀を争うすっぱと田舎者の連舞（つれまい）

太刀盗人

［たちぬすびと］

◉初演＝大正六年（一九一七）七月　東京・市村座
◉作詞＝岡村柿紅　作曲＝五世杵屋巳太郎　振付＝不明
◉すっぱ九郎兵衛＝六世尾上菊五郎　田舎者万兵衛＝七世坂東三津五郎　目代＝六世坂東彦三郎　従者＝四世市川男女蔵

《物語》訴訟のため永年京都にいた田舎者の万兵衛が国に帰ることが叶い、市に土産を買いに行く。そこへすっぱ（泥棒）の九郎兵衛がやってきて万兵衛の太刀（たち）に目をつけ、市を見物するふりをしながら近づき、太刀の紐を自分の腰に結んで、自分の物のような顔をして盗もうとする。二人が争うところに、所の目代（もくだい）（代官）が仲裁に入る。あらましを聞いた目代は、太刀の持ち主を特定するために、刀の詳しい特徴を二人に尋ねるが、すっぱは田舎者の答えを盗み聞きして同じ事を答えるのでなかなか判別できない。やがて田舎者は自分が大声で話すために真似をされるのだと気づき、太刀の長さに関しては目代の耳元でささやいたため、すっぱは答えにつまる。逃げようとするすっぱの服を脱がせると下から盗品が現れ、すっぱが盗人だということが明らかになる。二人はすっぱを逃すまいとどこまでも追いかけていく。

《解説》狂言『長光（ながみつ）』を歌舞伎舞踊化した作品。太刀の名前が「長光」から「正宗（まさむね）」に変わった他は狂言の筋をほぼそのままに歌舞伎らしい彩りを加えている。たとえば、田舎者が土産物を求めて市を眺める場面、九郎兵衛の登場のセリフ、目代が自分の役目を踊りで見せる場面など、そこここに三味線音楽と踊りが散りばめられているのが特徴である。見どころは連舞（つれまい）という二人で舞うくだり。それぞれが語っている心で、語りの部分を長唄が受け持ち、すっぱと田舎者が舞を舞う形式になっている。前半に太刀や剣の由緒や謂われを、後半には地肌焼（刀身の表面の模様）について舞う。すっぱが田舎者の振りを盗み見しつつ、ある時は揃い、ある時はずらして舞う間の面白さがある。

《構成》 田舎者万兵衛の登場～すっぱの九郎兵衛の登場～目代の登場～目代と二人との問答～田舎者とすっぱの連舞～すっぱの逃走（追い込み）

聴きどころ＋豆知識

【名刀正宗】

盗まれそうになる太刀の名は「正宗」。鎌倉末期に相模国（神奈川県）鎌倉に住んでいた刀工岡崎五郎正宗の鍛えた刀を「正宗」といい、名刀の代表とされている。また彼の通称は「五郎入道」といい作中でもその名が語られる。ちなみに、現存すると伝わる「日向正宗」は『刀剣乱舞』のキャラクターにもなっており、紀州にあったことから、梅干し作りが得意だとか。

【同工異曲『茶壺』】

『太刀盗人』と同じ趣向のものに『茶壺』がある。六世尾上菊五郎とともに多くの狂言物を上演した七世坂東三津五郎のために、大正十年に岡村柿紅が書き下ろした。盗まれるのは太刀ではなくて「茶壺」。田舎者の麻胡六が主人の使いで買った茶壺を背負い、帰る途中で酒に酔って道端で寝てしまったところを、すっぱの熊鷹太郎に狙われるというもの。そこへ所の代官がやってきて仲裁し、二人が茶の由緒や、ブランド名などを尋ねられて語り踊ることや、声が大きいために、答えをスリに聞かれると気づいた田舎者が、最後は目代に耳打ちするため、スリが答えにつまるなど、ほぼ『太刀盗人』と同様の展開となっている。

【泥棒が主人公！】

狂言に取材した作品に泥棒が主人公の作品がいくつかあるが、いずれも泥棒といっても石川五右衛門や怪盗ルパンといった大泥棒でもなく、大悪人でもない。大望があるわけでもなく、ちょっとズルをして得をしたいといった人間的な存在である。そのためどこか憎めないところがあり、すぐバレそうな嘘をつくなど、愛嬌あるキャラクターでもある。アニメでいえば、『タイムボカンシリーズ ヤッターマン』および平成リメイク版『ヤッターマン』、『夜ノヤッターマン』などに登場するずっこけ三人組「ドロンボー」にイメージが重なる。ユーモラスな悪役である。

（阿部）

玉兎

［たまうさぎ］

月の兎が跳び出した江戸で名高い団子売り

本名題＝玉兎月影勝（たまうさぎつきのかげかつ）
『月雪花名残文台（つきゆきはななごりのぶんだい）』の一コマ

◉初演＝文政三年（一八二〇）九月
◉作者＝二世桜田治助　作曲＝清澤万吉　振付＝市山七十郎
◉団子売り＝三世坂東三津五郎

《舞台》白楽天の詩を引用した語りで幕が開く。舞台真中の大きな月に兎が餅を搗（つ）いている様がシルエットで浮かび、その月から腹掛けにチャンチャンコを着た団子売り姿の兎が跳びだしてきて、臼（うす）と杵（きね）を使って餅をつき、昔話「カチカチ山」の爺・婆・兎・狸を一人で踊り分け、〽お月様さへ」からの童唄（わらべうた）で月に戯（たわむ）れる兎の愛らしさを見せ、〽風に千種の」のチラシでは再び臼と杵を扱ってきまる。

《解説》月に兎がいるというのは古くはインドの仏教説話『ジャータカ』などにあり、日本の『今昔物語』にも収められた。一方、中国では月そのものを既に「玉兎」といい、兎は月で薬草を煎じたが、日本では「望月＝モチヅキ」ということなどからも、餅を搗くような想像が多くされた。この大人になっても抱き続けるメルヘンチックな童心を、舞踊化したのが本曲である。ここに登場する兎は、袖無し羽織を着た当時流行の「景勝（かげかつ）団子売り」という物売りに見立てられている。〝景勝〟というのは上杉謙信の養子で後に豊臣家の五大老にもなった長尾（上杉）景勝のことで、その由来は団子が長尾家の鉾先のように堅固であったからとも、或いはその形が酷似しているからともいわれる。景勝自身の質実剛健なイメージはコシの強い団子の宣伝にうってつけであった。ただこの団子が信州物産というわけではなく、もとは大坂で売られ、正徳元年（一七一一）に松屋三左衛門が江戸でも売り出したという。団子売りの向こう鉢巻が兎の耳になっているのが上手い工夫である。団子売り・餅売りは「大和団子」や「粟餅」など、所作事の題材として人気があった。

初演の三世三津五郎は文化文政期の舞踊の名手。月雪花をテーマにしたこの七変化所作事は大当たりをし、「顔見世の境がなくば春までも」と大好評を得た。月下で踊る『浅妻船』が引っ込むと、舞台の破風屋根に灯入りの月が出てその中に兎姿の三津五郎の影が映り、その月が下ろされて三津五郎が舞台に飛び降りた。

《構成》オキ～兎の出～団子作り～カチカチ山～童唄からチラシ

聴きどころ＋豆知識

【飛び団子】

兎は、〽飛び団子」という歌詞でまさに飛び出してくるが、これは餅売りの客引きのパフォーマンスの一つ。搗いた団子を空中に飛ばして盤に投げ入れたという。やはり曲搗きや賑やかな囃子言葉が売り物になった。影勝団子売りはこれ以前、安永三年の富本『主誰恋山吹』で既に取材されている。

【カチカチ山】

絵本で読んだ昔話「カチカチ山」が歌舞伎に出てきて嬉しいが、扱われているのは〽婆喰った爺が」と、お爺さんが、狸に欺されて煮込まれたお婆さんの汁を食べてしまうカニバリズム版である。これは絶対に敵を討たねばならぬ。最後に〽それで市が栄えた」と結ぶのが昔話の決まり事。

【芸能の月】

眩しい陽光は芝居になりづらいが、月をテーマにする歌舞伎作品は数多い。『十六夜清心』の清心は、月光をきっかけに善心から悪心に変わる。また松風村雨の姉妹は月とその影のように在原行平を秘かに恋い慕う。月光でできるのも影であるし、月光そのものを影と捉えることもある。そして彼女ら海女がそうするように、月は直接眺めるのではなく、水面に映ったそれを見るのが芸能である。その他十六夜・月小夜・三ヶ月おせん……と、月に因む役名も多い。月そのものが見せ場となっているのは本曲『玉兎』と新歌舞伎『名月八幡祭』である。

（鈴木）

夏の物売り　江戸のシャボン玉売り

玉屋

［たまや］

『おどけ俄煮珠取』の一コマ

◉初演＝天保三年（一八三二）七月　江戸・中村座
◉作者＝二世瀬川如皐　作曲＝初世清元斎兵衛　振付＝三世藤間勘十郎
◉玉屋＝二世中村芝翫（四世中村歌右衛門）
＊深川八幡宵宮の俄の趣向で「恵比寿」から玉（珠）の連想で「龍王」「珠取蜑」「玉屋」と変わった。

《舞台》子供たちが大好きなシャボン玉を売る玉屋が、「玉屋、玉屋」と声を出しながら江戸の街を売り歩く。〽お子様方のお慰み」と、全体のモチーフでもある玉尽くしの歌詞を傘と扇で機嫌良く踊り、〽蝶々とまれや」では、同じ子供向けの蝶々売りの物真似をする。〽つい染めやすき」のクドキは新内風の廓噺。続いてのおどけ節は肌脱ぎになり、箱根節の歌詞を手踊りで踊る。最後に祭礼の歌詞で木遣り・屋台囃子となるのは、四段返し全体が深川八幡の祭礼の趣向になっているからである。

《解説》シャボン玉は十七世紀はじめにポルトガルから日本に渡来したという。サボン粉（石鹸）を水に溶いて細管で吹く遊び「水圏戯」が早くから行われていたらしいが、材料が貴重であったため、多くは手に入りやすい無患子などを代用して作られた。このシャボン玉売りを「玉屋」と呼び、江戸〜明治初期の夏の風物詩であった。京坂では「ふき玉やさぼん玉、吹けば五色の玉が出る」と売り歩いたが、江戸ではすっきりと「玉屋、玉屋」とだけ呼び、宝珠の玉が描いてある傘が目印であった。初演時の資料には月代を剃った浴衣地に素足の物売姿が描かれているが、後に浅葱の頭巾を被り、繻子の着付けに袖無し羽織で足袋をはく、上方風に改まった。その玉屋が曲中に、同じく子供に人気のあった蝶々売りの物真似になる。その蝶々は主に紙で作られたものが細い竹の先にくくり付けられ、飛んだり止まったりする振り出しの仕掛けであった。この物売りも玉屋同様に売り声が評判で〽蝶々とまれや菜の葉にとまれ……」という売り声は後世の童唄の歌詞にもなった。

《構成》玉屋の出～玉尽くし～蝶々売り～廓噺のクドキ～おどけ節の手踊り～木遣り～段切れ

聴きどころ＋豆知識

【物売りの舞踊】大道の物売りは、江戸の街を活気づける生業であり、客寄せの芸や売り声が江戸っ子の目と耳を楽しませた。その多くは変化舞踊の一コマとして踊られた小品であるが、ここでは『玉屋』同様に夏の風物詩であった二つの商人を扱った曲を紹介する。舞踊、浄瑠璃ともに子供が手がける曲として最適である。

◉常磐津『鰹売り』

文化十年（一八一三）三月江戸中村座初演。三世坂東三津五郎の十二月の所作事『四季詠寄三大』四月の部。山口素堂の名句「目に青葉山ほととぎす初鰹」でも知られるように、初鰹は初夏の江戸名物。「初物食い」にこだわる江戸っ子の心意気に応えようと、〝勇み商人〟が威勢良く鰹を売り歩く。「カツゥ、カツゥ」という売り声は「勝つ」にかけられ、値切るような野暮な客は相手にしない。作詞＝二世瀬川如皐、作曲＝鳥羽屋里長、振付＝市山七十郎・藤間弘丁。富本から常磐津に移曲された。

◉常磐津『水売り』

文化十年（一八一三）六月江戸森田座初演。七世市川團十郎の八景の所作事『閨茲姿八景』の一コマ。江戸の町は水が悪く、早くから水道の整備がなされた。それでもなお不便な地域も多く、また良水を求める気持ちが強かったことで、夏の冷や水売りが人気商売となった。「氷水や冷っこい」という売り声が名物で、砂糖や白玉を入れて提供した。七世團十郎が踊ったこの曲は大評判となり、葛飾北斎の舞踊教則本『踊独稽古』にもその振りが掲載された。作詞＝桜田治助、作曲＝三世岸澤古式部、振付＝初世藤間勘十郎。

（鈴木）

夫婦和合の曲搗き

団子売

［だんごうり］

本名題＝音冴春臼月（ねもさゆるはるのうすつき）

◉初演＝明治三十四年（一九〇一）大阪・御霊文楽座『仮名手本忠臣蔵』八段目から引き抜いて上演
◉作者＝不明

《舞台》行き交う人で賑わう大坂の橋のたもと。団子売の夫婦、杵造とお臼が屋台を担（かつ）いで仲睦まじくやってくる。二人は評判の飛び団子の口上でお客を呼び込み、臼と杵を持ちだして曲搗（きょくつ）きを見せ始める。臼と杵とは夫婦和合の象徴、また搗きあがる団子は授かり子の見立て。二人は夫婦になった時のことを子守唄風の江戸の俗謡でゆったりと踊り、子宝に恵まれた嬉しさを踊るクドキになる。そしてその夫婦愛は姥と尉になってまでもと、二人はお亀ひょっとこの面をつけて、目出度い『高砂』の言い伝えを早間で軽快に踊る。団子を搗きあげた二人は、機嫌良く次の商い地を目指して去って行く。

《解説》本作は人形浄瑠璃の景事（けいごと）として作られ、明治三十四年御霊文楽座における『仮名手本忠臣蔵』八段目の道行から引き抜いて初演された。その後、歌舞伎・日本舞踊に移入されたが、元来は影勝（かげかつ）団子売りを舞踊に仕立てた三世坂東三津五郎初演の清元『玉兎（たまうさぎ）』を下敷きに作られたといわれている。また二人立（だち）（時に夫婦）の商人という点では常磐津『粟餅（あわもち）』、上方の物売りということでは常磐津『大和団子』からの影響も推され、みな〽ヤレモサ、ウヤヤレ、ヤレサテナ」という曲搗きの囃し言葉を特徴とする。そもそも餅や団子は古来よりそれ自体が人の魂とも見立てられ、五穀豊穣、無病息災、長寿等、多くの吉兆を招くものと伝えられてきた。その中で、特に夫婦和合というテーマを前面に打ち出したのが近世芸能であり、この種の物売り舞踊を見ると観客は幸せな気分にさせられる。義太夫地としては珍しく軽妙な風俗舞踊であり、花形役者の顔合わせには最適。また上演時間も十五分程度に収まるということもあり、近年での上演頻度は頗る（すこぶ）高い。

《構成》 夫婦の花道の出～曲搗きの振り～流行り唄からクドキ～面をつけて『高砂』の尉と姥の踊り～チラシ

聴きどころ＋豆知識

【景勝団子】
団子売りの夫婦が売り歩いている団子は「景勝団子」というもの。団子のかたちが上杉景勝の生家である長尾家の鉾の形に似ていたので景勝団子と呼ばれたという説もある。『団子売』のルーツがあるといわれている『玉兎』の本名題は『玉兎月影勝』（たまうさぎつきのかげかつ）にも「かげかつ」の文字が入っている。

【子宝に恵まれる】
本曲の主意は夫婦和合を描くといっても良く、仲の良い夫婦の姿が踊られている。まず〽臼と杵とは女夫」から始まり、〽ととんがうえから月夜はそこだよ」の歌詞には裏に艶っぽい性愛の意味が隠されている。そしてその結果、〽ヤレコリャよいこの団子ができたぞ」と、子宝に恵まれたということになる。

【江戸の餅文化】
江戸時代の商いには、所の定まった店舗型、街頭や縁日などでの臨時店、そして大道を売って歩く、いわゆる「棒手振り」のような形と、いくつかの商売方法があった。江戸の街は賑やかにそれらの物売りが往来し、その雑多ぶりの一端は三谷一馬の名著『江戸商売図絵』（中公文庫）で垣間見られる。このように商人が増えれば、自ずと町内に商売敵ができ、お客の注目をより集めるための口上やパフォーマンスが必要となってくる。その点「餅売り」「団子売り」には、元より「餅搗き」という神事に繋がる習俗を売りに出来る利点があった。これに「曲搗き」という特殊パフォーマンスが加われば、客引きの大きな強みになる。粟餅売りなどは、搗きあがった餅をちぎって遠く離れた皿に投げ入れたという。現代の土産屋店頭などで行われている「高速餅つき」にも、同じ文化が見いだせる。

（重藤）

夢か現か……死後の道行

蝶の道行

［ちょうのみちゆき］

◉初演＝天明四年（一七八四）閏正月　大坂・中の芝居『けいせい倭荘子』の道行
◉作者＝並木五瓶　作曲＝宮薗文字太夫・富澤音次郎
振付＝不明
◉佐国＝二世嵐三五郎　小槙＝初世澤村国太郎

《物語》佐国（助国）と小槙は敵対している家に生れながらも恋仲となるが、主君とその許嫁の身替りとなって首を斬られた。舞台はさまざまな花が咲き乱れる花園（野辺の場合も）に佐国と小槙が生前の美しい姿のまま現れ、花に心を寄せていたことを語りはじめる。〽こんな縁は…」から小槙のクドキとなり、二人の馴れそめ、秋のお祭りでの出会いを回想すると佐国も思いを告げる。続いて〽娑婆も冥土も」から二人で新春を寿ぐめでたい萬歳、春駒、馬子唄を楽しく踊るも、いつしか背景も変わり地獄の様相となる。二人は蝶の姿となり、〽修羅の迎えはたちまちに」と地獄の業火に焼かれるセメの場面。苦しみにあえぎながらもお互いをかばい合うが、〽夢に夢見る草の露……」と力尽き、静かに重なり合うように息絶えていく。

《解説》もとは『けいせい倭荘子』の道行である。明和期に不仲な家の息子と恋をした娘が、兄に斬り捨てられた事件があり、それを脚色した読本『西山物語』のほか、『発心集』の佐国が花を愛するあまり死後蝶に転生した話、『艶道通鑑』の佐国と妻が死後番の蝶になって息子の前に現れた話などをモデルとしている。

初演の後、宮薗節は曲、振りともになくなり、義太夫に改曲され人形浄瑠璃の景事として、文政元年（一八一八）に大坂で上演された。明治四年（一八七二）以後、上演が絶えていたのを昭和に入って素浄瑠璃として復曲。昭和三十七年（一九六二）六月、歌舞伎座で、武智鉄二演出、川口秀子振付、佐国に七世尾上梅幸、小槇に六世中村歌右衛門による上演以来、人気曲となった。現在では様々な振付、演出がある。

《構成》二人の出〜恋の回想〜萬歳・春駒・馬子唄〜地獄の責め

聴きどころ＋豆知識

【四季の花々】
本作の背景は四季の花が同時期に咲き乱れる美術であることが多い。原作のこの舞踊の前「勘左衛門住家の段」で小槙の兄が丹精込めた花壇に四季の花々が咲き乱れている設定があり、そこで佐国と小槙は逢瀬を楽しんでいた。ある時二人は番の蝶を捕えて放し、小槙は敵同士の家のために、人目を忍んで逢わなければならない身を哀しみ、夫婦で連れ立つ蝶を羨ましく思い、「あの蝶々になりたい」という。この場面が『蝶の道行』へと繋がっている。

【地獄のセメ】
前半、男女の優しい語らいから、「萬歳」をはじめとした明るい踊り、そして〽弘誓の船の船遊山…」と、人々を極楽へ送る船の楽しそうな様子が綴られ、そこから一転して地獄のセメとなる。このギャップが見どころで、場面転換の間はたいてい三味線の「セメの合方」が弾き続けられる、これもまた聴きどころ。

【荘子の夢】
『けいせい倭荘子』とタイトルに荘子の名が見え、また道行の冒頭に〽世の中は夢かうつつかありてなき、蝶となりしが夢かも　唐土人のたわれぐさ……」とあることから、本作は中国の戦国時代の思想家・荘子の「胡蝶の夢」が意識されていることがわかる。胡蝶の夢とは夢と現実とがはっきりと区別できないこと、またその区別を超越できないことのたとえ。『荘子』の故事により、荘子が、蝶となった夢を見、目覚めたのち、自分が夢のなかで胡蝶に変身したのか、胡蝶がいま夢のなかで自分になっているのかと疑ったと伝えるもの。転じて、人生のはかないことのたとえともされている。

（阿部）

土蜘の陰のオーラ　千筋に広がる蜘蛛の糸

土蜘

［つちぐも］

◉初演＝明治十四年（一八八一）六月　新富座
◉作詞＝河竹黙阿弥　作曲＝三世杵屋正次郎　振付＝初世花柳壽輔
◉僧智籌実は土蜘の精＝五世尾上菊五郎　源頼光＝初世坂東家橘　平井保昌＝初世市川左團次　侍女胡蝶＝二世尾上菊之助
＊新古演劇十種の内

《物語》場面は源頼光の館。家来の平井保昌（やすまさ）が病中の頼光を見舞っていると、侍女の胡蝶（こちょう）が薬を届けに来る。頼光の求めに応じ、胡蝶は都に近い紅葉の名所の様子を舞ってみせる。やがて智籌（ちちゅう）と名のる僧が頼光の病を治す祈禱をしに訪ねてくる。頼光の望みに応え、智籌は諸国修行の物語をする。そして病平癒（へいゆ）の祈禱をするうちに、その正体を見とがめられ、土蜘の精の本性を顕し、頼光に襲いかかる。頼光が家宝の名剣膝丸（ひざまる）を抜いて一太刀斬りつけると土蜘は姿を闇に紛らわせて去っていく。駆けつけた保昌に頼光は、四天王の渡辺綱、坂田公時、卜部季武（うらべすえたけ）、碓井貞光と共々に土蜘の精を退治するよう命じる。ユーモラスな間（あい）狂言の後、保昌と四天王らは、血汐の跡を辿り、ついに土蜘の住処をつきとめる。古塚を壊すと、土蜘の精がすさまじい姿を現し、蜘蛛の糸を繰り出して四天王たちを惑わせるのだが、激しい立廻りの末、ついに斬り伏せられる。

《解説》能『土蜘蛛』を歌舞伎化したもの。能は『平家物語』剣の巻で頼光が土蜘蛛の精を退治する話を基にしている。松羽目（まつばめ）の舞台、衣裳等も能に準じているが、侍女胡蝶の舞や僧智籌の諸国修行の物語は歌舞伎のオリジナルでここが見どころ。他に、花道からの影のような出、数珠を口に当てた畜生口（ちくしょうぐち）（口が大きく裂けたように開く瞬間を表す）の見得など、陰のオーラをまとった土蜘の精ならではの所作に悪の魅力が光る。千筋に広がる蜘蛛の糸も美しい。五世尾上菊五郎が、祖父の三世菊五郎三十三回忌追善に、市川家の歌舞伎十八番の『勧進帳』に対抗して創り、明治二十年（一八八七）の再演時から尾上家の「新古演劇十種」の内の一つになった。

《**構成**》
〈**前シテ**〉平井保昌の出〜頼光の物語〜胡蝶の舞〜僧智籌の出〜僧智籌の物語〜僧智籌VS頼光〜間狂言
〈**後シテ**〉平井保昌と四天王の出〜土蜘の精の登場〜土蜘の精VS平井保昌＋四天王

聴きどころ＋豆知識

【土蜘蛛】
土蜘蛛は、土の中に巣を張る蜘蛛のこと。また、古代に大和朝廷に従わなかったために滅ぼされた民族を示す言葉でもあった。この古代の民族と中世の源頼光の武勇伝が結びつき、頼光が土蜘蛛を退治する物語が生れた。歌舞伎では、江戸時代中期に土蜘蛛の舞踊劇が作られた。病に伏す頼光のところへ、蜘蛛の精が姿を変えて現れ、頼光を狙うというパターンで、『蜘蛛絲梓弦（くものいとあずさのゆみはり）』や『蜘蛛拍子舞（くものひょうしまい）』などが知られる。

【刀剣乱舞の膝丸】
頼光が土蜘の精に一太刀斬りつけた太刀は「膝丸」。「髭切」と並ぶ源氏の重宝だ。PC版オンラインゲーム『刀剣乱舞』のキャラクターにもなっており、武人らしく生真面目な性格で、同じく源氏の重宝「髭切」を兄者と呼び、とても慕っている。彼のセリフに「土蜘蛛を知っているか？　病をまき散らす巨大な蜘蛛のあやかしだ。まあ、俺の敵ではないがな」というのがある。

【松羽目物の意味】
松羽目物とは能・狂言の表現様式に準拠したものをいい、能舞台の鏡板を模し、舞台の背景に松を描いた松羽目を用いることからこう呼ばれた。松羽目物は、明治の文明開化に伴う演劇改良運動の流れの中で、廓（くるわ）情緒のものが主流だった歌舞伎舞踊を、格調高いものにしようとする志向のもとに生れた。能や狂言には廓情緒はもちろん、残酷な場面や色っぽい場面がないため、時代の高尚化の流れに相応（ふさわ）しいことから、能や狂言の扮装や詞章をほとんどそのまま移入した作品が流行したのである。その流れを牽引したのが九世市川團十郎と五世尾上菊五郎だった。

（阿部）

嫁取りにいそしむ男たちへ、恵比寿様からのおぼし召し

釣女

［つりおんな］

本名題＝戎詣恋釣針（えびすもうでこいのつりばり）

◉作＝明治十六年（一八八三）十一月
◉初演＝明治三十四年（一九〇一）七月　東京・東京座
◉作詞＝河竹其水（黙阿弥）　補筆＝竹柴晋吉　作曲＝六世岸澤式佐　振付＝初世花柳壽輔
◉太郎冠者＝初世市川猿之助（二世段四郎）　醜女＝十二世中村勘五郎（四世仲蔵）　大名＝五世市川壽美蔵　上臈＝中村銀之助

《物語》いまだ妻を持てない大名が良縁を願い、やはり独り者の太郎冠者を伴って西宮の戎（えびす）神社に参詣する。夢の中で恵比寿様のありがたいお告げを受け、釣竿を西の門の一の階に下ろすと、嬉しくも上臈（じょうろう）（美女）を釣り上げることができた。大名と上臈は早速に婚礼の盃を酌み交わし、二世の縁を誓う。この仲睦まじい様子を見て羨ましくなった太郎冠者は居ても立っても居られず、釣竿を借り受けて同じように針を下ろす。当たりがあり「しめた」と大喜びし、これからの夫婦仲を夢想する太郎冠者。しかし釣り上げたのは河豚に似た醜女（しこめ）であった。その顔を見て思わず逃げ出だそうとする太郎冠者を、女は捕らえて放さず、いじらしく恋心をかきくどく。自らの不運を訴える太郎冠者に、大名は「恵比寿様のお告げ」と否やは許さず、上臈と祝言舞を舞い始める。幸せそうにこの場を後にする大名と上臈。太郎冠者は必死に醜女から逃げようとするが、醜女が追い廻し……。

《解説》狂言『釣針』をもとにした松羽目（まつばめ）物、『狂言記』には既に「釣女」の曲名がある。狂言では流派によってかなり演出が異なるが、授かった釣針で妻の他に腰元大勢、他に諸々の好きな物が釣れる。これを歌舞伎では、美女と醜女二人に絞り、対照的なクドキで魅せた。醜女は立役が勤めるのが通例で、大胆な悪身（わるみ）のような所作と、工夫を凝

らした化粧で客席を沸かせる。昭和期では十七世中村勘三郎の醜女がその強烈な役柄造型で印象を残し、「松羽目物」の品格として今でもその是非は問われている。またルッキズムが云々される時代の中でどのように作品の魅力を伝えていくのかも注目されるが、人の笑いの壺は変わらず、歌舞伎でも日本舞踊でも上演頻度はかなり高い。元々は明治初年に長唄曲として成立し花柳流の庫中に収まっていたものを、黙阿弥検閲のもと常磐津に改編したものとされる。

《構成》オキ～大名と太郎冠者の登場・名ノリ～道行～狂言小舞～大名の釣り上げ～上臈の出～盃事とクドキ～太郎冠者の釣り上げ～クドキ～祝言舞～追廻し

聴きどころ＋豆知識

【恵比寿様】

兵庫県西宮市にある西宮神社は、恵比寿様をお祀りする総本社で、毎年一月十日早朝に行われる「福男選び」は有名である。今では縁結びの神、そして商売の神としての印象が強いが、元々は漁業の神であった。曲中に〽蛭子もうけて」という歌詞があるが、「蛭子」はイザナギとイザナミとの間に生れた最初の神のこと。三歳になっても足が立たなかったため船に乗せて流し、それが西宮に流れ着き恵比寿様になったとされる。漁村にとって海の向こうからやって来て土地に恵みをもたらすものは「恵比寿様」。海獣もその類いで、渋谷区恵比寿では、鯨料理を食すイベントが催される。

【常磐津と岸澤】

安政四年に上演された全段常磐津出語り『三世相錦繡文章』が大当たりであったため、その功名争いから常磐津派と岸澤派が分裂。それが河竹黙阿弥らの仲介により晴れて和解することになり、その祝いの印として本作は開曲した。素浄瑠璃の際は〽鏡の松に常磐津の昔へかえる岸澤の……」と祝儀の詞章が語られる。そののち竹柴晋吉が補筆し舞踊劇として上演された。

【能『高砂』】

作中〽高砂や この浦船に帆をあげて」と祝言の謡があるが、これは世阿弥作『高砂』の一節。夫婦仲と長寿を讃える作品から取られた文句は祝いの席の祝儀として謡われることが多かった。シテの謡ではなく、よく読むと祝言らしい言葉が見受けられないこの部分がなぜ祝宴の定番となったのか興味深い。

（重藤）

格調高い吉祥の舞

鶴亀

［つるかめ］

◉初演＝嘉永四年（一八五一）二月　南部家麻布並木御殿
◉作者＝南部利義（信侯）補綴か　作曲＝十世杵屋六左衛門

《舞台》中国古代の宮殿で元旦の節会(せちえ)が開かれ、長寿を祝う随臣(ずいしん)たちの鶴と亀の舞を見た皇帝は感嘆し、自らも舞を舞うという華やかな祝言能『鶴亀』に基づくもの。楽(がく)で幕開け。皇帝に続いて、鶴と亀に見立てた随臣が登場する。鶴と亀が節会の華やかな様子を舞い、皇帝が踊ったあと「如何に奏聞(そうもん)」と短い問答になる。二上り(にあが)〽千代のためしの数々に」から眼目の舞となり、華麗で緩急の妙ある曲にのって鶴と亀が格調高く連れ舞う。本調子に戻り〽月宮殿の」から皇帝の舞。しっかりした位取りと荘重な舞ぶりが必要とされる。最後に三人でめでたく舞い納める。

《解説》めでたく格調高い曲調で、明治期までに振りが付けられた。素踊りでも衣装付きでも演じられる。役柄の性別、登場する人数、従者の追加、二上り以降のみの抜粋上演など、流儀や演出によって自由に演じられる。三番叟物(さんばそうもの)、松竹梅物と同様に会の序開き等の祝儀物として上演される。近年では歌舞伎座新開場柿葺落を寿いだ四世中村梅玉・三世中村橋之助（八世芝翫）・五世中村翫雀(かんじゃく)（四世鴈治郎）の共演のほか、五世坂東玉三郎や四世坂田藤十郎が女帝を演じている。常磐津の『鶴亀』は、本名題『細石巌鶴亀(さざれいしいわおのつるかめ)』といい、文久元年（一八六一）三月、岸澤派独立の祝儀物として開曲（作詞＝狂言堂左交〈三世桜田治助〉と調湖〈四世岸澤古式部〉の合作か、作曲＝四世岸澤古式部）。後に振りが付けられた。弾き初めの描写から始まり、能をやや離れてくだけ、鶴と亀を若衆と娘に見立てた恋模様を織り混ぜ、〽千代のためしに」から荘重に戻って祝言で結ぶ。

《構成》出～鶴・亀の舞～皇帝の舞～連舞（チラシ）

聴きどころ＋豆知識

【楽（楽の合方）】
曲の冒頭の囃子の名称。ドンドンという大太鼓、チリチリという鈴、能管を使う。宮廷の雅楽のような雅な雰囲気を出すとされ、貴人の登場などを導く。終盤で皇帝が踊る前にも演奏する。

【月宮殿】
月の中にあると考えられた宮殿になぞらえ、ここでは皇居である洛陽の宮殿のことをいった。能の喜多流では本曲の別称。また、その美麗さにたとえて江戸吉原の異称としても用いられた。

【吉祥の生物】
「鶴は千年、亀は万年」は、中国の伝説から出た言葉。実のところ、鶴は二十～三十年、長くても六十年の寿命、亀はふつう三十～五十年だが、百数十年生きる亀もいるという。いずれにせよ、人より長生きする鶴・亀がいたことは確かなようである。

鶴は、その高貴な立姿や空を飛ぶ様子から、中国では神仙に棲むとされた。日本でも嘉祥、福をもたらすとされ、稲穂を落とす穀霊神とみる伝説、親子・夫婦の愛情が強いことから「鶴女房」のような民話、鶴の導きで発見された温泉の由来譚などもある。

亀は、中国では『礼記』に麟、鳳、龍とともに四つの神秘的動物、四霊とされ、その特殊な呼吸法に由来する長寿から、未来を予知する能力があるとされて甲羅が占いに使われた。日本では繰り返し冬眠から目覚める陸亀を再生と長寿の象徴とみて尊び、浦島伝説のように海亀を海の神の使者とみて、豊漁を祈願するなどして珍重した。

なお、植物では、やはり中国に由来する「松竹梅」がめでたいものの代表として芸能に摂取されてきた。冬の寒さに耐えて松・竹は緑を保ち、梅は花を咲かせるので、古来「歳寒三友」と称され尊ばれた。

（竹内）

おしゃま娘の恋の振事（ふりごと）

手習子

［てならいこ］

『杜若七重の染衣（かおよばななえのそめぎぬ）』の一コマ

◉初演＝寛政四年（一七九二）四月　江戸・河原崎座　二番目大詰
◉作者＝増山金八・初世杵屋正次郎　作曲＝初世杵屋正次郎
振付＝二世西川扇蔵
◉手習子＝四世岩井半四郎

《物語》のどかな春の陽、寺子屋帰りの振袖姿のおしゃま娘が日傘をさし、手習草紙（練習帳）を手に登場する。道草をしながら、蝶々と戯れたり、紙縒（こより）を使いながら恋に目覚める様子を見せたりするが（クドキ）、寺子屋の師匠の教えを思い出し、習いたての『娘道成寺』をおさらいしている心で踊り出す（〽ふっつり悋気（りんき）」、〽言わず語らぬ」、毬唄（まりうた）〽恋のいろはに」）。〽夫（つま）の為とて」からは踊り地でにぎやかな手踊りとなり、〽諸鳥の囀（さえず）り」でチラシ、日傘の踊りを見せて幕。

《解説》寛政四年初演『杜若七重の染衣』七変化所作事（しょさごと）の一コマ。春爛漫の華やかさと、花盛りの娘の明るさ可愛らしさとが充満した佳品。比較的初演年代が古いため、同じ旋律の繰り返しが多く、全体的に古風な印象。初演当時、盛んに上演されていた『娘道成寺』の歌詞や旋律、振りがあちらこちらにちりばめられているほか、安永期から天明期の流行唄（〽夫の為とて」、〽梅と椿の花笠」）などが挿入されており、小品ながら味わい深い。途中、毬唄の手前で引抜く場合がある。

初演以来岩井家の芸として伝承され、現行は幕末明治期の名女形三世岩井粂三郎（八世半四郎）が、嘉永元年五月江戸中村座で四世岩井半四郎追善として踊った『手向草杜若四季咲(たむけぐさゆかりのしきざき)』春による。

《構成》オキ・三下り〽今を盛りの」～出端〽遅桜」～クドキ〽肩縫い上げの」～二上り〽言わず語らぬ」～毬唄〽恋のいろはに」～踊り地・手踊り〽夫の為とて」～チラシ〽諸鳥の囀り」

聴きどころ＋豆知識

【初演】

『杜若七重の染衣』では、七星の鏡の精が七役に姿を変えて現れ、悪者を翻弄するという設定で、「小町」に続き上演されたのが本曲。この七変化で初めて舞台後方の雛段に長唄囃子連中が並んだともいわれる。ちなみに〝杜若〟は半四郎の俳名。初演番付や長唄正本では「かおよばな」と読ませている。

【手習子】

寺子屋（手習）には二月初午(はつうま)に入門する。だいたい男女とも六、七歳から通い始めた。就学期間は四年前後。歌詞にある「肩縫い上げ」とは、着物を肩上げしている初心な娘を指す。

【いろは唄】

仮名を重複することなく作られた四十七字、七五調の韻文で、十一世紀頃に成立。手習いの手本として広く用いられた。本曲〽恋のいろはに」は、『娘道成寺』の〽恋のわけ里」をいろは歌で替え唄にしたもので、色恋の手習いの内容。

【天神様】

寺子屋では学問の神様である菅原道真を祀ることが多く、子供たちの使用した手習い用の机は天神机と呼ばれた。正月（もしくは二月）二十五日には天神講を行い、手習いの上達を祈った。

【寺子屋と江戸の識字率】

『菅原伝授手習鑑』でもおなじみの寺子屋とは、読み・書き・そろばんを庶民（町人）に教える私設教育機関で、成立は室町後期まで遡る。江戸時代とりわけ十九世紀以降に増加し、全国で一六五六〇軒を超え（『日本教育史資料』）、識字率は都市部で七、八割に達するなど、世界的にも高い教育水準を誇った。江戸では早朝に寺子屋で手習い、その後、三味線、踊り、箏(こと)の稽古と多忙だった女の子もいたらしく、その様子は式亭三馬『浮世風呂』にも描かれている。本曲にも〽娘々と沢山そうに　言うておくれな手習い覚え　箏や三味線　踊りの稽古」という歌詞が見られる。

（前島）

道成寺物

［どうじょうじもの］

『京鹿子娘道成寺』『奴道成寺』『二人道成寺』『男女道成寺』『紀州道成寺』『大津絵道成寺』『双面道成寺』『累道成寺』『日高川入相花王』など

《解説》紀伊国（和歌山県）道成寺の鐘にまつわる伝説に取材した作品群。

伝説は次のような内容である。紀伊国に住む女が、熊野参詣の若い僧に恋をして言い寄るが、男は熊野参詣の帰りに必ず寄るとその場しのぎの嘘をついて逃げる。裏切られたと知った女は怒り、男の後を追ううちに大蛇と化し、道成寺の鐘に隠れた男を鐘もろともに焼き尽くしてしまう。

この伝説が記された早い例が『大日本法華経験記（だいにほんほっけきょうげんき）』（長久年間／一〇四〇～四四）で、以降、『今昔物語集』『元亨釈書（げんこうしゃくしょ）』と書き継がれ、僧の名前は安珍（あんちん）に定着。女の名前はさまざまに変わったものの、後年清姫（きよひめ）におさまった。こうして仏教説話に取り込まれた伝説はさらに『道成寺縁起（どうじょうじえんぎ）（絵巻（えまき））』（室町時代中期、応永年間／一三九四～一四二七の成立カ）になり、「絵解き」という手法を通じて、字の読めない一般庶民にも流布していくことになる。

能『道成寺』は、この道成寺伝説の後日譚として作られた。伝説の事件から数百年後、道成寺に長らく鐘がなかったのを、この度再興して鐘供養が行われることになる。そこへ白拍子が現れて奉納の舞を舞ううちに鐘に近づき、鐘を落としてその中に飛び込んでしまう。住僧の祈りにより鐘が引き上げられると、蛇体となった女が現れるが、住僧に祈り伏せられ姿を消すというものである。

この能をもとに歌舞伎では多くの作品が作られた。その中で最も傑作といわれているのが『京鹿子娘道成寺（きょうがのこむすめどうじょうじ）』（一九四頁）。能『道成寺』の枠組みを借りながら、様々な娘に共通する恋の想いを彩り豊かに描いている。『娘道成寺』から男性版道成寺ともいえる『奴道成寺』が生れ、二人の白拍子が踊る『二人娘道成寺』、男女で踊る『男女道成寺』、他に『大津絵道成寺』『紀州道成寺』『双面道成寺』『累道成寺』なども派生した。また後日譚ではなく、伝説をベースに脚色した義太夫『日高川入相花王』などもある。これらのうち『奴道成寺』、『日高川入相花王』を紹介する。

◉常磐津・長唄『奴道成寺』

男性版道成寺は古くからあるが、現行の形に一番近いものは、明治八年（一八七五）六月、東京・新富座初演の『道成寺真似三面』。常磐津と長唄（当初は富本も）の掛合で、常磐津の作曲は六世岸澤式佐、振付・初世花柳壽輔カ。狂言師左近に四世中村芝翫。道成寺の鐘供養の日。狂言師左近が白拍子に化けて奉納の舞を舞うが、途中男と見顕されて、改めて狂言師として踊りはじめる。クドキは『娘道成寺』と同じ詞章で、三つの面を使い、遊女とお大尽の痴話喧嘩とそれを留める幇間を演じ分けるのが見どころ。常磐津と長唄の掛合も聴きどころ。三つの面の趣向は文政十二年（一八二九）年江戸・中村座『道成寺思恋曲者』に見られ、この時は白拍子花子実は狂言師升六に藤原忠文と清姫の亡霊が取り憑くという複雑な構成だった。

◉義太夫『日高川入相花王』

寛保二年（一七四二）、並木宗輔作の人形浄瑠璃『道成寺現在蛇鱗』の四段目の夢の場を元にした、宝暦九年（一七五九）、近松半二作の人形浄瑠璃『日高川入相花王』の四段目が原作。紀州熊野の庄司の娘清姫は、熊野参詣の山伏安珍実は桜木親王を慕うが、安珍は恋人のおだまき姫とともに逃げていく。清姫が安珍を追い日高川へ来ると、渡し守の船頭は、安珍から頼まれているため、清姫を船に乗せるのを拒む。嫉妬に狂った清姫は日高川に飛び込んで蛇体と化し、対岸まで渡り切るというもの。今日では人形振りの演出が主流で、その初演は明治二年（一八六九）三世澤村田之助。同七年に兄の澤村訥升が上演して定着した。

（阿部）

歌舞伎の「しゃべり」芸 深川「辰巳風」の美学

年増［としま］

『花暦色所八景』の一コマ

◉初演＝天保十年（一八三九）三月　江戸・中村座二番目大切
◉作者＝三世桜田治助　作曲＝五世岸澤式佐
振付＝二世藤間勘十郎・藤間男女太郎
◉年増女＝四世中村歌右衛門

《舞台》川向こうに待乳山聖天が見える向島、隅田堤の春の夕暮れ。駕の垂れをあげてほろ酔い気分の婀娜な囲い者（妾）が現れ、〽あれ散るわいな」と桜時の風情を楽しむ。そこに旦那付の幇間五丁が通りかかったので、これを呼び止めて、旦那との間柄を〝しゃべり〟始める。〽私も元は深川に」と、岡場所・深川の芸者であった時の馴れ初めから、旦那の浮気現場に乗り込んで相手芸者と諍いをした、悋気と達引きの様子を仕方噺の振りで見せる。女は、楽器を手にして、相手と摑み合いをし、その激しさは廻りの者が皆逃げ出すほどであった。五丁が居なくなると、つい一人で喋りすぎたことを恥じ入るが、なおも五丁が浮気の片棒を担いでいるのではないかと疑い、「こうしては居られぬわいなぁ」と慌てて駕に乗って追いかけていく。

《解説》東都の遊郭と桜の名所を題材にした『吾妻八景』八変化所作事の一コマである。「八景」は名所の方位を指す「八卦意」にもなっていた。眼目は会話の体裁を取りながら一人で悋気模様を表現する「しゃべり」の芸。源流は元禄期に流行した座って喋る「居狂言（居語）」や「仕方」といわれる芸だが、幕末にはこれが所作事の中で立居の舞踊的表現となった。芸系としてはその「しゃべり」の代表作『嫗山姥』（近松門左衛門作）を継ぎ、題材は深川芸者どうしの達引きを描いた当時流行の人情本の影響下にもある。近年では七世中村芝翫がよく手がけ、二〇〇五年には国立劇場の舞踊公演で全段の復活上演が行われた。原作では前曲『助六』で使われた床几が居所変わりの仕掛けで四ツ手駕に変じた。

《構成》オキ～旁妻の駕からの出～幇間五丁を呼び止め〝しゃべり〟のはじめ～馴れ初めのクドキ～「三味線尽くし」での諍い～踊り地〽悋気さんすりゃ～楽器見立ての振りで摑み合い～惚気から再び浮気を疑う段切れ

聴きどころ＋豆知識

【年増】
二十歳を過ぎると眉を剃り落とし丸髷を結い、「年増」と呼ばれ、狭義には二十四、五～三十歳を指す。年齢によって中年増・大年増の呼称もある。また深川遊里語では年齢に限らず、姉さん株の娼妓を指した。

【〽派手で公道で……」】
遊里育ちの女性の魅力的な様をしめす。派手さと上品さを兼ね備え、さらに「きりりと」引き締まっている。演者による衣裳柄の選択もこの美観が意識される。

【羽織】
深川芸者は羽織を着用し羽織芸者とも呼ばれた。一説に芸は売っても身は売らぬ矜持の印という。

【楽器尽くし】
上（紙）駒・忍び駒・音締め・転手（天神）・猿尾といった三味線尽くしの詞章で悋気の振りをし、琴や胡弓を見立てた振りで諍いの様子を表現する。

【深川情緒】
江戸の辰巳に位置する深川の美学は独特なものとして知られた。遊里も官許でない岡場所ゆえに「辰巳風」と呼ばれる素人ぽさが売りで、その芸者の気質は羽織を着すこともある「お俠」な女であった。これは男の「鯔背」「勇み」を受容したもので、「子供」と呼ばれる芸者も多くが男名前であり、多分に抵抗心に富み、客を冷めてあしらう「さし」を特徴とした。これらが「いき」の美学を構成する重要な要素にもなる。

（鈴木）

江戸漫画の舞踊化

鳥羽絵

［とばえ］

『御名残押絵交張』の一コマ

◉初演＝文政二年（一八一九）九月　江戸・中村座
◉作者＝二世桜田治助　作曲＝清沢万吉（初世清元斎兵衛）
振付＝藤間勘助（四世西川扇蔵）・松本文系
◉升六＝三世中村歌右衛門

《舞台》大店の暖簾口から鼠が逃げ出してくると、飯炊きの下男升六がこれを追いかけてきて〝升落し〟の形になる。「ハックサメ」で風邪ひきの縁から〝引く物尽くし〟の歌詞で踊り、次にあり得ない事の喩えで、擂り粉木に羽根が生えて飛んでいくと、『伽羅先代萩』「床下」のパロディーになり、荒獅子男之助よろしく「アアラ怪しやな」と見込んで時代の振りになる。子役が扮する鼠のぬいぐるみが登場すると、一転して升六と女の身振りをする鼠とのしっとりとしたクドキ模様。〽可愛いお方の」からの踊り地は「トッチリトン節」で、廓の夜道風景を物真似で軽快に踊る。最後はまた追いかけっこで、升六が鼠を踏まえる形も、またその逆もある。

《解説》日本最古の漫画として「鳥獣戯画」が知られるが、これにあやかるためか、江戸中頃から上方を中心に流行した戯絵に「鳥羽絵」の名が冠された。鳥羽絵は手と足を異様に長く、目を小さく、口を大きく描くデフォルメを特徴とする。この戯絵の一つ「羽根が生えた擂り粉木を見込む男」の構図が、山東京伝が類似の絵を対照させた『絵兄弟』に載せられた際、「鰹をさらった鳶を見込む奴」の絵と一対になった。後者を舞踊化した『鳶奴』は既に三世中村歌右衛門が故郷の大坂で上演済み。今度は江戸での九変化上演の中で『鳥羽絵』を踊りに仕立てたのである。この舞踊化では、同じ「見込む」構図で知られる歌舞伎ファンお馴染みの『伽羅先代萩』の荒獅子男之助と鼠（仁木弾正）の争いを内容に取り込んだ。鼠は店者にとって害獣と福の神の両面を持ち、下男にとって毎日付き合う好敵手でもあった。その鼠がにわかに女の姿態をみせて、下男をかき口説く。このようなぬいぐるみ物の〝悪身〟（わざとらしい女の振りをする）の振りも、江戸歌舞伎の魅力の一つであった。

初演の三世歌右衛門は文化文政期の舞踊の名人。鳥羽絵のタッチのように痩身で手足が長い体つきをしていた。後に襦袢と股引を着すようになったが、初演時は緋縮緬の褌一丁の拵え。衣裳での誤魔化しが効かず、踊りに自信ある優ならではの役であった。

《構成》鼠が逃げて出て升落し～引く物尽くし～羽根の生えた擂り粉木を追う（「床下」）～鼠と下男のクドキ～トッチリトン節～追いかけ

聴きどころ＋豆知識

【引く物尽くし】

清元『申酉』などにも「引く物」の名寄せがあり、「引く」ことを吉兆とみる。例えば、「根引」は根引き門松を引くことであり、遊女を落籍できる慶事の意味も。また「草摺引」「象引」「錣引」等は、英雄の力の表現でもある。

【歌舞伎と民衆画】

絵画を作劇の題材にする歌舞伎は多い。近松門左衛門作『傾城反魂香』では、又平描く大津絵の画題が抜け出て踊り出し、抜け絵の所作事の基となった。この又平のモデルを岩佐又兵衛とする説があるが、浮世又兵衛と称された又兵衛も大津絵は描かなかったと思われる。『傾城反魂香』で又平は土佐の名字を許されるが、土佐絵の解釈も歌舞伎では少し厄介。歌舞伎では美術史上の大和絵の土佐絵を指すのではなく、元禄風の極彩色を意図する。清元の舞踊『土佐絵』が良き例である。それでもジャンルの微細を意識することもあり、三世歌右衛門の弟子の四世歌右衛門は肥満であったので『鳥羽絵』を踊らず、同趣向の『瓢簞鯰』を踊った。こちらは大津絵の画題で丸味を帯びたタッチである。

（鈴木）

師匠譲りの軽妙な足拍子

供奴

［ともやっこ］

別称＝芝翫奴（しかんやっこ）

『拙筆力七以呂波（にじりがきななついろは）』の一コマ

◉初演＝文政十一年（一八二八）三月　江戸・中村座　二番目大切

◉作者＝二世瀬川如皐　作曲＝四世杵屋三郎助（十世杵屋六左衛門）　振付＝二世市山七十郎・藤間大助（二世藤間勘十郎）・四世西川扇蔵

◉供奴＝二世中村芝翫（四世中村歌右衛門）

《舞台》吉原の田んぼから大門へかかる途中で、供をして来た奴が廓（くるわ）通いの主人を見失ったという場面で始まる。ヲロシで幕が開くと、祇園守の台提灯（ちょうちん）を下げた奴が花道より走り出て、七三で止まり奴詞の掛け声「仕て来いな」。これを受けて〽やっちゃ仕て来い」の唄になり、奴風俗を見せながら、近道をして先を急ぐ様子で本舞台に着く。提灯を置き、草履（ぞうり）を脱ぐと、〽おんらが旦那はな」で主人の丹前（たんぜん）好みの姿を真似、供をする様子、投げ草履などの奴の振りを見せる。〽小気味よいよい」で寛闊（かんかつ）な出で立ちの主人の立派さを讃えながら、自分の誇らしげな気分も表す。〽見染め見染めて」から両肌脱ぎになり、拳酒（けんざけ）の振り、奴の毛鎗（けやり）の振り、眼目の足拍子、横ギバなど拍子本位の軽妙な踊りを見せる。草履をはき、提灯を持って主人を探して幕となる。

《解説》二世中村芝翫（四世中村歌右衛門）の七変化『拙筆力七以呂波』の一つ。芝翫の師匠三世歌右衛門が文政元年（一八一八）四月『三人形』の中で（『其姿花図絵』の一）、廓通いの丹前姿の旦那に供する奴に扮し、主人の恋の取り持ちをして足拍子を見せた。これを門弟の芝翫が受け継ぎ、廓通いの旦那の供をする奴の一人立ちの踊りにし、師匠譲りの足拍子を江戸下りのお目見得に披露したのが本作。〽浪花師匠のその風俗に」で、当時大坂にいた師歌右衛門を敬い、丁寧に頭を下げた振りがそのまま残っている。芝翫の当たり芸となったため「芝翫奴」とも。

元禄風の古風な丹前六法の振り、毛鎗を担いで歩く振りなど丹前や奴の風俗を見せるところに加えて、見どころはやはりタテ三味線とタテ鼓で踏む軽妙な足拍子。長唄も賑やかで派手。奴詞や掛詞もちりばめられ、楽しい一曲。

《構成》ヲロシで幕開け～花道より供奴の出・セリフ「仕て来いな」～花道の踊り・二上り〽やっちゃ仕て来い」～踊り地・本舞台〽おんらが旦那」～クドキ〽おはもじながら」（通常は省略）～拳酒の振り・槍の振り・足拍子・本調子〽見染め見染めて」～二上り〽面白や」～チラシ〽つけたり消したり」～幕

聴きどころ＋豆知識

【大名行列や丹前振りを表す三味線】

〽武家の気質や」は大名行列の様子を表す行列三重という手、〽おんらが旦那」は丹前の手が三味線で弾かれ、情景描写を助ける。

【拳酒】拳酒とは拳をして負けた方が酒を飲む遊びで、当時支那拳が流行っていた。謎の呪文のような歌詞「りゅうちえいぱ」は中国語（唐音）の六・七・八。『拳独稽古』（文政十三年）なる独習本も出版されている。

【足拍子・横ギバ】

タテ三味線が足拍子の合方を弾き、タテ鼓であしらうところで踏む軽妙な足拍子は（しばしば拍〈表間〉と拍の間を裏間にとる）本作の見どころの一つ。ギバとは、投げられたり蹴られたりした時に高く飛び上がると同時に、両足を開いて尻餅をつく技法で、横ギバは体をドンと横に倒して起き上がる。

【奴という職業】

奴とは、「家つ子」が江戸時代に転訛したもので、主に武家の日常の雑用や大名行列の先頭に立って槍や挟箱などを持って振り歩く役をつとめた下男のこと。髪は撥鬢、鎌髭を生やし、冬でも袷一枚という独特な風俗で、「べえ」「こんだ」といった粗野な奴詞を用い、侠客的な面を持っていた。ちなみに子供の頃、折り紙で折った〝奴さん〟は奴の姿を象り意匠化したもの。歌舞伎では早くから奴方という役柄があったが、舞踊では奴風俗に滑稽味を加えたものが多く作られ、奴物として定着。本曲のほかにも『国入奴（小原女）』、『大津絵奴（関三奴）』、『鳶奴』（以上長唄）、『旅奴』（清元）、『奴凧』（常磐津）などがある。

（前島）

江戸風俗の見本市 太神楽(だいかぐら)のおかしみ

どんつく

本名題＝神楽諷雲井曲鞠(かぐらうたくもいのきょくまり)

◉初演＝弘化三年（一八四六）正月 江戸・市村座、上巻『頼政鵺退治』から引き抜いた下巻
◉作者＝三世桜田治助 作曲＝五世岸澤式佐 振付＝西川巳之助・西川芳次郎・藤間亀三郎・藤間大助
◉どんつく＝四世中村歌右衛門 太神楽の太夫＝十二世市村羽左衛門

《舞台》日本橋のたもとに烏万燈(からすまんとう)を立てて、正月を祝す「鹿島の事触れ」の囃し詞(ことば)を用いた総踊りで始まる。ここに集う門礼者などが代わる代わる踊りを披露し、初春吉例の白酒(しろざけ)売りの言い立て、そして太神楽の籠鞠(かごまり)の曲芸になる。〽そ様ええなら」では、どんつくの田舎踊りを手踊りで見せ、これを皆に真似させて次第に早くなっていくのが面白い。芸者のクドキを挟んで、神主になった太夫を相手にどんつくのおかめのワルミ。〝黒赤尽くし〟を早間で踊り、〽悪魔降伏(ごうぶく)千代万歳」とめでたく踊りおさめる。

《解説》初春のお江戸日本橋（亀戸天神や浅草寺のことも）に集う、様々な生業(なりわい)の様子を陽気に描いた曲。初演以来、登場人物は白酒売り・門礼者・芸者・笛吹きなどを定番に、その他は自由に差し替えられ、「とてつる拳(けん)」や「巡る日」など他の常磐津曲や端唄(はうた)を挿入して仕抜きで踊られる。中心となるのは太神楽師の太夫と〝どんつく〟と呼ばれる田舎者の下男の滑稽なやりとり。当時の太神楽芸は籠鞠などの曲芸で、既に漫才風の掛合(かけあい)をみせており、それをそのまま舞台に活写したのである。都市の美学と鄙の風俗を対比させる、歌舞伎表現の常道である。「どんつく」の意

味は「鈍つく」で、愚鈍な人間を指した言葉であり、太神楽の相手をする道化役の代名詞となった。また彼が囃す団扇（うちわ）太鼓の擬音でもあった。このどんつく（初演の四世歌右衛門の下男がモデルという）が黒紋付羽織着流しのすっきりとした太神楽太夫の相手となって、滑稽に盛り上げていく。普段であれば揶揄されがちな人間が、逆に「真似してみさろ」と、田舎踊りを江戸っ子に指導する展開の面白さがある。この場のだんだん早くなる拍子事（ひょうしごと）の面白さは類を見ず、全体としても江戸幕末風俗の生きた標本のような人物の登場に、飽きることがない。なお本来段切れ前に総踊りの部分があるが、歌舞伎ではあまり上演されない。

《構成》鹿島踊り～仕抜き～白酒売りの言い立て～太神楽の曲芸～田舎踊り～芸者のクドキ～おかめの悪身～二上（にあが）り端唄～黒赤尽くし～段切れ

聴きどころ＋豆知識

【お家芸。歌右衛門系から三津五郎系へ】

文化文政期の舞踊芸のライバルと言えば三世歌右衛門と三世三津五郎。前者の系譜は四世歌右衛門、四世芝翫と繋がった。この四世芝翫に薫陶を受けたのが七世三津五郎。それ故、『どんつく』や『越後獅子』などの歌右衛門系の所作事（しょさごと）が、現在では三津五郎家のお家芸になっている。

【黒赤尽くし】

段切れの前の早間（はやま）の踊りは〝黒赤尽くし〟の歌詞で踊られる。これは幕明けで踊られる鹿島の事触れの幣帛（へいはく）に三本足の烏と日の丸が描かれていることによる。赤色と黒色は、崇神（すじん）天皇が厄病除けのために、赤の矛（ほこ）盾（たて）（墨坂神）黒の矛盾（逢坂神）を祀らせた故事があるように、良い神告を招く祈りの色であろう。（鈴木）

男の狂乱物のリメイク

二人椀久

［ににんわんきゅう］　本名題＝其面影二人椀久（そのおもかげににんわんきゅう）

◉初演＝安永三年（一七七四）五月　江戸・市村座
◉作者＝不詳　作曲＝初世錦屋金蔵　振付＝不詳
◉椀久＝九世市村羽左衛門　松山＝瀬川富三郎（三世瀬川菊之丞）

《物語》松の大木のある海辺近く、暗い夜道を男が一人やってくる。彼は、大坂新町の豪商・椀屋久兵衛。通称を椀久という。新町の遊女・松山と深くなじみ、豪遊を尽くしたために、親から勘当されて、座敷牢に閉じ込められていたが、松山恋しさのあまりに発狂し、牢を抜け出してさまよい歩いているのだった。そして、恋に焦がれた我が身を振り返り、松山の面影を求めるうちにまどろんでしまう。するとどこからともなく松山が姿を現し、椀久に語りかける。二人はかつての楽しい日々を回想。仲良く酒を酌み交わす様や痴話（ちわ）喧嘩など、二人の甘い仲を描写する。やがて『伊勢物語』にある在原業平（ありわらのなりひら）と紀有常（きのありつね）の娘の有名な恋歌を二人でしっとりと舞った後、テンポのよい踊りに興じるが、いつしか松山の姿はかき消えていく。後には松風の音が聞こえるばかり。一人残された椀久は寂しさにうちひしがれるのだった。

《解説》狂乱した椀久がさまよううちに、恋しい遊女・松山の幻を夢に見、共に舞い踊るという内容。放蕩の末、座敷牢に入れられて発狂した椀屋久右衛門の実説を題材としている。数少ない男性の狂乱物である。椀久の見る夢の中という設定の幻想的なムードの中に、早いテンポでの踊りなど、静と動といった緩急が織り交ぜられ、見どころ、聴きどころも多く、ロマンチックな気分に誘ってくれる作品である。享保十九年（一七三四）江戸市村座で劇中劇として椀久の所作事（しょさごと）が上演され、それから四十年後の安永三年に市村座でリメイクされたのが本曲である。いつしか振りが途絶えていたのを、昭和二十六年（一九一五）に初世尾上菊之丞が振付し、初世吾妻徳穂と復活上演。その後、五世中村富十郎と四世中村雀右衛門のコンビが手がけて好評を得、人気曲となった。昭和後期から平成にかけて十五世片岡仁左衛門と五世坂東玉三郎の名コンビにより上演を重ねた。

《構成》 椀久の出～椀久の思い～松山の登場～二人の回想～松山の引っ込み～椀久の嘆き

聴きどころ＋豆知識

【とにかく名曲】

曲中の在原業平と紀有常の娘の有名な恋歌の場面は、能『井筒』でも知られた詞章を長唄化し、しっとりと情緒豊かに繰りひろげられる。続く「按摩けんぴき」のアップテンポな曲と踊りにはタマという、基本旋律やリズムに合わせた原曲にはない即興的な手が演奏され、よりいっそう華やかにするなど、一曲を通じて振りと曲の織りなす間の妙味が楽しめる。


【椀久の豪遊ぶり】

椀久は江戸時代前期に実在した大坂御堂前（堺筋とも）の陶器商・椀屋久右衛門という人物がモデル。大坂新町の遊女・松山に深くなじみ、豪遊が過ぎたために親戚縁者に座敷牢に入れられ、発狂して家を出て水死したとも、養生先の京都で亡くなったともいわれている。

その豪遊ぶりは、お盆に正月の遊びをすると称して、廓中の妓楼に門松を立てさせ、自分は年男になって豆まきをするという設定で、豆のかわりにお金を枡に入れ、座敷から座敷へとまいて歩いたほどだったとか。


【芸能の二人の意味】

『二人椀久』のタイトルは、もとは松山が椀久の羽織を着て男の姿を映して踊ったことに由来する。つまり、椀久が二人いるように見えることからだ。こうした趣向は能『二人静』に倣っており、『二人静』では若菜摘みの女に静御前の霊がのり移り、静の形見の舞装束を着て舞い始めると、静の霊も同じ装束で現れ、影のように寄り添って二人で舞う。このように芸能における「二人〜」とは、二人同じ姿をした人物が現れ、連舞をするというのがパターンになっている。歌舞伎舞踊ではほかに二人の三番叟が踊る『二人三番叟』などがある。　（阿部）

八岐大蛇退治のスペクタクル

日本振袖始

［にほんふりそではじめ］

◉復活初演＝昭和四十六年（一九七一）十二月　東京・国立劇場（大劇場）
◉原作＝近松門左衛門　脚色＝戸部銀作　作曲＝野澤松之輔　振付＝六世藤間勘十郎
◉岩長姫実は八岐大蛇＝六世中村歌右衛門　素盞嗚尊＝十世市川海老蔵（十二世市川團十郎）　稲田姫＝六世中村東蔵　村の男高嶺＝初世加賀屋歌蔵　村の男深山＝五世澤村由次郎

《物語》出雲国を流れる簸の川の上流。昼でも暗い深山に、八頭をもつ八岐大蛇が棲んでいる。大蛇は、素戔嗚尊から奪った十握の宝剣を体内に納め、その祟りを恐れる村人は、毎年美しい娘を生贄とし、今年は長者の娘、稲田姫が差し出されようとしている。オキ浄瑠璃のあと、簾が上がって現れた姫は悲しみにくれている。美女を憎む岩長姫が現れ、稲田姫を襲おうとする。酒の香りに気付いた岩長姫は、酒に映る稲田姫を飲み込もうとして八つの甕の酒を飲み干し、さらに高棚にいた稲田姫を見つけて飲み込んでしまう。その酒は、稲田姫の恋人、素戔嗚尊が仕組んだ毒酒だったので、岩長姫は次第に大蛇の本性を顕し、駆け付けた素戔嗚尊と激しく戦う。稲田姫と宝剣は、素戔嗚尊によって無事に救われる。

《解説》原作は、近松門左衛門作の人形浄瑠璃『日本振袖始』（享保三年／一七一八、竹本座初演）。日本神話に取材し、素戔嗚尊が奪われた十握の宝剣を探し求め、美濃国（岐阜県）の悪鬼や三熊野の大人を退治し、出雲へ赴く。途中で、吉備国（岡山県）の巨旦将来・蘇民将来の兄弟争いの裁きをつけ、八岐大蛇の人身御供になる奇稲田姫の危難を救い、ついに宝剣を取り戻すまでを描く。

その五段目、大蛇を退治する場面は、からくりを駆使した見せ場で、同年すぐに歌舞伎でも上演され、明治以降も大蛇退治の場面がしばしば舞踊化された。昭和四十六年国立劇場で五段目が、六世中村歌右衛門の岩長姫実は大蛇、文楽座連中の演奏で復活上演され、これを土台に歌舞伎本興行でしばしば上演されている。女方の大役である岩長姫の美しい踊り、七体の分身が加わった大蛇と素戔嗚尊との派手な立廻りなど、歌舞伎らしい華やかさと迫力に溢れた舞台が魅力である。近年では五世坂東玉三郎がよく演じシネマ歌舞伎にもなっている。また、DVD『坂東玉三郎舞踊集』の義太夫『大蛇』は、本作の前半を一人立の格調高い舞に仕立てたもの（振付＝七世藤間勘十郎）。同じ題材を世話にくだいて江戸里神楽の趣向に仕立てたのが常磐津『神楽娘』（昭和十六年／一九四一、松竹日本舞踊大会〈歌舞伎座〉で藤間勘太郎が振付・初演）で、快活な町娘が夏祭りの面を使って、稲田姫・大蛇・素戔嗚尊・おかめ・ひょっとこを一人で演じ分ける意外性が見どころの曲。

《構成》オキ～上手の簾から稲田姫の出～稲田姫のクドキ～岩長姫の出～岩長姫が酒に酔って舞うクドキ（八雲猩々）～岩長姫が稲田姫を飲み込む～ツナギの大薩摩（おおざつま）～素戔嗚尊の出～大蛇の出～立ち回り～大蛇が敗れ稲田姫・剱を救出～チラシ

聴きどころ＋豆知識

【三種の神器】

家庭や社会で重宝される三種類の必需品を「三種の神器」と呼ぶのは物のたとえだが、かつては炊飯器・洗濯機など、現代ではスマホ・Wi－Fiがその代表であろうか。皇位のしるしとして、代々の天皇が伝承する三つの宝物である「三種の神器」は、天孫降臨に際して、天照大神から授けられたものとされ、八咫鏡（やたのかがみ）、草薙剣（くさなぎのつるぎ）、八坂瓊曲玉（やさかにのまがたま）をさす。このうち剣は、素戔嗚尊が出雲国簸の川で八岐大蛇を切った時に、その尾から出た剱を天照大神に献じたもので、天叢雲剣（あまのむらくものつるぎ）ともいい、日本武尊（やまとたけるのみこと）が東征の時、これで草を薙ぎ払って火の難を逃れたところから草薙剣の名がついた。武から剣を預かった尾張の宮簀媛命（みやずひめのみこと）が熱田神宮を建て、剣を納めたと伝わる。

（竹内）

吉原俄の美と粋

俄獅子

［にわかじし］

◉初演＝天保五年（一八三四）十月　演奏曲として吉原で作曲
◉作者＝不詳　作曲＝四世杵屋六三郎（杵屋六翁）
◉鳶頭・手古舞＝吉原の芸妓

《舞台》祭り囃子、二上りの三味線で始まり、〽蝶や胡蝶」から俄の屋台と吉原五町の情景描写。〽心尽しのナ」で文使いの思いをあらわし、〽狂い乱るる」から獅子の狂いに見立てて、酒宴にあたかも乱れ興じる座敷のさまを描いていく。〽ヤア秋の最中の」から木遣り唄にのった手古舞を挟み、遊女と間夫の心情をつづるクドキ。三下りの〽人目忍ぶは」から遊女の辛苦の思い、〽獅子に添いてや」から華やかな獅子舞、狂いの合方。獅子の狂いの詞章をもじって吉原の拝金主義を茶化しつつ華やかに幕となる。

《解説》江戸吉原の三大景物に、春の夜桜、夏の玉菊灯籠と、秋の俄があった。吉原の俄は、明和頃から八朔紋日の恒例として、芸者と幇間（太鼓持ち・男芸者）が廓内の街頭で芸尽くし（俄狂言、俄遊び）を行ったもので、各町・各廓が競い合い、歌舞伎を真似て様々な趣向を凝らした演目を出した。清元『女車引』（六二頁）は現代に残る俄演目の一つである。長唄『俄鹿島踊』（一八一三年）のように、吉原俄の趣向を歌舞伎の舞台で再現した舞踊曲もある。吉原俄の行事は享保頃、吉原の九郎助稲荷の祭礼催事に発するとされるが、芸態としては上方の遊郭、祇園や島原で先に行われていた練り物（流し俄）の影響を受けている。

獅子物は、吉原俄の恒例の出し物として人気があった。これは安永頃の獅子の練り物で、手古舞に扮した芸者おいちの唄う木遣り音頭が大評判を得たためという。獅子の練り物に象徴される吉原俄の美と粋が、本作『俄獅子』に凝縮されているといえよう。現行の振りは後に付けられたもので、女性がしっとり演じる扇獅子の所作を眼目とし、御座敷を舞台に幇間が芸者に絡む演出のほか、歌舞伎公演では、吉原仲之町を舞台とし、芸者と鳶頭を中心に、鳶の者や若い芸者を絡ませて祭りの盛り上がりを見せる演出とすることが多い。

《構成》出～扇獅子の振り～頭と手古舞の踊り～チラシ（扇獅子の振り）

聴きどころ＋豆知識

【作曲のエピソード】
作曲した当時五十五歳だった四世杵屋六三郎。吉原の情緒にどっぷり浸るべく、吉原の引手茶屋の二階に籠もって本曲を作ったという逸話がある。その際、初世瀬川菊之丞が傾城姿で手獅子を使った長唄『相生獅子』（享保十九年／一七三四）を参考にしたという。

【古作をもじって廓を写実】
冒頭の歌詞〽花と見つ　五町驚かぬ人もなし」は、長唄『相生獅子』の〽花飛び蝶驚けども人知らず」をもじって、吉原五町の華麗なさまをいう。終盤の〽夕日花咲く廓景色　目前と貴賤うつつなり」〽大金散らす君たちの　打てや大門全盛の　高金の奇特あらわれて」は、獅子物の決まり文句〽夕日の雲に聞こゆべき　目前の奇特あらたなり」〽大巾利巾の獅子頭　打てや囃せや」を皮肉にもじった遊び心。一種のパロディーである「もじり」は、和歌の世界で発展した「本歌取り」のような表現技巧で、日本文化の特徴といえよう。

【俄さまざま】
享保年間（一七一六～三六）頃、大坂住吉神社の参詣人たちが路上で仮装寸劇を演じ、「俄じゃ思い出した」などと囃したのが、俄の最初という。昨今の街頭コスプレのような趣向で、中世以来の風流に通じる。次第に俄芝居、座敷俄など様々な芸態に展開し、大坂では俄師が見立俄・口合俄・ものまね俄などを演じ活躍。喜劇、漫才、地方の演芸にも影響を及ぼし、目かずらを付けた「博多俄」は有名。

（竹内）

春来たる祝福芸　愉快な三河万歳

乗合船

［のりあいぶね］

本名題＝乗合船恵方万歳

◉初演＝天保十四年（一八四三）正月　江戸・市村座、二番目大切『魁香樹いせ物語』

◉作者＝三世桜田治助　作曲＝五世岸澤式佐　振付＝西川巳之助・花川蝶十郎

◉万歳の太夫＝十二世市村羽左衛門　才蔵＝四世中村歌右衛門　一六四

《舞台》初春の隅田川は竹屋の渡し場。向こう河岸に渡ろうと白酒売りや俳諧師・大工など様々な生業の人が集っている。そこに門付けをしていた三河万歳の太夫と才蔵が乗り遅れないようにと急ぎ足でやって来る。総勢七人が船出までの間の退屈しのぎと、まずは白酒売りが「白酒の始まり」を踊り出す。続いて大工の惚気話、俳諧師（通人）によるキザな遊蕩の話と、皆で面白い話を披露しあう。そして皆のお目当ては三河万歳の祝福芸。太夫と才蔵は乞われて祝言の万歳を始め、鼓を手に〝柱建〟から〝御門開き〟剽軽かつ色めいた掛合で満座をわかせ、御家が代々栄えるようにめでたく踊りおさめる。俄の春雨に降られた皆は船に乗り、宝船に乗る七福神の見立てとなる。

《解説》中世芸能の中に、唱門師といわれる宗教者が家々の門に立って初春の祝言を述べた〝千秋万歳〟があり、江戸期にはこの芸系をひく門付けが単に「万歳」と呼ばれる芸能者になった。この中啓と腰鼓を手に滑稽な詞と仕種を交えて新年を言祝ぐ万歳は、尾張・大和（愛知県西部・奈良県）など諸国にもあったが、江戸に来た万歳は多くは三河万歳で、初期の頃は万歳の太夫が暮れの〝才蔵市〟で下総（千葉県北部）辺りから来る田舎男を選って才蔵役としたが、後にはコンビで三河（愛知県東部）から来るようになった。この三河万歳は、徳川家康との地縁から江戸城に入ることが許され、その太夫の拵えも熨斗目の着付に浅葱色の半素襖、風折烏帽子をつけるという特別なものであった。

この万歳の二人の他に白酒売り・大工・通人が定番。他は芸者・田舎侍・子守・門礼者などが座組に応じて配役される。これらの登場人物たちが七福神に見立てられるのは、竹屋の渡しが向島の七福神詣でに多用されたからある。書き割りの背景が待乳山(まつちやま)か三囲(みめぐり)の鳥居かによって、ロケ地が浅草側か向島(むこうじま)か判断する楽しみもある。〽初御空」の総踊りは通常省かれる。

《構成》 常磐津の前弾き・オキ～浅葱幕振り落とし～船の中での踊り～太夫と才蔵の出～白酒の由来～大工の惣気話～通人の遊蕩話～三河万歳～総踊り～船に乗って七福神の見立て

聴きどころ＋豆知識

【常磐津名人の音源】
近代の名人と言えば常磐津林中(りんちゅう)（一八四二～一九〇六）。九世團十郎が稽古を止めて聞き入ったという。この林中の音源がＣＤ化され、『乗合船』の「万歳」も聞ける。深みのある声と巧みな節回し、天保生れの名人の語り口に酔いしれる。

【大工道具】
建築技術は時代によって変わるので、この曲の歌詞にある叩き大工・鑿(のみ)・差し金・裏釘・鉋・墨（壺）・楔・手斧……なども既に貴重な民俗遺産ではあろう。

【竹屋の渡し】
隅田川には渡し場がいくつもあり、竹屋の渡しはそのひとつ。橋がかかるまでは、十人の乗合船で何往復もして川を渡ったという。現在隅田川右岸の隅田公園の中に「竹屋の渡し」跡碑がある。

【万歳から漫才へ】
『乗合船』の太夫と才蔵の掛合(かけあい)だけを聞いても充分に滑稽さを感じることができ、まことに愉快になる。実際の万歳でも、祝福の間に挿入する冗句が充分に幸せの笑いを誘因したのだろう。ただ本曲で題材となっている三河万歳は徳川家康の故郷の芸能としての格式が付与され、お隣の尾張万歳の方に芸の自由度はあった。音曲を入れたり、地口で落としたり、芝居仕立てにしたり。やがて尾張万歳は興行一座として成立するようになり、これに注目した大坂の興行師が寄席芸に合うように軽口を中心にした芸に導いていく。それはもう〝漫才〟の萌芽。現在メディアで活躍中の「すゑひろがず」は原点を味方につけたのである。（鈴木）

優美な羽衣を近代の舞踊に

羽衣

［はごろも／長唄］

松廼羽衣

［まつのはごろも／常磐津］

◉初演＝明治三十一年（一八九八）一月　歌舞伎座
◉作詞＝三世河竹新七、作曲＝十三世杵屋六左衛門・五世杵屋勘五郎・七世岸澤式佐、振付＝初代花柳壽輔・同勝次郎
◉天津乙女（天女）＝五世尾上菊五郎　漁夫伯了（伯龍）＝尾上栄三郎（六世梅幸）
＊新古演劇十種の内
＊『松廼羽衣』作詞＝初世岸澤式政、作曲＝三世岸澤仲助（六世岸澤古式部）

《物語》漁師伯龍（はくりょう）が春のうららかな駿河国（静岡県）の三保の松原にやってくると松にかかった衣を見つけ、持ち帰ろうとすると天女が現れ、〽松風のおとなう声も」と問答となり、天に帰れないと天女が嘆くと哀れんだ伯龍は衣を返す。磯童たちの貝尽くしの踊りの後、〽乙女は衣を着なしつつ」と天女は羽衣をまとって腰の羯鼓（かっこ）を打ち、駿河舞を優雅に舞い、晴れやかに天に戻っていく。大掛かりな舞台では最後に宙乗りで昇天する。

あらすじを短くまとめて改作した常磐津『松廼羽衣』では、天女のクドキ〽いやとよ我も」で気高い乙女心を、伯龍のクドキ〽夢か現（うつつ）か」で純朴な男心を膨らませるのが特色。

《解説》日本各地にある羽衣伝説では、羽衣を隠された天人がやむなく漁師の妻になってしばらく一緒に過ごすという話が一般的である。これを一時の寓話に仕立てた能『羽衣』（作者不詳）を脚色した舞踊。初演は長唄と常磐津の掛合（かけあい）で、道具・衣裳に斬新な工夫があり、段切の天女宙乗りでは霞幕を引き上げて富士ばかりを見せ、演奏者も霞の肩衣（かたぎぬ）に替わったという。

同種の舞踊は古くから作られ、初世瀬川菊之丞が延享二年（一七四五）江戸・中村座で踊った長唄『天人羽衣』（明治

頃まで伝承）、後に振りが付けられた曲として文化年間（一八〇四～一八）の一中節『松羽衣』、羽衣伝説と駿河の名所を綴った常磐津『三保の松』（一八九二年、河竹黙阿弥作詞）等がある。

その決定版ともいえるのが常磐津『松廼羽衣』で、明治三十一年（一八九八）の新古演劇十種『羽衣』、および常磐津素浄瑠璃『新曲天女之羽衣—林中十種』（同年四月名古屋、林中・仲助）を元にしたもの。翌年、祇園芸妓松本さだが踊るため、三世井上八千代の依頼と振付で女流の初世岸澤式政作詞、三世岸澤仲助作曲と伝え（同妓の日記）、京舞井上流にその振付が残る。同年（一八九九）の常磐津林中主催浄瑠璃会（七月大阪中座、八月京都祇園館）で林中・仲助が素浄瑠璃で演じて人気の語り物になり、大正頃から各流で振りが付けられるようになった。

《構成》オキ～伯龍の出～天女の出～問答～クドキ～駿河舞～チラシ

聴きどころ＋豆知識

【世界の羽衣伝説】

天人を女房にする「羽衣」や、その変形『竹取物語』に類似する伝説は日本各地にあるが、広く全世界にも「白鳥処女」というモティーフで分布する。若い男が、水浴中の娘が脱ぎ置いた白鳥の衣を奪って妻にするが、数年後に妻は衣を見つけ鳥になって故郷へ去り、夫は妻を追って難儀な旅に出て彼女を発見するというもの。インドを起源に西欧へ伝播し、北欧・中欧で多様に展開している。ヨーロッパ圏では、白鳥の姿をした娘が衣を脱ぐと人間になり、その故郷は魔の山であるが、中国・日本など東アジア圏では、天人が飛来して羽衣を脱ぎ、最後は天に向かうという文化の違いがある。

【羽衣の松】

静岡市清水区の三保松原、御穂神社近くの浜辺にあるクロマツの古木が、能『羽衣』のモデルになった衣かけの松と伝える。宝永四年（一七〇七）の富士山大噴火で初代の松は海に沈んだといい、二世の松は損傷著しく二〇一〇年、隣木に三世を譲った。

【駿河舞】

雅楽の種目、東遊の舞の一つ。駿河国有度浜で天人が舞ったのを、道守の翁が砂浜に身を潜めて覚えたという。『松廼羽衣』では、二上り三下りと調弦を変える華麗な三味線が、天女の昇天を印象づける。（竹内）

牛若丸と弁慶 五条橋の出会い

橋弁慶

［はしべんけい］

●初演＝明治元年（一八六八）八月、大薩摩節として開曲。明治四十五年（一九一二）四月 歌舞伎座『新作 五條橋』として舞踊化

●作曲＝三世杵屋勘五郎　振付＝二世藤間勘右衛門

●武蔵坊弁慶＝二世市川段四郎　源牛若丸＝四世片岡我童（十二世片岡仁左衛門）　従者源内＝二世市川猿之助　町の者＝四世市川九蔵（八世市川團蔵）ほか

《物語》宿願あって北野天神に通っている武蔵坊弁慶は、今夜から十禅寺（じゅうぜんじ）へも参詣しようと従者に供を命じる。従者は、昨夜五条橋で、十二、三の幼い者が小太刀（こたち）を持って蝶や鳥のように立ち回り、大勢でも歯が立たなかったと報告するので、弁慶は聞き逃げできぬと五条橋へ向かう。一方、母常盤（ときわ）の言いつけで翌朝に鞍馬寺へ登る牛若丸は、今宵が最後と五条橋を訪れ通行人を待ち受ける。そこへやってきた弁慶は、薄衣を被った牛若に薙刀（なぎなた）の柄（え）を蹴って挑発され、〽すわ痴（し）れ者よ」と激しい立廻りとなる。牛若の俊敏な動作に翻弄された弁慶はついに降参する。二人は名乗りあい、主従の契約を結び、常盤のいる九条の館へ向かう。

《解説》能『橋弁慶』の内容を踏襲し、松羽目物（まつばめもの）に準じた能ガカリの衣裳と演出で演じられる。荒法師の弁慶の剛と、少年牛若の柔を対比させての豪快な立廻りが本作の眼目で、童話絵巻のような趣がある。二人の対決は義太夫狂言『鬼一法眼三略巻（きいちほうげんさんりゃくのまき）』五段目等で演じられていたが、能への回帰をみせたところに本作の特徴がある。舞踊化初演の折には能に倣って間（あい）狂言が増補され（作詞＝竹柴金作、作曲＝二世今藤長十郎）、町人たちが化け物尽くしをみせた。長唄に同名の曲があり、三世中村歌右衛門が弁慶におかしみを加えて演じた長唄『橋弁慶』（一八一一年、江戸中村座

『遅桜手爾葉七字』の一景）は、向こう鉢巻の弁慶が五条橋で夜鷹に絡まれるもので、昭和三十年（一九五五）に藤間寿右衛門により七変化通しで復活された（作曲＝杵屋栄二）。幼少期の牛若に目を向けると、鞍馬山で牛若が天狗と立ち回る長唄『鞍馬山』（一八五六年、市村座）や、まだ乳飲み子の牛若（人形）を懐に抱いて雪中の関所で平家から厳しい詮議を受ける母常盤の苦悩を描いた常磐津『宗清』（一八二八年、市村座）がある。

《構成》弁慶の出と名乗り～幼い化生の者の出現を従者が物語る～間狂言～牛若の出～弁慶の出～立廻り～二人の名乗り～チラシ

聴きどころ＋豆知識

【弁慶の宿願】

千本の太刀を奪う宿願を抱いて弁慶が暴れ回る話は有名だが、これは『義経記』などを踏まえたもの。能『橋弁慶』および本作では、弁慶は子細あって北野天神社（丑の刻詣）と十禅寺（旧五条橋／現松原橋の東詰付近）へ参詣するといって登場するが、宿願の委細を語らない。その代わり、小太刀で切ってまわっている牛若のさまを弁慶の従者が語って聞かせ、幼い牛若の奇特な化生ぶりを強調する。なお、金春流・喜多流の能では、参詣先を北野天神と十禅寺とするが、観世流では旧五条橋から西へ一キロ余りの五条天神とする。

【弁慶と牛若丸が剣を交えたのは？】

室町中期の軍記物語『義経記』によれば、弁慶は、五条天神で義経（牛若）に出会い、清水坂と清水寺舞台（南側の掛け出し）で決闘となって義経に屈服したという。その後、『御伽草子』などで決闘地が五条橋に替わり、能『橋弁慶』などの芸能に踏襲された。『義経記』は義経の生涯を、鞍馬山での不遇な幼年時代と、兄頼朝との不和から没落するに至る悲劇的な後半生を中心に、伝説を交えて描いたもの。能や幸若舞が描く義経の物語とは異なる筋立ても多い。浄瑠璃・歌舞伎の作者は、双方の筋立てを織り交ぜ、物語の世界を膨らませて描いたのである。なお、五条天神は菅原道真でなく天つ神を祀って、天使の宮、天使社と称した桓武天皇以来の古社とされ、現在も周辺の地名に「天使突抜」（秀吉が天使の地割を突き抜いた意）が残る。

（竹内）

たった一夜添うための母娘の道行

八段目

［はちだんめ］

本名題＝道行旅路の嫁入
其儘旅路の嫁入

◉人形浄瑠璃初演＝寛延元年（一七四八）八月　大坂・竹本座『仮名手本忠臣蔵』八段目
◉作者＝二世竹田出雲・三好松洛・並木千柳
＊常磐津『其儘旅路の嫁入』、初演＝文政五年（一八二二）江戸・中村座、作詞＝二世桜田治助、作曲＝岸澤右和佐

《物語》富士を望む東海道。桃井家の家老加古川本蔵の妻戸無瀬と娘の小浪が、鎌倉から京都の山科に向かっている。小浪は塩冶判官家の家老大星由良之助の嫡男力弥と許嫁の関係にあったが、判官の高師直への刃傷事件の折、父本蔵が判官を抱き留めたことで両家の関係が途絶えた。小浪の継母である戸無瀬は心を痛める娘を不憫に想い、京の山科にいる力弥に嫁入させようと、供をも連れず鎌倉から旅に出たのであった。街道で他家の嫁入行列に出くわせば羨ましく、酩酊した奴達もなにやら男女関係の機微を面白そうに喋っている。山科はまだ遠く女子には辛い道のりだが、愛しい男と添い遂げるため、そして娘に幸せな結縁をさせるため、母娘は互いを労りつつ、歩いて行くのであった。

《解説》『仮名手本忠臣蔵』原作の『八段目』はいわゆる「道行・景事」で、鎌倉を出立した戸無瀬小浪の母娘が東海道を上り、駿河国（静岡県）の薩埵峠辺りから山科を目指す。道中の地名を詠み込んだ美しい詞章により場所の移動が示され、所々で親子の情愛が踊られる。その中には性教育的なものもあったり、また子を宿し産んだことを想像した子守唄もあり、母が想う娘の幸せの様を強く共感できる。しかしそれが叶わぬ夢であることを観客は知っている。この二人だけの道行は、江戸の観客にとってはやや地味に感じられたようで、音曲を豊後節系に替えたり、登場人物を増やすなど、所作事としての面白さを追求する改作が多く上演された。中でも文政五年江戸中村座で初演された常

磐津『其儘旅路の嫁入』が知られ、上巻は二人に奴の関助が絡み、下巻は戸無瀬役の三世坂東三津五郎が奴可内に、小浪の五世瀬川菊之丞が女馬子に変わるという趣向であった。この下巻は舞踊・藤間藤子家に振りが伝承されている。他に舞踊伝承曲としては清元『おかげ参り』がある。

近代に入ってもこの『八段目』には定本がなく、その時々で原作や常磐津曲などをアレンジして上演してきた。旅の者がぞろぞろと何人も出るという派手な舞台もあった。近年では、二人だけの道行か奴可内がこれに絡む形が義太夫で上演されることが多く、所作事芸を楽しむと言うより、立女形と娘形の組み合わせの妙を見る一幕になっている。昭和期では六世中村歌右衛門、平成期では四世坂田藤十郎の戸無瀬に、若手が挑んだ舞台が印象深い。

《構成》戸無瀬と小浪の出～東海道中道行～奴の出～小浪のクドキ～戸無瀬の振事～奴の流行唄による踊り～山科へ

聴きどころ＋豆知識

【戸無瀬と小浪】

『仮名手本忠臣蔵』に戸無瀬と小浪の母娘が登場するのは二、八、九段目。「二段目」では、小浪の許嫁力弥が桃井館に上使に来ると、戸無瀬は仮病を使って小浪を代わりに応対に出し、二人を逢わせてやる。その時の物もいえずに互いに赤面する様子が「梅と桜の花相撲」に喩えられる。「九段目」で戸無瀬は、なさぬ仲ゆえの義理を語る。継子虐めを題材とする作品も多いが、実子以上に愛情を注ぐというのも近世の親子像であろう。

【道行】

日本の文芸には、ある場所に至るまでの道程そのものが主題となる「道行」という形式がある。文学では『平家物語』や『太平記』の「海道下り」が知られるが、舞台芸能においても人形浄瑠璃の「景事」、歌舞伎の「所作事」として重要な一幕となる。歌詞には地名が名寄せで詠み込まれることが多く、人物ではなく道具が移動することで道中を表現できるのが演劇の強みである。歌舞伎では心中に向かう道行という悲劇を扱うこともちろんあるが、敢えてその深刻さを緩和する手法も多く採る。音曲を義太夫から常磐津や清元に替えたり、通りすがりの人物に主題から遠い存在を用意するなどである。

（鈴木）

可愛らしく魅せた六世菊五郎の工夫

羽根の禿

［はねのかむろ］

『春昔由縁英』（はるはむかしゆかりのはなぶさ）の一コマ

◉初演＝天明五年（一七八五）二月　江戸・桐座
◉作者＝初世瀬川如皐・宝田寿来　作詞＝林鷲（初世杵屋正次郎）作曲＝初世杵屋正次郎　振付＝二世西川扇藏
◉かむろ＝三世瀬川菊之丞（瀬川仙女）

《舞台》江戸吉原の正月。松飾りのある大格子の店先から禿が出てくる。〽誠こもりし一廓」廓は誠実が籠っているという歌詞であどけなく踊りはじめ、〽禿かむろとたくさんそうに」からはクドキで、子供ながら花魁（おいらん）に教えられて恋のテクニックを知っているのだというオシャマな歌詞で袂（たもと）を使った振りを見せる。〽朝のや六つから」は禿の日常生活を綴り、朝早くから起きて働く様が描かれる。続く〽文がやりたや」は踊り地で、文を届ける相手を間違えないように……という内容を軽快に踊る。そして〽つくつくつくには羽根を突く」からは禿の遊ぶ様子、羽根突きの振り、鞠つきとなり、次の合方（あいかた）で、羽子板を使った羽根突きをするが羽根を見失って……。ここが見どころ。やがて〽梅は匂いよ」と当時の流行歌で踊って幕となる。

《解説》吉原の正月、禿が羽根突きをして遊ぶ様を映している。禿は花魁の身の周りの雑用をする七歳から十三歳くらいの少女のこと。正月二日の年礼の道中で禿が大羽子板を持って花魁に付き従った姿からの着想だという。娘の舞踊では、クドキという恋心をかき口説く場面が見どころとなるのが一般的だが、本作では、羽根突きを眼目とするのが特徴。大人の色事の世界で育った少女のおませな様子と年相応のあどけなさが愛らしい作品。元は『春昔由縁英』

の一コマ。花魁の夢の中という設定で「禿」「白酒売」「女助六」「石橋（しゃっきょう）」と吉原に縁の人物を主として展開した。初演から何度か上演された後、歌舞伎の舞台では上演されていなかったのを、昭和六年（一九三一）三月、東京劇場で六世尾上菊五郎が『羽根の禿』に『宵は待ち』（『明けの鐘』）の曲を挿入し、引き抜きで『うかれ坊主』になる演出で上演以来、人気の曲となった。

《構成》禿の出～廓の描写～クドキ～踊り地～羽根突き～幕切れ

聴きどころ＋豆知識

【消えた羽根】

本作では、禿が羽根を突き始めると、羽根がどこかへ消えてしまう。すぐに見つからないので、頭に乗っかっているのかもしれないと頭を振り、羽根を探すが見つからない。あたりをよく見回すと、門松に引っかかっているのを発見。すぐにも取ろうとするが、背が届かないので、ちょっと考えてぽっくりを二つ重ねてようやく取るという展開。子供の遊びの風景がなんとも可愛らしいシーンだ。

【六世尾上菊五郎の工夫】

六世尾上菊五郎が演じた時、太っていた身体を可愛らしく見せるために、背景の店先や暖簾を大きくしたり、門松を高くし、さらに後見には大きな男性を使ったと伝わっている。

【吉原の階級と遊女のエリートコース】

吉原の最高級の遊女、太夫（のちに花魁も）になるには段階がいくつかあり、禿（引込禿）→振袖新造（ふりそでしんぞう）（引込新造）→太夫というのがエリートコースだった。まず禿となって花魁の小間使いをしながら一人前の遊女になるための修業をする。中でも素質のある少女は引込禿といって店の主人のもとで芸事の修業に励むことができた。そして禿の期間を過ぎると新造になるが、太夫になる見込みがありそうな者は振袖新造になり、見習い期間として姉女郎に属して出、お客の応対をした。また禿同様、引込新造として芸事に専念できる者もあった。留袖新造になるのは、太夫になる見込みがないと判断された者で、先輩に付き従い見習い修業をするが、お客をとらなければならなかったとか。他に新造には番頭新造（花魁について身のまわりや外部との応対など諸事世話をする）がある。

（阿部）

禁忌の怪談 お化け妖怪勢揃い

百物語

［ひゃくものがたり］

本名題＝闇梅百物語（やみのうめひゃくものがたり）

◉初演＝明治三十三年（一九〇〇）年一月　東京・歌舞伎座
◉作詞＝三世河竹新七　作曲（初演時は常磐津・清元・長唄）＝六世岸澤式佐（常磐津）・二世清元梅吉（清元）・十三世杵屋六左衛門（長唄）
◉傘一本足・骸骨・読売・小坂部姫＝五世尾上菊五郎
白梅・雪女郎＝四世中村福助

《舞台》ある大名の屋敷で「百物語」の会が催され、皆思い思いの怪談を灯火を一本一本消しながら披露し、残るはあと一本。最後の話をすることになったのは、無理矢理に籤を引かされて百番目に当たった御小姓の白梅。慄き（おのの）ながら最後の灯火を消すと、辺りは真っ暗闇に。白梅の悲鳴を聞きつけた奥女中や腰元が馳せよって助け起こすが、その姿は〝のっぺらぼう〟であった。ここから妖怪変化の類いが次々と登場する。「葛西領源兵衛堀」では狸と河童が傘化けの行司（ぎょうじ）で相撲を取り、「吉原廓裏田圃」では新造を従えた雪女郎の愛しい間夫（まぶ）へのクドキの様。「枯野原」では「垢抜けしよう」と体を洗いすぎて骨だけになってしまった骸骨の〝骨寄せ〟と滑稽な踊り。幕切れの「庭中」は、城中の姫や腰元に〝百鬼夜行〟の物語をする読売（瓦版売り）を勇将が訝（いぶか）しみ、素性を糺（ただ）すと、白狐の正体を見顕す。

《解説》江戸期に流行した怪談スタイルに「百物語」がある。集った者が怪談を一話披露するごとに灯火を一本ずつ消していき、朝を迎える前に百話に達してしまうと、恐ろしい物の怪が現れるというもの。〝物の怪〟や〝闇〟を語るという禁忌を敢えて犯そうとする江戸庶民の娯楽の一つであり、怪異を扱う出版物の隆盛と相俟って、怪談ブームを呼び起こすことになった。本曲は明治期におけるその怪談形式の舞台化で、五世尾上菊五郎の依頼により三世河竹新七が筆を執り、外題の「闇梅」は菊五郎の俳名〈梅幸〉に因む。菊五郎は英国の「ダークの操り（人形）」を取り入れた作品を懇望したが、道具の関係で叶わず、従来のケレン手法を駆使した尾上家得意の化け物尽くしの舞台となった。幕切れには宮本無三四（むさし）が姫路城天守閣において十二単（じゅうにひとえ）の姫に化した妖怪と退治する「小坂部姫」が付けられ、この件は尾上家のお家芸「新古演劇十種」と銘打たれた（※現行では上演されない）。全体的に見せ場の多い舞踊だが、洒落人の骸骨踊りが注目される。歌舞伎の従来からの手法である「骨寄せ」を見せ、現在ではブラックライトなどの手法で暗闇に骨を際立たせる。初演は五世菊五郎の長男丑之助（六世菊五郎）が小骸骨として登場し、共に引き抜いて親子の読売となった。昭和二十七年の十七世中村勘三郎の上演により現行の形になり、夏芝居の人気狂言に。近年では歌舞伎座「納涼歌舞伎」、或いは古風なケレン芝居に適する「こんぴら大芝居」で上演されることが多い。

《構成》「大名邸広間」百物語～「葛西領源兵衛掘」化物相撲～「廓裏田圃」雪女郎～「枯野原」骸骨踊り～「庭中花盛り」読売の〝百鬼夜行〟語り～勇将の登場～白狐見顕し～立廻り

聴きどころ＋豆知識

【骸骨】
歌舞伎の骸骨はそんなに怖くない。この場の骸骨も、色事にそやされ垢抜けしたたい洒落人が、体を擦りすぎて骨だけになってしまったという。体を擦る振りの〽楽屋洗い粉ぬか袋」も、新内ガカリの洒落た節だ。

【百鬼夜行】
読売が語る「百鬼夜行」の様が楽しい振事になっている。妖怪が闇夜に気儘な徘徊をするように、大入道の相撲甚句やかっぽれ踊り、その他、ろくろ首、鼎、つくま鍋、角盥（つのだらい）、片輪車、碁盤の四つ足、化け猫の形り振りがある。

【サマーホラーの源流】
今でも「百物語」を行う人達はいるらしく、ネットにもその作法や禁忌が示されている。本作の台本には「百物語は一家相伝」とあり、初演の尾上菊五郎家が怪談物を得意としていた家柄だということがわかる。その代表作はやはり三世菊五郎による『東海道四谷怪談』。庶民の「百物語」、話芸の「怪談噺」、絵師の幽霊画……。様々な怪異嗜好が集約される形で『四谷怪談』が上演された。お化けが夏に出るのも、この『四谷怪談』上演による影響が大きい。（鈴木）

大津絵の抜絵から藤の花の精へ

藤娘

［ふじむすめ］

『歌へすゞ余波大津絵』の一コマ

◉初演＝文政九年（一八二六）九月　江戸・中村座『傾城反魂香』二番目大切
◉作者＝勝井源八　作曲＝四世杵屋六三郎　振付＝藤間大助（二世勘十郎）　四世西川扇蔵
◉藤娘＝二世関三十郎

《舞台》暗転で鼓唄〽若紫に」が聴こえ、〽松の藤浪」でチョンと柝が入ってパッと明転すると、松の大木に大輪の藤の花が一面に下がる舞台に、黒の塗り笠に振袖、藤の一枝を担げた藤の花の精・藤娘が登場する。〽男心の憎いのは」から近江八景を詠み込んだクドキで、男性の浮気性にすねてみせる可愛らしい娘心を見せ、〽心矢橋のかこちごと」で藤色の衣裳に着替え、音頭のコンチキ（鉦）の響きに合わせて「藤音頭」（または〽潮来出島」）を踊る。〽花ものいわぬ」から扇を返して踊り、盃に見立てて酒を飲んで酔いしれてゆき、恋しい男が帰るのを引き留めるなどの色気を漂わせる。〽松を植よなら」から太鼓地の浮いた手踊りとなって、チラシ〽空も霞も」で藤の枝を担ぎ幕。

《解説》『藤娘』は初演から現行までに演出上の大きな改変が加えられている。初演は『傾城反魂香』の趣向を借り、吃の浮世又平の描いた大津絵の精が次々と現れては、悪者たちを翻弄し消えてゆく五変化所作事の一つとして、文政九年（一八二六）九月二世関三十郎が大坂に帰る御名残に踊った。黒の塗り笠にびらり帽子、藤の一枝を担げた振袖姿は大津絵の代表的な画題そのままに、『藤娘』の後、「座頭」「天神」「奴」「船頭」に変わった。初めに『藤娘』の舞踊化を手掛けたのは九世市村羽左衛門、嵐雛助など立役の役者たちで、「藤の花のおやま（遊女・傾城）」という設定であった。その後、次第に女形による『藤娘』へと移行した。以後も吃又の大切などで再演されたが、昭和十二年（一九三七）三月歌舞伎座で六世尾上菊五郎が『藤娘』だけの出し物にするため新演出で上演。この時の藤の花の精という設定とクドキの後に「藤音頭」（岡鬼太郎作詞、柏伊三郎作曲）を入れる演出が決定版となり、初演以来の大津絵の趣向からは離れたものとなった（オキ〽津の国の」も省略）。暗転からチョンパで明転し、藤娘が舞台中央にいるという印象的な幕開きが定着したのもこの時。なお「藤音頭」の部分を、嘉永七年（一八五四）七月中村座で三世中村仲蔵が『連方便茲大津絵』の中に取り入れた「潮来出島」で踊る演出もある。

《構成》幕開け・鼓唄〽若紫に十返りの」～三下り〽人目せき笠」～クドキ〽男心の憎いのは」～藤音頭・三下り〽藤の花房」または潮来の踊り・本調子〽潮来出島」～踊り地・三下り〽松を植よなら」～チラシ〽空も霞の」

聴きどころ＋豆知識

【藤娘の系譜】

初演以前にも藤娘を主題とする踊りがあり、宝暦十一年（一七六一）八月大坂角の芝居で初世市村亀蔵（九世羽左衛門）が演じた『花橘吾妻みやげ』、寛政三年（一七九一）五月江戸中村座で三世瀬川菊之丞が踊った『五月菊名大津絵』、文化六年（一八〇六）八月江戸森田座で三世坂東彦三郎が踊った『有土佐容形写絵』など、大津絵の所作事の中で藤娘が上演されている。なお、現在歌舞伎で行われる『大津絵道成寺』は河竹黙阿弥作で、昭和四十年に三世実川延若が復活したもの。この五変化の中にも藤娘がある（「藤娘」「鷹匠」「座頭」「船頭」「鬼」）。

【民衆画の代表、大津絵】

大津絵は江戸時代初期から近江国大津の追分辺りで仏画として描かれ始めたものだが、やがて十八世紀頃より世俗画へと転じ、十九世紀には教訓や風刺を込めつつ神仏や人物、動物をユーモラスに、そして軽いタッチで描かれるようになった。モチーフには藤娘、鬼の寒念仏、雷公、外法の梯子剃り、鷹匠、座頭、瓢箪鯰、鎗持奴、弁慶、矢の根五郎などの代表的画題が定着。東海道を旅する人たちへの土産物、護符として名物となった。江戸時代後期から明治時代にかけては大津絵を歌い込んだ大津絵節という俗曲も生まれ、多くの替え歌が作られるなど人々に親しまれた。なお、藤娘が肩に担ぐ原型は、樒を持って参詣する愛宕参りにあるのではとも考えられている。（前島）

姫と坊主の双面 合体霊の恐ろしさ

双面
［ふたおもて］

本名題＝双面水照月（ふたおもてみずにてるつき）

◉初演＝寛政十年（一七九八）九月 江戸・森田座『両顔月姿絵』
◉作者＝木村圓夫 作曲＝岸澤九蔵
◉法界坊の霊・野分姫の霊＝四世市川團蔵
※原型＝安永四年（一七七五）三月 江戸・中村座『垣衣恋写絵』初世中村仲蔵

《物語》京の吉田家から家の重宝「鯉魚（りぎょ）の一軸」が紛失し、その詮議（せんぎ）のため吉田松若丸が江戸に下って永楽屋の手代に身をやつすが、店の娘お組と深い仲に。このお組に岡惚れしているのが破戒坊主の法界坊（ほうかいぼう）。お組を拐（かどわ）かそうとするが失敗し、その腹いせに松若の許嫁（いいなずけ）野分姫を「松若に頼まれた」と騙して殺す。しかし法界坊も吉田家の旧臣に殺されると、不思議にも野分姫と法界坊の霊が合体。荵売（しのぶう）りと姿を変えて落ち延びていくお組松若を、怪しい人魂が追っていく。（ここから所作事）隅田川、橋場の渡し。吉田家に縁あるお賤（しづ）が女船頭に身をやつして松若を待っていると、そこにお組松若が荵の売り声をしながら現れた。松若が野分姫の菩提を弔うと、暗闇の中に亡霊が出現。その姿はお組と瓜二つの振袖の荵売姿で、松若とお賤は区別がつかない。真偽を見極めようとお賤が「踊り初めの振り」を問うと、両者とも〽尾花招けば」と寸分違わぬ振りを踊る。続いてお組が松若との馴れ初めを踊ると、そこに亡魂が割って入ってついにその本性をあらわす。亡魂は、法界坊と野分姫、その両面を交互に顕（あらわ）しながら恋慕するお組松若に執着して襲いかかるが、お賤が観世音の尊像をさしつけると、その功力によって春風の中に消え失せる。

《解説》〃双面〃という特殊な趣向が主題となる作品。高貴な姫と破戒坊主の合体霊という大胆な発想のもと、その霊がお組と同じ姿で出現する妖しさ。そしてお組も既に〃荵売り〃に身をやつしており、仮構の世界が複雑に交叉する。そしてそこに渦巻く執念は、すべて恋敵への憾みが要因となっている。舞踊会では常磐津地での所作事だけが上演されるが、歌舞伎では通し狂言『隅田川続俤』の大切所作事として上演される。この場合は義太夫（竹本）と常磐津の掛合となる。伝わる型で異なるのは、亡魂の出に〽波枕……」という野分姫の振りを入れるかどうか。出す場合には花道での所作の後、引き抜いて葱売りとなる。その他、「鐘入り」「後ジテ」を付ける場合もある。この「鐘入り」は初演の中村仲蔵の「立役の道成寺を」という希望にも応えるものであった。近年、上演が多かった串田和美演出による中村屋型はここを効果的に魅せるもの。その他、澤瀉屋型も亡魂の出にシルエットを使ったり、段切れの形を変えるなどの工夫がある。現在では殆ど〈隅田渡しの場〉『双面水照月』の外題で上演される。

《構成》オキ～（浅葱幕振り落とし）お賤の船中の振り～お組松若の葱売りの出～（袱紗を焚くと）亡魂の出～葱売りの踊り～問答～お組と亡魂の踊り初めの振事～お組のクドキ～めんない千鳥～双面の演じ分け～仏の功力による責メ～段切れ

聴きどころ＋豆知識

【歌舞伎が生んだ〝霊〟表現】

芸能には、別人格の存在が同じ姿で現れる幻視（ドッペルゲンガー）の境地に通じる趣向があり、その代表作が能の『二人静』である。歌舞伎においても「二人○○」と称される同趣の作品群が存在し、本来はこの趣向を〝双面〟といった。しかし本曲において創造された新たな〝双面〟は、一つの体に二つの亡魂が合体するという多重性を意識したもの。男女、雅俗、美醜という背反するものを一つの体に合体させる発想はまさに歌舞伎的であり、役者が多彩な技芸を遺憾なく発揮できる趣向でもある。亡魂とお組も〝双面〟、野分姫と法界坊も〝双面〟。本曲の歌詞にも、〽姿は一つ二面」〽同じ出立の優姿」と、両義の〝双面〟が意識されている。（鈴木）

能演出に準拠した舞踊

船弁慶

［ふなべんけい］

◉初演＝明治十八年（一八八五）十一月　東京・新富座
◉作詞＝河竹黙阿弥　作曲＝三世杵屋正次郎　振付＝初世花柳壽輔
◉静御前と知盛＝九世市川團十郎　弁慶＝初世市川左團次　義経＝八世市川海老蔵、舟長（船頭）＝四世中村芝翫　舟子（水主）＝四世中村福助（五世中村歌右衛門）
＊新歌舞伎十八番の内

《物語》摂津国（兵庫県）尼ヶ崎大物の浦。源義経は兄源頼朝に謀反の疑いをかけられ、家臣らとともに都を逃れて船で西国へ下ろうとしている。愛妾の静御前も同行していたが、義経の家臣弁慶は義経に、落ち行く旅に女を同行させることは世間をはばかるとして、静御前との別れを進言する。静は強く供を願うものの許されず、義経の所望により別れの舞を舞い、京の都の四季折々の風景に寄せて義経と過ごした日々を振り返る。やがて烏帽子を形見に静は涙ながらに立ち去る。

舟長と舟子らの出船を祝す踊りの後、義経一行の乗った船が沖へ出ると、にわかに空がかき曇り、船が進まなくなる。やがて浪の間から平家一門の霊が現れる。壇ノ浦の合戦で入水して果てた平知盛の幽霊が、平家を滅ぼした義経を自分たちと同様に海中に沈めようと迫るも、弁慶に祈り伏せられて退散していく。

《解説》源義経の愛妾・静御前と平家の武将・平知盛という性格の違う二つの役を一人の演者が演じ分けるのが眼目。能『船弁慶』を歌舞伎化した。松羽目物の中でも詞章や衣裳など最も能に近い作品である。幕末から明治にかけて謡曲そのままの『船弁慶』を出す試みが行なわれ、まず常磐津で作られた。続いて二世杵屋勝三郎作曲の『船弁慶』が生れ、これを基に九世市川團十郎が初演したのが本曲。前半の見どころは静御前の別れの舞「都名所」。歌舞伎で増補された曲である。後半の見どころは知盛が長刀をふるい、祈りの力に苦しみながらもなおも闘おうとする様や、渦巻きのようにぐるぐると回りながらの迫力満点の引っ込みもある。

《構成》

〈前場〉弁慶の出～義経一行の登場～静の出～静の舞～静の引っ込み

〈後場〉舟長と舟子の踊り（間狂言）～亡霊・知盛の出～知盛VS義経～弁慶の祈り～知盛退散

聴きどころ＋豆知識

【都名所】

「都名所」には、御室、地主、初瀬、嵐山、鞍馬山、北野、糺の森、高雄、通天（東福寺）、伏見、宇治などが読み込まれ、静の舞によってその風景を彷彿とさせる。

【舟長、舟子の踊り】

舟長と舟子が出船を祝して、明るく踊る場面は、間狂言の役割となっている。前半の静の哀しみと後半の知盛との戦いの合間に和やかなシーンを入れることで、前後が引き立つ。軽快に「浪よ浪よ……」と舟を漕ぎ始める件も楽しい。

【新歌舞伎十八番】

市川團十郎の家の芸。「歌舞伎十八番」の続編として新たに選定された作品群を指す。七世市川團十郎が企画したものの、最初の二作（『虎の巻』『蓮生物語』）のみを選んで歿したため、その意志を継いだ九世團十郎が残り十六種を選んで完結させた。さらに「十八番」を得意芸として解釈し、その数を十八にとどめず、三十二演目とした（四十番とする説もある）。この二作の他に『地震加藤』『真田張抜筒』『釣狐』『仲光』『高時』『船弁慶』『山伏摂待』『高野物狂』『仲国』『素襖落』『女楠』『鏡獅子』『腰越状』『酒井の太鼓』『敷皮問答』『吉備大臣』『重盛諫言』『荏柄問答』『静法楽舞』『伊勢三郎』『紅葉狩』『凧の為朝』『文覚勧進帳』『左小刀』『新七つ面』『二人袴』『向井将監』『吹取妻』『時平の七笑』『大森彦七』。

（阿部）

恋を中立ちする懸想文
天変地異を呼ぶ痴話喧嘩

文売り

［ふみうり］

『花紅葉士農工商』の一コマ

◉初演＝文政三年（一八二〇）十一月　江戸・玉川座
四立目
◉作者＝本屋宗七・松本幸二　作曲＝初世清元斎兵衛
◉文売り・傾城大淀＝三世坂東三津五郎

《舞台》初春の逢坂山の関（洛中のことも）。正月の風物詩である文売りの女が、文の結ばれた紅白の梅枝を手に現れる。文売りはまずは売り口上として、「聞かしゃんせ」と廓の色恋沙汰を語り出す。女はかつて島原の傾城。言い交わした男が折角の逢瀬にも意地悪く帰ってしまおうとするのを必死で引き止める女。痴話喧嘩が始まり、男のつれない態度に「なんじゃいな」と怒りをぶつける。この二人の間に、同じ廓の小田巻という恋敵の傾城が割りこんできた。その小田巻との男を巡る喧嘩の様子を仕方噺で〝しゃべり〟だす文売り。最初は口喧嘩だったが互いに手が出て、激しい取っ組み合いの大喧嘩となり、店の者はおろか、通りがかりの人々を巻き込んで、打ち合い、つねり合い……。あたりにある食器、酒器も皆踏み倒され、奇想天外な出来事まで招き寄せて、大騒ぎとなったことの顚末。一通り身の上を〝しゃべり〟終えた文売りは、関を後にするのであった。

《解説》〝文売り〟とは求めると良縁に恵まれる懸想文、つまり恋文を売って歩く者のことで、京都では祇園社に勤務する犬神人（＝下級神官）が正月になると売り歩いた。この男の懸想文売りを、女に仕立て直したのが本曲である。

さらにこの役は、近松門左衛門作『嫗山姥』の遊女八重桐に見立てられている。同作で八重桐は恋を成就させる祐筆（恋文の代筆）と名乗っており、恋の仲立ちの発想から文売りの役が重ね合わされたであろう。その『嫗山姥』では、八重桐の〝しゃべり〟といわれる仕方噺の芸が眼目となっているが、本曲でもほぼそのまま痴話文の件を踏襲して、男女の諍いから他の女郎を交えての三角関係と鞘当て、周囲の人を巻き込んでの大騒動が面白く展開される。扮装も八重桐に準じて、紫と黒を染め分けにした反古染めの紙子になっている。初演は、逢坂山の関所を「士農工商」に見立てられた人物が通りすがり、思い思いの話をして帰るという四段返しの所作事の一コマで、その「商」に当てられた。

《構成》 文売りの出～男との痴話喧嘩～傾城同士の諍いの「しゃべり」～段切れ

聴きどころ＋豆知識

【恐ろしい痴話喧嘩】

女同士の悋気争いは世の中を転変させる力がある。曲中にも〽隠居が子を生み、雷が鳴り、猫が大鼠をくわえ、屋根で鼬が踊るやら……」と神武以来の大騒ぎがあったとある。この歌詞も『嫗山姥』に拠っている。〝懸想文売り〟本来は覆面姿の男が初春になると現れたもの。現在でも、京都須賀神社の節分祭に文売りの行事が伝えられている。この男の文売りは幕末に二世尾上多見蔵が七変化『七重咲浪花土産』の中で上演し、二〇一八年国立劇場舞踊公演で復活された。

【しゃべりの芸】

芸能を大きく分ければ身体表現（舞踊脈）と言語表現（狂言脈）になる。日本の場合その比重は前者に置かれることが多いが、対話で進行する〝狂言〟はまさに後者を核にする芸能。その狂言の中にたった一人で喋ることに終始する〝独狂言〟の形式があり、その系譜が歌舞伎にも入り、初代坂田藤十郎の〝居狂言〟（後の和事）や八重桐の「しゃべり」などを生み出した。江戸後期の舞踊はさらにこの「しゃべり」を〝舞踊〟化、〝音楽〟化するという新しい形を創出した。女役では『文売り』『年増』、立役の〝物語〟としては『源太』『景清』などに見られる。

（鈴木）

大江戸の大道珍芸

紅勘

［べにかん］

本名題＝艶紅曙接拙

◉初演＝元治元年（一八六四）七月　江戸・森田座
◉作者＝三世桜田治助　作曲＝岸澤竹松斎
◉紅勘＝四世中村芝翫

《舞台》夏の浅草富士横町。毎年六月一日に見立て富士（富士塚）の山開きがあり、庄屋・朝顔売り・蝶々売り・虫売り・団扇売り・町娘・角兵衛獅子・女太夫・鳶頭など町内の面々が初登山をしようと集ってくる。そこへ現れたのが、珍妙な芸で人気ある街頭芸人の紅勘。皆から芸を所望されて芸尽くしを始める。里神楽風のおかめ踊り、二挺三味線、三人上戸、尻取り浄瑠璃と、次々に得意芸を披露し、果ては皆を誘って、浮かれた総踊りとなる。

《解説》幕末の安政期から明治期にかけて、浅草の小間物屋に生れた紅屋勘兵衛すなわち「紅勘」なる人物が、街頭で八人芸などを披露し評判になった。八人芸とは一人で幾人もの人物の物真似や声色を使ったり、様々な楽器を同時に奏する芸のこと。その姿は頭巾に変身用の目鬘（百眼）。裁着袴をはいた腰に太鼓と鉦をつけ、持つ三味線は青竹の棹に味噌漉し笊の胴、杓文字の天神。一種の奇人とも見られたが、その芸の多様さと技芸の確かさで、大変な人気になった。生計のためというより、芸の披露に目的があったという。

作中の芸の中心は二挺三味線、目鬘による三人上戸、尻取り浄瑠璃。二挺三味線は二本の絃を同時に押さえて二挺の三味線が弾いているように聞かせる珍芸。三人上戸は目鬘を取り替えて泣き・怒り・笑いを表現。尻取り浄瑠璃は、芝居のサワリを次々と演じ分ける。芸好きが高じて街頭芸人に転じた風変わりな人物だが、市井風俗を好んで活写した幕末の踊りには、格好な題材であった。紅勘以外の人物は上演の都合で替えられる。初演は所作事無類の名手とされた四世中村芝翫。現在でも中村流の振付で成駒屋系統の役者が勤めることが多く、その場合は芝翫に因み『紅翫』として上演する。原作では夏の富士開きではなく、紅葉の名所滝野川の王子道の設定になっていた。

《構成》町内の諸職の出と踊り～紅勘の出～物売りの踊り～おかめ踊り～二挺三味線～三人上戸～尻取り浄瑠璃～総踊り

聴きどころ＋豆知識

【芝居尽くし】

歌舞伎舞踊の中には、過去の名作を吹き寄せにして見せ場にする趣向がある。本曲でも紅勘が芸尽くしの中で、『関の扉』『一谷嫩軍記』『忠臣蔵五段目』『三番叟』『先代萩』『廓文章』『伊賀越道中双六』などの歌舞伎名場面のサワリを演じる。昔から歌舞伎鑑賞の大事な点に知識欲というものがあり、最初は皆知らない事ばかりだが、いつのまにか〝通〟になっている。

【四世中村芝翫】

奇人の紅勘を演じた初演の四世芝翫も多くの奇談を持っている。「帝を流し奉る」を「筏を流し奉る」といった台詞の言い間違い、金銭の多寡への無頓着、無類の火事好きで贔屓の旦那の家がボヤで落胆したなど数々のエピソードで知られる。しかし芸は地芸、舞踊とも類い無き名人。芝翫なかりせば江戸の舞踊芸の多くは近代に伝わらなかった。

【大道芸】

海外に行くと、赤信号時限定の路上パフォーマンスなど、大道芸の逞しさに感心する。現代日本では許可制やフェスティバルによる囲い込みなど、管理傾向にあるが、歌舞伎舞踊に取り入れられた大道芸を見ると、その多様性と珍芸ぶりに刮目できる。「太神楽」「春駒」「女太夫」「傀儡師」「角兵衛」「かっぽれ」……。中でも『紅勘』と類似しているのはその名も『芥太夫』（文政十一年『拙筆力七以呂波』）。ぼろぼろの肩衣を付け、目鬘で変面。味噌漉し笊を三味線の胴にして杓文字で掻き鳴らし、いい加減な五目浄瑠璃を語る。どこやらの若旦那の転身まで紅勘とそっくりである。若柳流に振りが伝わっている。（鈴木）

歌舞伎ならではのユーモア漂う舞踊

棒しばり

［ぼうしばり］

◉初演＝大正五年（一九一四）正月　東京・市村座中幕
◉作詞＝岡村柿紅　作曲＝五世杵屋巳太郎
振付＝六世尾上菊五郎・七世坂東三津五郎
◉太郎冠者＝七世坂東三津五郎　次郎冠者＝六世尾上菊五郎
大名曽根松兵衛＝初世中村吉右衛門

《物語》太郎冠者（かじゃ）、次郎冠者の二人の召使いは、大名の曽根松兵衛の留守中にいつも盗み酒をする。そこで大名は太郎冠者をだまし、次郎冠者が隠れて夜の棒の稽古をしているので棒しばりにしようと持ち掛ける。次郎冠者が棒を使って踊る（〽付け入る太刀を」）と、棒と手を縛って棒しばりにする。太郎冠者も後ろ手に縛り上げ、安心して外出する。二人の召使いは酒蔵に忍び込み、不自由な姿のまま協力して交互に酒を酌み交わす。酒の肴に太郎冠者が小舞（こまい）（〽御簾の俤」）を舞う。続いて次郎冠者が〽十七八は」、〽東からげの」の舞を舞い、二人の連舞（つれまい）となる（〽酒のさの字は」）。そこへ大名が帰ってきて二人の後ろに立ち、能『松風』の汐汲〽月は一つ」を舞う二人の間に割って入り、逃げる両人を追い込んで幕となる。

《解説》能狂言を題材とした松羽目物（まつばめもの）の一つで、本作は狂言『棒縛』を歌舞伎舞踊仕立てにしたもの。明治時代末から大正時代にかけて、岡村柿紅（しこう）は六世尾上菊五郎、七世坂東三津五郎のために『身替座禅（みがわり）』『太刀盗人（たちぬすびと）』等数々の松羽目物を作ったが、なかでも人気が高いのが本作。初演時の配役は菊五郎が次郎冠者、三津五郎が太郎冠者で、振付も両人の工夫によるものという。舞踊の名手二人が両手の動きを封じられ、なおかつ存分に踊ってみせる趣向が大当たり。初演以降もこの両優で十四回上演されている。近年では、初演の孫、曾孫にあたる十八世中村勘三郎、十世坂東三津五郎の名コンビが勤め、評判となった。

役としての格は次郎冠者が上で、大名におだてられ棒術の踊りを披露するところが前半の見せ場。次郎冠者を棒しばりにし、太郎冠者を後ろ手に縛って大名は出かけるが、縛られた二人は協力して酒蔵を開き、酒甕の口を開けて酒を酌み交わし、舞を舞う。縛られたままで早間（はやま）の踊りを踊るのが技巧的に難しく、縛られた棒を天秤に見立てて汐汲の振りになるところも後半の見どころとなっている。狂言取り物らしい上品で大らかなユーモア漂う作品。

《構成》片シャギリにて幕開け〜大名・太郎冠者出〜次郎冠者出〜大名の踊り〽つゝと立ったは」〜次郎冠者・棒を使った踊り〽付け入る太刀を」〜次郎冠者・太郎冠者を縛る〜大名下手揚幕に退場〜二人は縛られたまま酒蔵へ行き盗み酒〜太郎冠者の踊り・二上り〽御簾の俤」〜次郎冠者の踊り〽十七八は」〽東からげの」〜二人の連舞〽酒のさの字は」〜大名下手よりそっと出〜二人、汐汲の振り〽月は一つ」〜大名、二人の前に姿を現す〜大名が二人を追い込む

聴きどころ＋豆知識

【狂言『棒縛』と本作】

本作は狂言『棒縛』を歌舞伎舞踊に仕立て直したものだが、大蔵流・和泉流・鷺流の三流のやり方を取捨したとされる。次郎冠者が棒に縛られる件は大蔵流の台本を基にしたと考えられる。また狂言では酒を飲む件が中心で、〽十七八は」の小舞は舞われるが全体的に舞踊の要素は少ない。〽月は一つ」も謡だけ。歌舞伎では〽御簾の俤」〽東からげの」〽酒のさの字は」を長唄で新たに作詞作曲して加え、太郎冠者・次郎冠者の舞踊的要素を増やしている。（前島）

東国最大の御霊 真女形の大役

将門

［まさかど］

本名題＝忍夜恋曲者

◉初演＝天保七年（一八三六）七月　江戸・市村座
◉作者＝宝田壽輔　作曲＝五世岸澤式佐
◉傾城如月実は滝夜叉＝市川九蔵
　大宅太郎光圀＝十二世市村羽左衛門
＊明治初年に『忍夜孝事寄』と改められた時期あり

《物語》平安時代に「新皇」と名乗って関東で謀反を起こした平将門は、藤原秀郷・平貞盛らによって討ち取られた（天慶の乱）。その娘の滝夜叉は父の無念を晴らそうと、味方になる武士を集めるため、相馬の古御所に隠れ棲んでいる。この古御所の怪異詮議のため、源頼信の命を受けた大宅太郎光圀が乗り込んでくると、春雨の中に傾城如月が忽然と現れる。如月は色仕掛けで迫るが、光圀が将門横死の様子を物語ると思わず落涙。廓噺で紛らわそうとするも、将門ゆかりの相馬錦の御旗を落とし、ついに滝夜叉と本性を見顕す。光圀に詰め寄られた滝夜叉は蝦蟇の妖術を使って、古御所を崩し、光圀を翻弄する。

《解説》関東では古来より将門信仰が篤く、今でも神田明神や将門の首塚（大手町）への参詣が絶えない。江戸期には将門を題材とする文芸も多く出版され、歌舞伎においても『将門記』の世界が確立している。しかし歌舞伎では将門本人よりも、息子（良門）や娘が活躍する場合が多く、本作でも娘の滝夜叉が主役として取り上げられた。この滝夜叉の名は、狂言全体の粉本となった山東京伝の『善知鳥安方忠義伝』で定着したもので、出家していた如月尼が蝦蟇の妖術によって魔界に入る設定もこの読本に拠る。

狂言全体は伝わらず、この浄瑠璃場のみが名作として今日に残る。曲と振りの秀逸さはもちろん、構成がオキ・出端・女形のクドキ・立役の物語・廓噺・数え唄の踊り地・チラシ（立廻り）と、古典舞踊の典型を示し、怪しさ、色っぽさ、激しさ……等、歌舞伎舞踊としての魅力に溢れている。特に歌舞伎での上演は「大将門」と言われ、大がかりな屋台崩しと、四天のからみが出ての立廻りがあり、幕切れには大蝦蟇が出現する。現行の歌舞伎では藤間勘右衛門派（藤間藤子振付）と藤間勘十郎派の二系統の振付がある。滝夜叉は『関の扉』の墨染とともに、劇舞踊における真女形の大役である。

《構成》オキ～滝夜叉の出～クドキ～軍物語～廓噺～数え歌の踊り地～見顕し～屋台崩し・立廻り

聴きどころ＋豆知識

【嵯峨や御室の】

伝統音楽では、詞章が解りやすい手ほどき曲を用意する感覚が薄く、いきなり名曲のサワリをお稽古させたりする。その代表が本曲の〽嵯峨や御室の花盛り」のクドキ。流行曲の感覚で多くの人が口ずさんだ時代があった。人気曲のせいか、かつての版元に残っていた本曲の板木はかなり摩耗している。

【将門信仰】

謀反人ながら、中央の圧政に抗した英雄として将門は英雄視され、「鋼鉄身で六人の影武者が居た」等の超人説話や死後霊験譚が数々作られた。中でも特に怨霊譚が多く、都七条河原に晒された首は「胴体はどこだ」と宙を飛び、武蔵野国（東京都・埼玉県）に落下。関東地方ではその首を祀った現大手町の将門塚（首塚）や、祭神として奉祀された神田明神が信仰され、荒ぶる御霊を鎮めようとした。明治期に朝敵ということから神社の末社扱いになるが、その信仰は続き、昭和五十九年に再び本殿に遷座された。昭和五十一年の将門を主人公にしたNHK大河ドラマ『風と雲と虹と』の人気は、将門の人物再認識に寄与したと思われる。一方、大手町の将門塚は都市伝説として、移転を企てた人間が死に至ると真しやかに噂され、現在でもオフィス街の良地に鎮座している。大ヒットした荒俣宏原作の映画『帝都物語』は、将門の怨霊を利用して帝都を破壊する物語であった。（鈴木）

浮気男にお罰を　山の神の優しさと恐ろしさ

身替座禅

［みがわりざぜん］

◉初演＝明治四十三年（一九一〇）三月東京市村座
◉作詞＝岡村柿紅　作曲＝七世岸澤式佐（常磐津）・五世杵屋巳太郎（長唄）　振付＝六世尾上菊五郎
◉山蔭右京＝六世尾上菊五郎　奥方玉の井＝七世坂東三津五郎　太郎冠者＝初世中村吉右衛門
＊新古演劇十種の内

《物語》洛外に住む山蔭右京は、東下り（あずまくだり）の折に美濃国（岐阜県）野上宿の花子という女に親しく馴染んだ。その花子が自分に逢いたいと度々文をくれるが、片時も離れぬ奥方玉の井（山の神）の監視が恐い。そこで仏詣に事寄せて外出しようとするが聞き届けられず、持仏堂で一日だけの座禅行が許される。諦めきれない右京は、座禅を家来の太郎冠者に身替わりさせて花子のもとへ出立。しかしその謀（はかりごと）は奥方の知るところとなり、奥方が座禅衾（ふすま）を被（かつ）いで夫を待ち構える。それと知らずに、帰宅するや太郎冠者と勘違いして奥方に花子との逢瀬を楽しそうに喋る右京。果ては奥方の容姿の悪口まで。衾の中が奥方だと気がついた右京は、慌てて逃げていく。

《解説》能狂言に取材した松羽目物（まつばめもの）の最高傑作。花子と東下りの少将と恋を描いた狂女物の能『班女（はんじょ）』があり、これを男の側から描いた狂言『花子（はなご）』を歌舞伎化したもの。この狂言は「極重習（ごくおもならい）」とされる秘曲だが、歌舞伎では最も上演頻度の高い人気作品として愛されている。これを書き下ろしたのは廃絶した狂言・鷺（さぎ）流の鷺畔翁（ばんおう）（歌舞伎狂言作者＝竹柴蝶三）に師事していた岡村柿紅（しこう）。彼にとっても、また主演の六世尾上菊五郎にとっても松羽目物を手がけた最初であった。菊五郎はこの時の相手役・七世坂東三津五郎と『棒しばり』『太刀盗人（たちぬすびと）』などの松羽目物を創作していく。幕開けから見どころ沢山に作ってあるが、やはり後半、長唄と常磐津の掛合（かけあい）になってからの、右京が惚気話（のろけばなし）を仕方で語るところが中心となる。〽御簾の追い風」あたりは、色気も芝居気も舞踊の技術も求められる。終始、最も聞かれてはいけない妻に浮気話を聞かせているという愉快さが漂い、果てにはその奥方の〝容姿いじり〟までしてしまう滑稽さ。後の恐怖への落差が笑いの種となる。テーマが現代に逆行しているとみる向きもあるが、夫婦にしか理解できない愛憎とみたい。六世菊五郎の芸は弟子の二世尾上松緑と十七世中村勘三郎に伝わり、細かい間など伝承が多少異なる。初演の振付は六世菊五郎自身であった。

《構成》

〈前場〉 オキ～右京の出・名乗り～奥方の出～仏詣の次第～千枝（ちえだ）・左枝（さえだ）の〝行〟踊～奥方の引っ込み～太郎冠者の出～太郎冠者の座禅身替～右京の浮気の入り～奥方の見舞い～奥方のクドキ～身替わりの露見～奥方の座禅

〈後場〉 右京のほろ酔いの出～小唄踊り～仕方振りでの惚気話～歌祭文～追い廻し

聴きどころ＋豆知識

【山の神】
奥方のことを「山の神」と称する事例は、狂言『花子』が早いという。これが一般的に定着したのは江戸時代とのこと。この言葉が生れる前提に「山姥」なる妖神の存在があり、浄瑠璃・歌舞伎の山姥は美しく、恐ろしく、よく〝喋る〟（しゃべり山姥）。やはり「山の神」に必要なのも「口喧しい」という要素である。

【狂言用語】
狂言ではシテの女のもとに急ぐ入りを「浮進ノ入」「急進ノ入」、朝帰りの出を「夢心ノ出」「無心ノ出」という。美感と情緒のある言葉だと思う。

【『身替坐禅』は隅田川物？】
歌舞伎は多くの場合、作品や登場人物を『太平記』『義経記（ぎけいき）』などの世界に嵌め込むことができる。『身替座禅』は「隅田川物」。そういわれてもすぐには腑に落ちないが、成立の系譜を遡ると状況証拠は出てくる。主人公・山陰右京の浮気相手は「野上宿の花子」と本人が自供。能『班女』の吉田少将の恋人も「野上宿の女」。当然右京もこの見立てとなる。もし右京が吉田少将なら、梅若・松若・桜姫の父親。花子が班女御前なら、死んだ梅若丸を捜して隅田川まで来る狂女と結びつけたくなる。既に歌舞伎の「世界」を楽しんでいる。

（鈴木）

桜の吉原で古風な舞台絵巻

三人形

［みつにんぎょう］

『其姿花図絵』（そのすがたはなのうつしえ）の一コマ

◉初演＝文政元年（一八一八）四月　江戸・中村座
『東山殿劇場段幕』二番目大切
◉作者＝二世桜田治助　作曲＝二世岸澤右和左（三世岸澤式佐）
振付＝初世藤間勘十郎
◉丹前男浮世与之介＝三世坂東三津五郎　丹前奴大助＝初世中村芝翫　傾城香久山＝五世岩井半四郎

《舞台》桜の盛りの吉原仲之町。舞台の右側には白塗りの丹前（たんぜん）男、左側にそのお供の赤っ面の奴、中央には元禄風の傾城が絵姿の如くセリ上がり、能『熊野（ゆや）』にある桜の描写〽花前に蝶舞う」に合わせて踊る。〽よしや男の」からは立髪に紫頭巾、羽織を腰に巻いて白い大小を差した丹前男が寛濶（かんかつ）に丹前六方（ろっぽう）を、投げ頭巾（ずきん）を被（かぶ）った奴大助は奴丹前を、〽道のほとりの」からは傾城香久山が元禄兵庫に前帯の道中姿で六方振りを次々に踊り。三者三様の古風な踊りで華やぐ。廓の由来を語る〽弓削（ゆげ）の道鏡（どうきょう）」からくだけて丹前男の大尽舞（だいじんまい）。奴は拳酒（けんざけ）の振りから派手な足拍子を利かせる。〽人の心を」から傾城のクドキ、最後は三人で仙台の俗謡〽さんさ時雨か」にのって当世風の総踊りで盛り上げる。

《解説》初演の折一番目狂言は絵師土佐又兵衛光起（みつおき）（光興とも）の立身物語。それを受けての二番目狂言は、上方（かみがた）の土佐絵風の優雅なイメージと元禄風の伊達な丹前風俗を織り交ぜた華やかな舞台が特色である。初演時は三変化舞踊の冒頭にあり、次に一変して当世風の『覗きからくり』（手妻師＝三世坂東三津五郎、矢取り娘＝五世岩井半四郎、子守の丁稚＝初世中村芝翫）になり、最後に三人獅子の『石橋（しゃっきょう）』となった（『覗きからくり』『石橋』は廃絶）。化政期を代表する東西の名優三人が顔を合わせた舞台で、このとき三津五郎と芝翫（しかん）が座頭（ざがしら）争いをしたほどだったので、どの役にもしっかりした見せ場が多い。

本作の趣向をもとに作られた清元『土佐絵』（一八三〇年）では、丹前侍二人（二世関三十郎、二世坂東簑助）の鞘当てに傾城（六世岩井半四郎）が絡み、元禄風の丹前振りが見どころだったという。

《構成》オキ～三人の出～若衆と奴の廓通いの振り～傾城の踊り～若衆と奴の踊り～傾城の踊り～奴の足拍子～傾城のクドキ～総踊り～チラシ

聴きどころ＋豆知識

【大尽舞】

大尽舞は吉原遊郭で歌われた囃子舞。紀伊国屋文左衛門らの大尽や遊女などを唄う。正徳・享保（一七一一～三六）頃の道化役者二朱判吉兵衛（中村吉兵衛）の創始という。

【奴の足拍子】

三世中村歌右衛門が三味線の合方（あいかた）で闊達な振りをつけたもの。その門弟の中村芝翫は長唄『供奴』（一五四頁）にこの型をそっくり取り入れた。

【さんさ時雨】

旧仙台藩領内に広く分布する祝い唄、民謡、座敷唄。諸国のはやり唄をうつしたものという。祝儀歌としては厳粛な手拍子で唄われ、宴席では三味線や踊りがつく。「ションガイナ」という特徴的な囃子ことばも本作に引用される。

【極彩色もかくあらん】

〽真似た土佐絵の仕立て映え 極彩色もかくあらん」と置き浄瑠璃の一節にある『土佐絵』は、室町初期から幕末まで、上方の土佐派が宮廷との繋がりを軸に伝統的様式を保持した優雅な肉筆画である。歌舞伎では土佐絵風としてその雅風が尊ばれた。また「極彩色」は本来、濃厚な絵具を重ね塗りする日本画の技法のことをいったが、番付カタリに「昔風流 今彩色」とあるように、当世風の彩りが意識されたらしい。元禄期の江戸で流行した伊達な丹前風俗への懐古と、上方風の雅で豊かな彩りへの憧憬。東と西、それぞれの風趣を綯い交ぜにした、古めかしくも新しい絵巻が舞台に展開したのである。なお、俠や意気の美意識である「伊達」は、「立て」に由来し、伊達政宗の家来が派手好きだったことから広まったともされる。

（竹内）

道成寺物の決定版 娘の恋心のメドレー

娘道成寺

［むすめどうじょうじ］

本名題＝京鹿子娘道成寺（きょうがのこむすめどうじょうじ）

◉初演＝宝暦三年（一七五三）三月　江戸・中村座
◉作者＝藤本斗文　作曲＝初世杵屋弥三郎（初世杵屋作十郎補綴カ）　振付＝初代中村富十郎カ
◉白拍子花子（まなご村の庄司左衛門の娘横笛）＝初世中村富十郎

《物語》道成寺の鐘供養の日、振袖姿の白拍子（しらびょうし）花子がやってくる。神聖なお寺の庭は女人禁制だが、所化（しょけ）（見習いの僧）たちは法要の舞を舞うのを条件に入ることを許す。花子は厳かに舞い始め、烏帽子（えぼし）を取ると一転して砕け、娘から大人の女性までの様々な恋心をメドレー式に華やかに綴っていく。鞠（まり）をつく様子をみせる鞠唄、連なった笠を使った踊り、女心を訴えるクドキ、羯鼓（かっこ）や振り鼓（つづみ）（鈴太鼓とも）といった楽器を使った踊り……と小道具や衣裳を何度も変えて踊る。間に所化たちも花傘の踊りを披露する。そして花子は振り鼓で軽快に踊るうちに顔色が変り、ついには鐘を落とし、蛇の本性を顕すのであった。
この後、花子が蛇体の本性を顕す後シテに変じ、超人的英雄に押し鎮められる「押戻し」までを上演するパターンもある。

《解説》紀州（和歌山県）の道成寺には、逃げた男を追ってきた女が大蛇になって、鐘に隠れた男を鐘もろとも焼き殺したという伝説がある。本作はその伝説が根底にあるが、物語そのものを踊るのではない。テーマは娘の恋心。恋する娘の様々な姿を、色とりどりの衣裳や小道具で彩り豊かに綴っていく。歌舞伎舞踊を代表する絢爛豪華な作品。本作のもとになった能『道成寺』は、その伝説の事件が起こった数百年後に、女の霊が取り憑いた白拍子が道成寺にやってきて、奉納の舞を舞ううちに再び鐘を落とし、正体を顕すという筋で、歌舞伎舞踊もその枠組みを借りている。

しかし能が一人の女の執念を描いたのに対し、『娘道成寺』は多くの娘に共通する恋心をふんだんに取り入れた点に大きな違いがある。そこに歌舞伎舞踊の独自の魅力が生まれ、今日まで人気の曲となっている。能に倣った厳かな場面、流行歌を取り入れた場面など様々な曲趣で紡（つむ）がれる屈指の名曲である。

《構成》所化の登場～花子の道行（竹本）～所化との問答～白拍子の舞～町娘の手踊り～鞠唄の踊り～振出し笠の踊り～所化の花傘踊り～クドキ～羯鼓の踊り～手踊り～振り鼓の踊り～鐘入り～（押戻し）

聴きどころ＋豆知識

【能『道成寺』】
白拍子の舞の冒頭は能『道成寺』を模倣している。謡ガカリ〽花の外には松ばかり花の外には松ばかり暮れそめて鐘や響くらん」の詞章は能からの移入。振りも、鐘を見込む「鐘見の型」、乱拍子など、能の型が取り入れられ、この部分は能に倣い三味線が入らないのが特徴となっている。

【手拭い蒔き】
本作ではクドキの後に観客サービスとして手拭いが蒔かれる。まずクドキの最後に花子が数本、客席へ放り、その後、所化たちが舞台上から蒔き、客席が熱気を帯びる。

【鐘への恨み】
冒頭の白拍子の舞と鐘入りの直前以外、鐘への恨みは前面に出てこない。海外公演ではストーリー性が薄いせいか「わかりづらい」と不評だったとか。しかし、クドキの最後に〽うらみうらみてかこち泣き……」と鐘をゆっくりと見上げてじわじわと過去の思いが溢れて涙するシーンは、もとの物語を想起させる見逃せない場面となっている。

【振袖の舞踊】
若い女性の衣服に華麗な振袖が登場したのがこの作品の初演の頃で、若女方の所作事（しょさごと）にも振袖衣裳が使われるようになった。これ以後の女方舞踊は現代の日本舞踊に至るまで「振袖に演技させる舞踊」の系譜になっている。

【道成寺を披（ひら）く】
能の世界でも『道成寺』は特別な演目で、ある程度修行を積み、宗家や家元の許しを得ないと上演ができない。そしてそうした許し物を初めて演じることを「披キ」という言い方をする。歌舞伎の世界でも同様に女形舞踊の決定版である『娘道成寺』は、誰もが上演できる演目ではなく、襲名などの特別な時に上演されることが多い。

（阿部）

曾我兄弟と静御前がからむ七種風俗

娘七種

［むすめななくさ］

本名題＝春調娘七種（はるのしらべむすめななくさ）

◉初演＝明和四年（一七六七）正月　江戸・中村座『初春大見世（勢）曾我』一番目「対面の場」の前
◉作者＝不詳　作曲＝二世杵屋六三郎　振付＝未詳
◉曾我十郎祐成＝二世市川高麗蔵（四世松本幸四郎）　曾我五郎時致＝市川弁蔵　静御前＝中村富治

《物語》曾我十郎と五郎の兄弟は、七草の行事の祝儀に事寄せて父の仇・工藤祐経（すけつね）の館へ芸人として入り込んでいる。静御前は七草を入れた籠、十郎は小鼓（こつづみ）、五郎は大鼓（おおつづみ）を手にして登場。静の若菜を摘む振りから、やがて静が行司役となって、十郎と五郎の相撲となる。そして二人が祐経を討つ意気を見せるのを静が止める。〽春は梢も一様に」と鼓唄になり、二人は大小の鼓を打ち合い五郎がまた意気込むのを十郎が鼓を打って制する。〽恋の（大和）仮名文……」は筋から離れた静の踊り、続いて三人の手踊りになり、〽しったんしったん」では静はまな板を出し、七草をすりこぎで叩く。十郎、五郎も大小の鼓を打ち合わせ、五郎が勇み立つのを静が抑え、三人三様にキマり幕となる。

《解説》曾我物に新春の七草粥の行事を結びつけたもの。「対面」の前に組み込まれる所作事（しょさごと）として上演された。曾我物とは曾我十郎と五郎の兄弟が幼いころに工藤祐経に、父を討たれ，十八年の艱難辛苦の末に敵を討ったという事件を扱った作品群のこと。基本的に五郎は荒々しく、十郎は柔和な役どころとし、すぐにでも敵を討とうと勇み立つ五郎とそれを制する十郎という構図が描かれ、本作でもそれを踏襲している。一方、曾我兄弟と静御前という組み合わせは珍しく、さらに静御前が姉（あね）さん被（かぶ）りをし、襷（たすき）をかけて台所仕事をするというのが面白い。なお日本舞踊の（新潟）市山流では十郎と五郎が大小の鼓を実際に打ち合わせながら踊るという古風な振りが伝えられている。

《構成》謡ガカリ～三人の出～静の若菜摘みの振り～相撲の振り～五郎が勇み立つ～十郎が制する～手踊り～静の七草打ち～再び勇み立つ五郎～キマって幕

聴きどころ＋豆知識

【古風な曲】
二上り（にあがり）で明るく古風にできており、色気に富む。古い曲でありながら明朗で優しい旋律に特色がある。特に鼓唄の〽春は梢も」以下は聴きどころ。

【庵木瓜（いおりにもっこう）】
背景の襖に描かれている庵木瓜は工藤祐経の家の紋。工藤の館であることを象徴している。

【七草打ち　〽唐土（とうど）の鳥と……」】
静御前が七草をすりこぎで叩く場面で〽唐土の鳥が日本の土地へ……」という歌詞があるが、これは七草打ちで唄われた歌の一部分を流用している。かつて七草粥を煮る前、六日の夜から七日の暁に七草打ちをする習慣があった。俎板（まないた）に薺（なずな）、または七草を置き、歳徳神の方に向いて、薪・庖丁・火箸・擂（す）りこぎ・杓子・銅杓子・菜箸など、台所の七つ道具で俎板を打つ。江戸時代の上方ではその時「唐土の鳥が日本の土地へ、渡らぬ先に、なづな七種はやしてほとと」などとトントン拍子をとりながら囃し、江戸では終りのところを逆に「七種なづな」といったとか。この鳥は害をなす鳥とされ音をたてて追い払ったのであるが、本来は害鳥を追い払い五穀豊穣を祈る予祝行事が七草粥に結びついたものだという。

【人日（じんじつ）の節句】
一月七日は七草の節句であり、五節句の一つ「人日の節句」でもある。古来中国では、正月元日に鶏、二日に狗、三日に羊、四日に猪、五日に牛、六日に馬、七日に人、八日に穀の吉凶を占ったとされ、それぞれの対象を大切に扱った、つまり殺生を禁じられていたという。七日は人を大切にする「人日」の節句となり、そこに七草の節句が結びつき、一年の無病息災を祈り、生命力のある七草の入った粥を食べる習慣ができた。この習慣は、平安時代から見られ、江戸時代以降、幕府の公式行事となって一般に広まったという。

（阿部）

名玉を取り返さんとする狐夫婦の絆

女夫狐

［めおとぎつね］

本名題＝吉埜山雪振事

◉初演＝天保十一年（一八四〇）九月　江戸・市村座『磯馴成渡讐』二番目大切

◉作者＝三世桜田治助　作曲＝五世岸澤式佐

振付＝松本五郎市・花川蝶十郎・藤間勘十郎

◉衛士又五郎実は塚本狐＝四世中村歌右衛門　弁内侍実は千枝狐＝十二世市村羽左衛門　楠正行＝三世関三十郎

《物語》雪の積もる吉野山の南朝の遺臣 楠 正行の侘び住まいでは、正行の恋人、弁内侍に化けた千枝狐が、衛士又五郎に扮した塚本狐を供に、本当の弁内侍を守護するために訪れる。これを怪しんだ正行が宮中の年中行事を二人に問いかけるので、二人は元旦の節会から節句ごとの催しを踊る。しかし、雪に残した足跡から正体が狐と見破られてしまう。二匹は夫婦の狐で、以前「宇賀の名玉」を正行に奪われ、そのため狐の官位を剝奪されて困っていると嘆くので、正行が哀れんで名玉を返してやる。女夫狐は喜んで狐の振りを舞い踊り、故郷へ帰って行く。

《解説》歴史上の楠正行は、南北朝時代の河内の土豪で楠正成の長男。高師直・師泰と四条畷で戦って敗れ、弟正時と刺し違えて死んだ。本作は天明六年（一七八六）十一月中村座の富本『袖振雪吉野拾遺』（作者＝初世桜田治助）の改作で、顔見世狂言の古風な趣向と面白味が特徴。前半は又五郎の年中行事と三人上戸の三ツ面を使った踊り分け、後半は千枝狐の愁嘆と、ケレン味のある夫婦の狂いの踊りが見どころ。三人上戸のくだりは、のちに増補されたもの。『義経千本桜』四段目の趣向を綯い交ぜにした演出もあり、正行が女夫狐に返す名玉を親狐が革にされた初音の鼓に置き換えて演じることもある。かつて大坂でよく上演され又五郎の一人狐の演出も行われたが、近年は上演機会が少なく、一九九五年大阪中座（七世市川染五郎（十世松本幸四郎）・片岡孝太郎・片岡愛之助）、二〇〇二年歌舞伎座（中村梅玉・中村時蔵・中村扇雀）など。同じ常磐津に『女夫狐』の別曲『恋鼓調懸罠』がある。『義経千本桜』四段目切（二一六頁『吉野山』）を焼き直したもので、主に舞踊会で演じられる。幕末に常磐津の岸澤派で作られた素浄瑠璃が原作とみられ、明治中期頃から小芝居にかかり、大正十五年（一九二六）九月帝国劇場の女優合同歌舞伎では伊坂梅雪が補作し、小林延子・六世市川壽美蔵（壽海）・澤村田之助・七世松本幸四郎が演じた。義経と卿の君が住む吉野山の住居に、夫婦の狐が静御前と忠信に化けて現れ、軍物語などを見せるが、正体を見破られ、初音の鼓を賜って森へ帰って行くまで。

《構成》オキ～正行の出～弁内侍（千枝狐）と又五郎（塚本狐）の出～問答～年中行事の振り～三人上戸の面を使った振り～見顕し～女夫狐の愁嘆～狂い舞～チラシ

聴きどころ＋豆知識

【三人上戸】中国の白居易の詩文に「林間に酒を温めて紅葉を焼く」がある。林の中で紅葉を燃やして酒を温めて酌み、秋の風情を賞するというもの。これに託けて、門前を警固する衛士や仕丁が燗酒を酌み交わしたといい、ほろ酔いの赤ら顔で、怒り、泣き、笑いの表情の三人上戸の典型が雛飾りにある。三人上戸を描写する常磐津の曲では、三様の酔態を写実に大仰に語り分ける持ち芸があり、歌舞伎舞踊ではツケゼリフとなる。泣き・怒りの酔っ払いが「ウーイ」と息を吐き、「ウハハハ」「ヘソヘソ」と腹の底から笑うさまが見せ場。

【狐の化身と歌舞伎舞踊】古くから狐つきや狐火などの説話や迷信と結びつき、ノウサギやノネズミの天敵として農民にとって有益であったことから稲荷神の使いなど霊獣ともされてきた狐。歌舞伎舞踊には『吉野山』の狐忠信（源九郎狐）、『狐火』の諏訪の白狐、『保名』の葛の葉狐など、狐と縁深い作品も多い。『女夫狐』では、楠の所領にちなんで、河内国の塚本狐が和泉国の千枝狐のもとに通ったとする伝説（『河内鑑名所記』）が脚色されている。狐はそれぞれの作品の中で、人間に寄り添いつつも、人間とは一線を画す神秘的な存在として描かれ、舞台では、太鼓と能管の「来序」、大太鼓の「どろどろ」など特徴的な囃子が多用され、狐の化身の登場を聴覚的に印象づける。（竹内）

三都の廓噺　五右衛門と久吉

戻駕

［もどりかご］

本名題＝戻駕色相肩

◉初演＝天明八年（一七八八）十一月　江戸・中村座『唐相撲花江戸方』一番目四立目
◉作者＝初世桜田治助　作曲＝初世鳥羽屋里長　振付＝二世西川扇蔵
◉浪花の次郎作実は石川五右衛門＝初世中村仲蔵　吾妻の与四郎実は真柴久吉＝四世松本幸四郎　島原の禿たより＝松本米三郎

《物語》菜の花と桜咲くのどかな京の紫野に、二上り（にあがり）の軽快な節にのって島原からの戻駕を担ぐ浪花の次郎作と東の与四郎がやってくる。大坂と江戸の自慢話をする中に、駕籠から出てきた禿（かむろ）が交じって、大坂・京・江戸の廓噺（くるわばなし）を展開する。〽また古に」から次郎作が武家に見立て丹前六方（たんぜんろっぽう）の振りで大坂新町の廓へ乗り込む様子、三下り（さんさが）の〽おらは元来」から与四郎がその供をする奴の振り。〽禿々と」から島原で働く禿の可憐なクドキ。〽地廻り節に」から与四郎が吉原の夜を回想する振り。次に三人で大坂新町への揚屋（あげや）入りをみせ、姉さんかぶりをして女郎の悪身（わるみ）を踊る次郎作に、客に見立てた与四郎が絡む振り。与四郎の懐から家宝の千鳥の香炉、次郎作の懐から連判状が落ちて、互いの正体をまぎらかすように所作ダテになって幕となる。また、最後に二人が正体を名乗って見顕す演出もある。

《解説》終盤に互いの正体をまぎらかす振りがあるように、次郎作は実は石川五右衛門、与四郎は実は真柴久吉（豊臣秀吉）という設定。そのため、次郎作は砥の粉（とこ）塗りの敵役（かたきやく）、与四郎は白塗りの立役（たちやく）で二人の役柄と演技の違いが明確にわかれているが、二人とも駕舁（かごか）きの姿で、廓噺を軸にした砕けたやり取りを応酬しながら廓の情緒を次々に見せていくところに面白さがある。演じる側には本来の性根を捉えておく難しさがあるが、見る側にはその意外な正体を知った上で二人の対峙を眺め見る楽しさがある。江戸の顔見世芝居ならではの趣向といえよう。

江戸と上方の二人の役者が駕舁きになって禿を乗せるのは、元禄歌舞伎の『けいせい浅間嶽』で確立された趣向。初演の仲蔵も幸四郎も江戸の役者だが、仲蔵が大坂から三年振りに帰ってきた折だったので、この趣向が生かされた。しばしば再演された人気作で、駕舁きを女性に仕立てた常磐津『女戻駕』も作られ、人形浄瑠璃（義太夫）にも移され、いずれも現行曲となっている。

《構成》オキ～与四郎・次郎作の出～駕籠から禿の出～（大坂・新町）次郎作の丹前六方の振り～与四郎の振り～（京・島原）禿のクドキ～（江戸・吉原）与四郎の振り～（新町）三人の振り～香炉・連判状を落とす～所作ダテ～チラシ

聴きどころ＋豆知識

【丹前六方】

歌舞伎の特殊演技の一つ。万治・寛文（一六五八～七三）の頃、江戸市中を徘徊して威をふるった六法組の旗本奴、町奴が丹前風呂へ通う際、独特の手振り、足踏みをして歩いた動作を舞踊化したもの。三味線の特徴的な手付けが動作を引き立てる。常磐津『三人形』などにも。

【悪身】

「わりみ」とも。いやらしくふざけた身振りのこと。立役、道外、武張った役などが、なよなよと女の身振りを誇張して踊る型をいう。常磐津『関の扉』の関兵衛や『戻駕』の次郎作にその典型が見られ、姉さん被りの手拭いをまねた被りもので滑稽味を強調する。『まかしょ』『浮かれ坊主』『喜撰』『雷船頭』など風俗舞踊にも見られ、役柄に変化を与えている。

【石川五右衛門と秀吉】

安土桃山時代の盗賊、石川五右衛門は、一五九四年親子党類とも京都三条河原で極刑に処された凶悪な窃盗である。浄瑠璃・歌舞伎の中で、豊臣政権に反発する義賊として粉飾され、『釜淵双級巴』、『金門五山桐』など多くの作品が作られた。お家騒動に巻き込まれ義賊に身をやつした五右衛門が最後は釜煎りの刑となる筋から発展して、天下の転覆を狙うも怪奇で魅力的な大盗賊として描かれた。五右衛門に対抗する役回りの秀吉（真柴久吉）は引き立て役の域を出ず、悪役の五右衛門がからくりやケレンを駆使し舞台で華々しく活躍したのである。

（竹内）

渡辺綱を襲う美女の正体は⁉

戻橋

［もどりばし］

本名題＝戻橋恋の角文字

◉作＝明治二十二年（一八八九）
◉初演＝明治二十三年（一八九〇）十月　東京・歌舞伎座
◉作詞＝河竹黙阿弥　作曲＝六世岸澤式佐　振付＝初世花柳壽輔
◉小百合実は鬼女＝五世尾上菊五郎　渡辺綱＝初世市川左團次
＊新古演劇十種の内

《物語》〈**一条戻橋の場**〉京の都に近ごろ悪鬼が出現し人をさらうため恐れて誰も出歩かない夜道を、主君源頼光の使いに立った渡辺綱が、従者を連れて一条戻橋に差しかかった。腰には警護のため主君から賜った髭切の太刀がある。その綱の前に、被衣をかづいた小百合という娘が現れた。綱が問いかけると、娘は五条まで行く夜道が怖く佇んでいるのだという。綱が不審ながらも同道を誘うと、喜んでしたがい伴う娘。しかし月光に照らされ川面に映ったその影は人の姿ではなかった。綱は素知らぬ顔で歩き続ける。〈**二条通りの場**〉道中の憩いの間に、綱が娘に素性を尋ねると、扇折りの娘で舞を得手としているという。綱の求めに応じ、同行の礼にと舞い始める娘。そして綱への恋心を吐露し始め、以前から恋しく思っていたとかき口説く。その妖しい恋慕を訝しみ「悪鬼ならん」と詰め寄る綱。本性を見破られた娘は、憤怒の相を顕して去って行く。〈**後場**〉娘の正体は愛宕の山奥に棲む鬼女であった。凄まじい形相で綱に襲いかかり、自らの棲家に連れ行こうとする。一方、綱は鬼女を生け捕りにしようと勇猛果敢に立ち向かい、襟髪を摑まれ黒雲の中へ引き込まれると、髭切の太刀で鬼女の片腕を切り落とした。綱は北野社の回廊に落とされ、鬼女は無念の形相で虚空に消え失せるのであった。

《解説》『平家物語』「剱巻」や『前太平記』巻十七「洛中妖怪事渡辺綱斬捕鬼手事」などにある「戻橋伝説」を河竹黙阿弥が脚色。もとは素浄瑠璃として発表されたが、五世尾上菊五郎の希望で舞踊化する。ほぼ伝説に則った活歴風の舞台で、クドキや見顕し、或いはケレンを使った手法は近世風であり、新しさと古風さが程よく混在しているところが魅力である。「戻橋」は堀川にかかり、洛中と洛外を分ける橋。古来、幽冥との繋がりが巷間に広まり、ここを舞台に妖しい物語が展開する。訝しがりながらも威風堂々とする綱の風情、娘がふと見せる鬼の本性。また綱と娘の色模様の裏に隠された腹の探りあいなど見どころはたくさんあり、綱が髭切の太刀を握って鬼女と立廻るところでクライマックスを迎える。五世菊五郎は本作の後日譚にあたる、鬼が切られた腕を奪い返しに渡辺綱のもとにくるという『茨木』を、明治十六年（一八八三）に初演している。

《構成》〈一条戻橋の場〉大薩摩ガガリのオキ～綱・郎党の出～小百合の出～道行 **〈二条通りの場〉**道代記から～小百合の舞～クドキ～問答～鬼女の見顕し～立廻り～大薩摩のツナギ **〈後場〉**鬼女の出～立廻り～虚空引き上げ～雲幕振り落とし～鬼女の腕を切り落とし～飛び去り

聴きどころ＋豆知識

【髭切】
平安時代、源頼光の父・満仲が作らせた刀。これを用いて罪人の首を切ったところ髭まで切れたため、髭切と名付けた。刀を引き継いだ頼光は渡辺綱に貸し与え、鬼を切ったことから「鬼丸」との名になった。現在は北野天満宮が所有しているとされている。

【一条戻橋】
文章博士で参議も務めた三善清行が危篤となり、その子浄蔵のもとに知らせが届く。浄蔵が急ぎ帰ってみると、既に父は死去、葬列は既に橋の上を通っていた。嘆き悲しみ、いま一度父に逢いたいと願う浄蔵が一心籠めて祈ると、清行が冥府から蘇ってきたという。これ以来この橋は「戻橋」と呼ばれるようになったという。他にも橋にまつわる数多くのミステリー説話が生れ、安倍晴明が式神を橋下の石櫃に閉じ込めていた伝説は特に有名。近くに晴明神社もある。

【節分】
名字が「渡辺」の家では節分に豆まきをしないこともあるようだ。渡辺綱が酒呑童子という鬼などを退治したということから、「渡辺」の家には鬼が寄り付かないので豆まきをする必要がないらしい。（重藤）

紅葉狩［もみじがり］

戸隠山の鬼女伝説 三方掛合の贅沢さ

◉初演　明治二十年（一八八七）十月　東京・新富座
◉作詞＝河竹黙阿弥　作曲＝五世岸澤式佐（常磐津）　鶴澤安次郎（義太夫）　三世杵屋正次郎（長唄）　振付＝九世市川團十郎
◉更科姫実は鬼女＝九世市川團十郎　平維茂＝初世市川左團次　山神＝四世中村芝翫
＊新歌舞伎十八番の内

《物語》平安末期、長月の信濃国（長野県）戸隠山。平維茂が従者を連れて紅葉狩に訪れると、更科姫という高位の姫君一行がお忍びの酒宴を催していた。姫は立ち去ろうとする維茂を引き留め酒宴に誘う。腰元や従者の肴の踊りに続き、姫自らが二枚扇を使った舞を披露する。維茂が不覚にも酔眠してしまうと、鬼女の本性を垣間見せて襲わんと近づく姫。そこに八幡大神の命を受けた山神が維茂に危急を知らせに顕れる。目覚めた維茂は銘刀小烏丸を手に姫を追い、恐ろしい本性を顕した鬼女と対決する。維茂は幾度も食い殺されそうになるが、小烏丸の威徳により、鬼女を討ち取る。

《解説》信州戸隠山に元々鬼女伝説はなく、能『紅葉狩』に端を発するもの。歌舞伎でも狂言中に同作の趣向を取り入れる例はあったが、舞踊としては五節句の所作事『余波五色花魁香』（四世歌右衛門、嘉永二年／一八四九）の一コマとして上演された曲があり、この時の音曲三方掛合が後に継承された。明治になり九市川世團十郎が『今昔物語』から鬼を題材にした所作事の上演を思いつき、作者・河竹黙阿弥が先行作を補綴することにより、近世風と活歴風が相俟った名作が生れた。振付は團十郎自身によるもの。なお現行歌舞伎には、本作の影響下に、能の小書「鬼揃」（※腰元達も鬼として揃う）に準じた『鬼揃紅葉狩』二作（成駒屋版・澤瀉屋版）、『信濃路紅葉鬼揃』（玉三郎初演）がある。

《構成》音曲三方のオキ～維茂一行の出～姫一行の出と引き留め～酒宴～腰元と従者の踊り～更科姫の肴舞（さかなまい）～維茂の酔眠と鬼女の本性垣間見せ～山神の神楽舞～維茂の夢覚め～大薩摩～鬼女の本体見顕し～立廻り～働き～引っ張りの見得で幕切れ

聴きどころ＋豆知識

【余五（よご）将軍維盛と髭】
維茂は平将門（まさかど）を討ち取った事で知られる平貞盛の十五番目の養子であった。十（人）を五（人）余り越しているため「余五将軍」といわれた。その維盛役で初演の初代左團次は活歴風に髭を付けたが、五世菊五郎は二枚目を意識して髭を付けなかった。現在は演者の判断によるが、その日の気分でということもあるらしい。

【山神】
能の間（あい）狂言に当たる役。初演は舞踊の名手四世中村芝翫が老神の拵（こしら）えをしたが、再演時に若い六世尾上菊五郎が演じることになり、童神の扮装になった。

【二枚扇論争】
当時の歌舞伎座の振付師だった花柳壽輔と仲違いした九世市川團十郎は、俄然として自ら振付を名乗り出た。採用した二枚扇の曲芸的な振りは必然性と品格の問題で論争を呼ぶことに。

【掛合の妙と乱声】
互いの息と間を把握しながら常磐津・義太夫・長唄の三方が掛合う妙は、伝統音楽ならでは。音高よりも音色・声色の違いを楽しむ。逆に敢えて破調を意識する箇所も数カ所ある。人間以外の出現には〝乱声（らんじょう）〟が必要という民俗の記憶がある。

【小烏丸】
伝天国（あまくに）作、桓武天皇が大神宮の使者・八尺霊烏より奉られるたものという伝承がある。平貞盛が賜って、その後平家九代の重宝となった。現在は御物。

【日本最古の映画】
明治三十二年（一八九九）、歌舞伎座において九世團十郎は最後の更科姫を勤めたが、これを映像として残したいという活動写真業・横田商会の尽力によって、千穐楽（せんしゅうらく）の翌日歌舞伎座裏の芝居茶屋・梅林前の空地に野外舞台を設えて収録された。これが日本最古の映画であり、九世團十郎・五世菊五郎の至芸を映す唯一のフィルムともなった（複製版が国の重要文化財）。二〇二二年、従来版より更に古い年代に複製された鮮明フィルムが発見され、両優の芸の神髄を知る手かがりが増えた。

（鈴木）

恋の激しさを人形振りで

櫓のお七

［やぐらのおしち］　本名題＝松竹梅雪曙（しょうちくばいゆきのあけぼの）

◉初演＝安政三年（一八五六）　江戸・市村座『松竹梅雪曙』の大詰「松竹梅湯島掛額」（松竹梅）
◉脚色＝河竹黙阿弥　作曲＝未詳、振付＝未詳
◉八百屋お七＝四世市川小團次
＊『伊達娘恋緋鹿子』として上演されることも多い

《物語》師走の雪の夜。本郷の八百屋の娘お七は、恋仲となった吉三郎が捜している「天国（あまくに）の剣」のありかを知る。吉三郎は、主家の家宝「天国の剣」を紛失した罪で切腹を迫られていたのだ。吉三郎になんとか知らせたいと思うものの、夜は防犯のため町内ごとの通路の木戸（きど）が閉められ、どんな理由をいっても開けて貰えない。途方に暮れながらも火（ひ）の見櫓（みやぐら）の太鼓を火事の時に打てば各木戸が開くということを思い出す。火事ではない時に太鼓を打ち鳴らせば重い仕置きになるのだが、吉三郎を助けたい一心が勝り、お七は火の見櫓に登り、太鼓を打ち鳴らし木戸を開かせる。そこへ折良く下女のお杉が、天国の剣を手に入れてきたため、お七はそれを持って吉三郎の元へ駆け出していく。

《解説》江戸時代初期に実在した八百屋の娘・お七の話を基にしている。お七は火事で家が焼けて寺に避難した時に、寺小姓（こしょう）の庄之助と知り合い、恋仲になる。その後、お七は新築された家に戻るも、火事があればもう一度庄之助に逢えると思い、放火をしたため火あぶりの刑に処された。この事件は、井原西鶴の『好色五人女』に恋物語として脚色され、様々な歌謡にもなって流行し、さらに浄瑠璃や歌舞伎の題材になった。本作は安永二年（一七八〇）初演、菅専助作の人形浄瑠璃『伊達娘恋緋鹿子（だてむすめこいのひがのこ）』を歌舞伎の人形振りの演出で脚色したもの。文化六年（一八〇九）に五世

岩井半四郎が原作の半鐘（はんしょう）を太鼓にし、安政三年（一八五八）に四世小團次が人形振りで上演。途中、お杉が一旦引っ込んでから、お七が櫓に登ろうとして滑り落ちるところまでに人形振りが取り入れられている。

《構成》 お七、お杉の出～お杉とのやりとり～お杉引っ込む～人形振り～お七太鼓を叩く～お七、花道の引っ込み

聴きどころ＋豆知識

【麻の葉段鹿子】

お七は黄八丈の着物を引き抜き、浅葱色と紅色の麻の葉段鹿子の振袖姿で人形振りとなる。この衣裳は「お染久松」のお染など裕福な町娘の役にも使われ、いずれも可憐ながら、愛を貫くためには死をも厭わない強さをもつ娘という共通項がある。麻の葉文様は、麻が生命力が強くまっすぐに育つことから、これにあやかり、子供の着物の模様などに多く用いられた。また、お七を演じた五世岩井半四郎が使ったため半四郎鹿子ともいい、江戸の女子の間で大ブームとなり、京坂では嵐璃寛がお染を演じた時に使って流行した。人気役者がきっかけでファッションブームが起こるのは昔も今も同じである。

【櫓三重】

人形振りのうち、義太夫三味線の「櫓三重」のリズムに乗せて、お七が乱れた髪を前後に振り乱し、座った体勢で膝を交互に変えて激しく踊るところが圧巻である。

【江戸の火事】

「火事と喧嘩は江戸の花」といわれるように、火事と喧嘩は、江戸の町の特色だった。それほど江戸の町には火事が多く、大規模な火災が頻繁に発生した。それは、この町が日本一の過密都市であったことが大きな要因で、町の総人口の半数は町人であるにもかかわらず、町人が住む地域とされていた土地は狭く、路地裏までびっしりと長屋がつまっていたからだという。「明暦の大火」「明和の大火」「文化の大火」を総称して「江戸三大大火」と呼ぶが、実際にはもっと多く、三大大火に匹敵する火事が江戸時代の間に九十～百回くらいあったと考えられ、三年に一度は江戸の町の大半が焦土と化すような大火に見舞われていた。

なお、実説のお七が焼け出された火事は天和二年（一六八二）の大火で、翌年お七が起した火事はすぐに消し止められたが、浄瑠璃や歌舞伎で取り上げられるにつれ、天和二年の大火を「お七火事」と呼ぶようになったと伝わる。

（阿部）

恋に憧れる多感な娘心

屋敷娘

［やしきむすめ］

『四季詠㋑歳』の一コマ

●初演＝天保十年（一八三九）三月　江戸・河原崎座
●作者＝三世並木五瓶、三升屋二三治
作曲＝杵屋三五郎（長唄）・五世岸澤式佐（常磐津）
振付＝四世西川扇蔵・松本五郎市
●屋敷娘＝初代澤村訥升（五世澤村宗十郎→三世助高屋高助）

《舞台》秋の最中。大名屋敷で行儀見習い奉公をしている娘が、帯を「やの字」に結び、日傘を差して現れる。今日はなにか特別な外出の用向きがあったのであろうか、或いは待ちに待ったお盆の宿下がりの帰途であろうか、気分を高ぶらせた様子である。この年頃の娘の関心はいつも恋路のこと。春の宿下がり、〽過ぎし弥生の桜時」には、花見の幕ごしに垣間見た男に一目惚れして胸が高鳴った。その弾む恋心で、殿御との逢い引きを夢想して手毬唄を踊る。〽花に来て」からは、戯れ遊ぶ番の蝶を見ても男女の恋仲のことを思ってしまう娘の多感な様子。一種の精神的な高揚が扇で舞われる。〽色（恋）という字はいたづらものよ」から踊り地となって、振り鼓での振り。日暮れの鐘が聞こえると、衣紋の乱れを直していそいそとその場をあとにする。

《解説》四季を見立てた四段返しの所作事『四季詠㋑歳』の〈秋〉の部が本曲である。江戸では行儀見習いのため大名屋敷に御殿奉公する娘が多くあり、一度奉公に上がると自由な外出は侭ならなかった。唯一、実家へ帰ることが許されたのが「宿下がり」で、春三月のそれがとみに知られるが、盆にも「後の宿下がり」として許されることがあった。いずれにしても、その際の解放感は一通りではなく、まだあどけない童心も伺えながら、ひたすら殿御への恋心を顕している。初演は長唄と常磐津の掛合（かけあい）であったが、現在の歌舞伎興行では専ら長唄。若手の女形が一人立でも、複数による顔合わせでも踊る。舞踊会では常磐津による上演も多い。また当初は「白拍子」の上演が企図されていたことが資料から解り、振り鼓の採用などその影響が残っている振りも見受けられる。

《構成》オキ～傘をさして扇を持って花道から出る～クドキ～鞠唄～蝶と戯れのクルイ～振り鼓を用いた踊り地～チラシ

聴きどころ＋豆知識

【宿下がり】

江戸に住む娘たちに、親や親族が望むのは良縁を得ること。そのために武家屋敷に住み込んで奉公することで行儀作法を身につけた。この娘たちは定期的にきまった給料を得るために奉公をしていたわけでなく、むしろ親が屋敷の主人へ金を払って奉公させた例もあり、裕福な家に生れた娘が奉公することも珍しくなかった。御殿奉公はある意味自由のない世界で、好きな時に外出することはできなかったが、春と秋（お盆）の年二回、休みをもらい親元に帰ることが許された。これを「宿下がり」という。「屋敷娘」は、娘の待ちに待った「宿下がり」の様子を描いている。

【やの字結び】

『屋敷娘』には〽やの字結びの可愛いらし」というフレーズがある。やの字結びとは、仮名の「や」の字の形に結ぶことをいい、江戸時代では武家屋敷に奉公する娘たち決まり事であった。二世瀬川路考が考案したとも伝えられ、「路考結び」とも言われる。

【三月は御殿物がよく上演された?!】

三月は武家屋敷に奉公していた娘たちが宿下がりをする時期である。娘たちの楽しみは本曲にも〽芝居に夜を明かす」とあるように、第一に芝居見物。弥生狂言（三月の歌舞伎公演）では、この娘たちに喜ばれるような演目が選ばれることが多かったようだ。『伽羅先代萩（めいぼく）』や『鏡山（かがみやま）』といった大名屋敷の内部の様子を描いたストーリーの、いわゆる「御殿物」。また名所への「花見」のシーン。客席の娘たちにとっては、自分たちの勤め先がモチーフになっている舞台には感情移入しやすかったのではないだろうか。

（重藤）

近代的解釈がなされた男物狂い

保名［やすな］

『深山桜及兼樹振』の一コマ

◉初演＝文政元年（一八一八）　江戸・都座
◉作者＝篠田金治　作曲＝清澤万吉　振付＝藤間大助（藤間勘十郎）
◉保名＝三世尾上菊五郎

《舞台》菜の花畑に蝶が舞い遊ぶ和泉国（大阪府）信太の野辺に、恋人の榊の前を失って物狂いとなった安倍保名が、長袴姿で形見の小袖を肩に掛け、春の野辺をさまよい歩いてくる。小西来山が愛玩した女人形から色事を想い、小袖を相手に廓での遊女と客の口舌を真似るが、今は独り寝の日々。高揚した気分で踊るうちにも思い出すのは恋人のこと。〽似た人あらば教えて」と、小袖を抱きしめて狂い伏す。

《解説》保名は陰陽師安倍晴明の父で、狐の化身であった葛の葉と契ったことから晴明が生まれた。その物語を描いたのが竹田出雲作の浄瑠璃『芦屋道満大内鑑』。この二段目道行「小袖物狂」を脚色したものが本曲である。文化文政期の変化舞踊流行時代に、三世菊五郎が七変化の一コマとして踊った。その後、浄瑠璃の名曲としてのみ伝えられていたものを九世市川團十郎が復活。その際には絡みの四天などを出していたようだが、大正十一年（一九二二）に六世尾上菊五郎が新解釈・新演出で上演。具体的な設定を避けて「恋人を失った若い男の物狂いの様」を気分、情緒本位で夢幻的に描いた舞台が好評を博し、以後それを踏襲する演出が多くなった。

《構成》狂乱物の謡のオキ～カケリの囃子による出～扇で番の蝶を追う花道の振り～廓噺のクドキ～狂言『靭猿』の

聴きどころ＋豆知識

「物狂」「狂乱」は、精神の高揚、異常状態を差すことで間違いはないが、近代以前には「クルウ」ことが舞うこと、踊ることへの導入理由とされ、役者の舞踊芸を魅せるための状況設定として多用された。そのため多くの場合「偽狂乱」であり、俗称に初演役者の名が冠されるのが特徴でもある。以下に男狂乱の代表曲を紹介する。

◉長唄『仲蔵狂乱』

天明四年（一七八四）十一月桐座『狂乱雲井袖』。承和の変の後日譚。出羽の郡司・小野良実が、謀反人に入内を迫られている娘の小町姫を逃がし、その言い訳の立たぬことから狂乱の体を装う。この話が『関の扉』に繋がっていく。初世中村仲蔵初演。

◉長唄『雛助狂乱』

寛政十一年（一七九九）十月市村座『狂乱雪吹の雛形』。秋田城之助が雪の中で偽狂乱となって捕り手と立廻る。二〇〇六年十一月歌舞伎座において当代菊五郎によって上演された。二世嵐雛助初演。

◉長唄『團十郎狂乱』

文化十年（一八一三）十一月市村座『狂乱左当升』。平将門の遺児・相馬良門が源頼信館へ偽上使に来て、正体を見破られそうになったので偽狂乱となり、右手に瓶子を嵌め、左手だけで踊る。七世團十郎初演。

◉長唄『加賀屋狂乱』

文政二年（一八一九）九月中村座、三世中村歌右衛門（初演時は中村芝翫名義）が初演した九変化『御名残押絵交張』の一コマ。恋ゆえに狂乱した男が二舞扇を使った振りをみせる。後継者の四世歌右衛門が初演した長唄『浦島』への影響が感じられる。この曲を『歌右衛門狂乱』と呼ぶこともあるが、四世歌右衛門が天保九年に『三幅対和歌姿絵』の中で演じた曲が本来の『歌右衛門狂乱』とされる。

◉長唄『花の蘭平』

大立廻りで知られる『倭仮名在原系図』四段目（『蘭平物狂』）の舞踊化。四世中村歌右衛門が弘化二年に初演した『狂乱雀百迄』と、四世中村芝翫が慶応元年に三変化『月雪花名歌姿絵』の一コマとして初演した曲（常磐津との掛合）がある。中村流に伝わり二〇二〇年、浅草花形歌舞伎で上演。

◉常磐津『与五郎狂乱』

天保十二年（一八四一）八月市村座『乱咲恋山崎』。浄瑠璃『双蝶々曲輪日記』を江戸狂言に書き換えた際の道行。恋人吾妻のために人殺しをした与五郎が狂乱して向島の土手をさまよい歩くのを、吾妻が追い慕ってくる。そこに法印・六根庄太夫が現れて絡む。猫の団扇絵を面にして『道成寺』のパロディーをみせる。（鈴木）

遊び七分に信心三分

山帰り

［やまがえり］

本名題＝山帰強桔梗
『法花姿色同』の一コマ

◉初演＝文政六年（一八二三）八月　江戸・森田座
◉作者＝二世桜田治助　作曲＝初世清元斎兵衛　振付＝藤間大助
◉大山同者＝三世坂東三津五郎

《舞台》七月のお盆に、江戸の仕事師が借金取りのしつこい催促を逃れて大山に詣でたその帰りがけ。豆絞りの手拭いを向こう鉢巻にし、腰に木太刀、ラッパのついた梵天を担いで勇んだ足取りで現れる。参詣といっても道楽が主で、宿での博打で負けたり、ひどく太った安女郎を買わされたりするなどした体たらくを自嘲気味に悪態で語る。この参詣には〝精進落とし〟という遊興が付きもの。普通は江ノ島だが、男は敢えてこれを避けて神奈川宿へ。しかし他の女郎との起請彫りを消し忘れていて、馴染みの女郎にきつい嫌みをいわれる情けなさ。〽四谷で」は新内ガカリ（「蘭蝶」）のクドキを豆絞りの手拭いで踊る。〽親が叱ろか」からは庄内節を使った大和人形の振りの踊り地で、参詣の梵天を振り廻して賑やかに踊る。

《解説》現在の神奈川県伊勢原市にある相州大山は広く山岳信仰の対象として、また阿夫利神社と大山寺との神仏習合が江戸庶民の間で現世利益の神として篤く信仰されていた。六月二十八日から七月十七日までは奥院への参詣が許されて賑わい（特に十三日～十七日の盆山）、これを〝大山参り〟といった。仕事師連中にとってはこの時期は借銭の催促から逃れられる恰好の歳時。まず江戸の大川（隅田川）で水垢離をとり、納めの木太刀を担いで大山道を歩きこれを奉納。替わりに他人の納めたものを持ち帰って護太刀とした。ただこの参詣は「遊び七分に信心三分」が正直なところで、江ノ島や藤沢など近郊の廓での遊興を目的とするところが多分にあった。この仕事師の参詣風俗を舞踊化したのが本曲である。向こうっ気の強い男が、女郎とのいきたてを照れながら語ってみせる「垢抜け」が味わいどころとなる。本興行での上演は稀だが、『独道中五十三驛』の道行に挿入されている。

《構成》 オキ～仕事師の山帰りの出～木太刀及び唐人笛を使った遊興尽くしの振り～新内ガカリのクドキ～庄内節の踊り地

聴きどころ＋豆知識

【……帰り】
江戸で人気のあった鳶頭や仕事師に取材した曲は数多あるが、祭礼や廓場、火事場などのハレの場を避け、その帰途に取材したものが多い。その賑い場の余韻や残像により惹かれるということか。

【振付師の出世】
曲中〽ないとこ唐人横にかすって神奈川の」の振付に悩んでいた三津五郎に、松本五郎市が「麦藁細工の唐人笛を使っては」と進言したことで振付師として重用されることになったという逸話が残る。

【彫物を消す】
恋を約束した人の名を入れ墨する起請彫りは〃彫物〃とか〃入れ黒子〃などと呼ばれた。消せないことに意味があるわけだが、灸を据えて証拠隠滅する方法はある。これが曲中の〃引導〃である。

【大山信仰と大山街道】
大山に対する信仰は今でも関東一円で篤く、多くの参詣客が訪れ、三十数軒の宿坊が残るという。この宿坊は宗教者でもあり、旅のツアーコンダクターでもある〃御師〃の経営によるもので、御師の多くは山伏が転じたものとされる。現在でも御師との繋がりで講中を残している町内や職域はあり、年始の御師によるお札配りは東京の正月風景の一つでもあった。江戸時代には関東各地から参拝者がこの大山を目指したので、多くの大山道・大山街道ができた。主要なものは八道あり、現在でもこの古道の痕跡は都心にも多く残る。

（鈴木）

金時と山姥 出世譚と子別れ

山姥［やまんば］

本名題＝薪荷雪間市川（たきぎおうゆきまのいちかわ）

◉初演＝嘉永元年（一八四八）十一月　江戸・河原崎座『東都内裡花良門』二番目大切
◉作者＝三升屋二三治　作曲＝五世岸澤式佐
振付＝西川巳之助・西川芳次郎
◉山姥＝八世市川團十郎　山賤斧蔵実は三田仕＝四世坂東彦三郎　怪童丸＝四世市川小團次

《物語》足柄（あしがら）の険しい山中。柿色の頭巾に袖無羽織の姿で樵（きこり）の斧蔵（よきぞう）が登場。斧蔵は実は三田仕（みたのつごう）という源頼光の家臣で、主命により勇者を捜し求めている。〽錦の袂引き替えて」で顔見知りの山姥が竹杖を突いて花道を出てくる。山姥に呼ばれた怪童丸（かいどうまる）は、童唄（わらべうた）にのって風車や振り鼓であどけなく遊び、〽月毛にあらぬ」と斧蔵の鉞（まさかり）を馬にして興じる。山姥は怪童丸にせがまれ、〽よし足曳きの」と四季の山々の風物を美しく綴った山めぐりの話を踊ってみせる。斧蔵は、山姥親子が坂田蔵人時行（さかたのくらんどときゆき）の妻子であると見抜き、松を引き抜く怪力を示す怪童を坂田金時（さかたのきんとき）と名づけ、頼光の家臣に取り立てる。山姥は、子の出世を喜ぶも、辛い別れを惜しみながら去って行く。

《解説》能の『山姥』は、曲舞（くせまい）を歌って有名になった百万山姥（ひゃくまやまんば）という都の遊女が、善光寺に詣でる山中で、真の山姥に逢ってその舞や山めぐりのさまを見る物語。これに源頼光の四天王が活躍する『前太平記』の世界が結びつき、遊女八重桐が山姥となって山中に住み、坂田蔵人の遺子怪童丸（のちの坂田金時、いわゆる金太郎）を育てたとしたのが、正徳二年（一七一二）大坂竹本座上演の近松門左衛門作『嫗山姥（こもちやまんば）』である。この趣向が歌舞伎に入り舞踊曲として発展した。その決定版が天明五年（一七八五）の常磐津『四天王大江山入（してんのうおおえやまいり）』（通称『古山姥（ふるやまんば）』、作者＝初世瀬川如皐、作曲＝

初世鳥羽屋里長）で、それを再構成したのが本曲である。能『山姥』のクセの部分を取り入れた山めぐりの踊りが眼目で、舞踊会では山めぐりとチラシを抜粋して山姥一人の素踊りとする上演が多い。

《構成》オキ・山賤（やまがつ）は板付～星繰りの見得～山姥の出～怪童丸の出～怪童丸の踊り～山姥の踊り（山めぐり）～怪童丸が怪力を見せる～山姥のクドキ（子別れ）～チラシ

聴きどころ＋豆知識

【童唄】

怪童丸が登場してほどなく、〽かごめかごめ」の童唄が甲高い発声で語るように歌われる。馬遊びにも童唄が用いられ、〽お月さまいくつ」と尋ねる山姥に、〽十三七つ」と怪童丸がこたえる。これは十三夜の七つ時（午後五時頃）の出て間もない月で、まだ若いという意味。

【後日譚】

里帰りした金時の前に山姥が振袖姿で現れるという後日譚が、『振袖山姥』（文化元年／一八〇四年常磐津で初演、大正十四年／一九二五年清元で復活）。この場面を含む壮大な通し狂言『四天王楓江戸粧』が三世市川猿之助によって一九九五年に国立劇場で復活（常磐津）、当代猿之助も継承。

【山姥は妖怪か】

山奥に棲む女の妖怪を山姥といい、日本各地に伝説がある。おおむね、背が高く長い髪で、肌は白く透き通り、眼光鋭く口が耳まで裂けているとされる。人間の子供を食べ、災厄を与えるとされる一方で、山中で子を育て、人間を援助して福をもたらすともいい、善悪の二面性を備えている。能『山姥』に登場する山姥も、鬼女といいながら邪正一如の仏説を説き、人を助くる業をなしているという。「妄執の雲の塵積もって山姥」となったが、苦界に沈んだ身の救済を願って、「山めぐり」をみせたのである。慶長十四年（一六〇九）には京都で山姥の見世物が評判になったという。山から離れた都市に住む人々は、善悪正邪を超越した偶像のごとく山姥の姿を追い求め、自分自身の生き方を顧みようとしたのではないだろうか。（竹内）

静御前と狐忠信 桜満開の道行

吉野山

［よしのやま］

◉初演＝文化五年（一八〇八）五月 江戸・中村座『義経千本桜』四段目の富本。のち清元に移され義太夫との掛合でも上演
◉作者＝二世瀬川如皐 作曲＝三保崎兵助
◉静御前＝瀬川路考（四世瀬川菊之丞） 佐藤忠信・源九郎狐＝三世中村歌右衛門

《物語》桜満開の吉野山。〽静に忍ぶ旅立ちや」と、笠を持った静が杖をついて花道または上手から登場し、義経から形見として与えられた初音の鼓を打つと、音にひかれて花道のスッポンから、背中に風呂敷を背負ったお供の忠信が現れる。〽野道畦道ゆらりゆらり」とのどかな旅路の趣。二人の会話のあと、里唄にのせた振事（ふりごと）。三下り（さんさが）の〽弥生は雛の」で男雛女雛の絵模様。忠信は拝領の鎧（よろい）を風呂敷から出して切株の上に飾り、静はそこに鼓（つづみ）をのせて義経に見立てる。静は悲運の義経を思い出し、兄継信（つぎのぶ）の忠勤と死によって鎧を賜った忠信は、屋島合戦のさまを物語る。景清と三保（みお）の谷（や）が力競べをする錣（しころ）引き、教経（のりつね）が放った矢を義経の身代わりに受けた継信が倒れる様子を再現する。〽いつか御身（おんみ）も」で再び旅支度をして義経の隠れる館へ向かう道行となる。

《解説》原作は、延享四年（一七四七）竹本座の人形浄瑠璃『義経千本桜』（作詞＝二世竹田出雲ほか）四段目の『道行初音旅』（義太夫節）。翌年、歌舞伎化された。この道行は、江戸歌舞伎では義太夫に代わって常磐津・富本で演じられるようになり、たくさんの類作が生れた。後半の眼目である屋島の物語の件（くだり）は、清元『菊鶏関初音』（きくにとりせきのはつね）（文政十一年／一八二八）による。常磐津『恋中車初音の旅』（一八〇三年、市村座）なども現行しているが、各種の先行作を九世市川

團十郎がまとめ、名優によってしばしば演じられた本作が千本桜道行の代表曲となった。物語のあと、花四天を連れた早見藤太との所作ダテをみせる演出や、忠信が引抜きでなりを変えて狐六方で引っ込む華やかな演出も好まれている。屋島の物語以降を義太夫（竹本）との掛合にすることが多く、義太夫のみで通すこともある。なお、夫婦の狐が静御前と忠信に化けて道行から見顕しまでを演じる『恋鼓調懸罠』（一九八頁『女夫狐』）のような作品も派生している。

《構成》オキ～静の出～忠信の出～里唄にのせた振事～クドキ～静の振事～忠信の軍物語～早見藤太と花四天の出～所作ダテ～チラシ

聴きどころ＋豆知識

【初音の鼓】

『義経千本桜』で、桓武天皇の御世に雨乞いのため、千年の劫を経た雌雄の狐の皮で作られたのが初音の鼓。その狐の子が源九郎狐で、永らく御所にあって近づけなかった鼓が義経の手に渡ったため、忠臣の忠信に化けて近づき、鼓を親と慕う。静が鼓を叩く場面では、囃子方が背後で音を出すことが多いが、かつての名優は自ら良い音で鳴らしたという。

【「物語」とは】

一般に「物語」といえば、『竹取物語』『平家物語』のように、人物や事件について人に語る形で叙述した散文の文学作品のこと。一方、『日本書紀』『万葉集』の時代から、特定の事柄について一部始終を話すことも「物語」といった。それを舞台で演じたのが能・浄瑠璃・歌舞伎で、登場した一人の役が、過去のできごとや心境の述懐を述べてみせる場面である。能では「語」といい、シテ・ワキそれぞれが語りをみせる演目があり、狂言では能『屋島（八島）』の間狂言「那須語」が有名。歌舞伎・舞踊では、立役が三味線に乗ってセリフを交えながら、扇を用いて身振り手振りで語る。舞踊では、女方の見せ場であるクドキのあとに立役の見せ場の物語になり、本作の屋島合戦、常磐津『将門』の辛島合戦の物語が代表例。いわば劇中劇のような趣で、作品内容に変化と厚みを与えている。

（竹内）

素見騒き（すけんぞめき）の吉原風俗
廓情緒あふれる音曲尽くし

吉原雀
［よしわらすずめ］

長唄本名題＝教草吉原雀（おしえぐさよしわらすずめ）
『筐花手向橘（かたみのはなむかしのそでのか）』の一コマ（清元）

◉長唄初演＝明和五年（一七六八）十一月　江戸・市村座『男山弓勢競』二番目大切　作者＝初世桜田治助、作曲＝杵屋作十郎　鳥売り小笹の佐次兵衛実は八幡太郎義家＝九世市村羽左衛門　女鳥売り・安倍宗任妻善知鳥、実は出羽国平賀の鷹精霊＝吾妻藤蔵

◉清元初演＝文政七年（一八二四）二月　江戸・市村座　作者＝三升屋二三治、作曲＝清元斎兵衛　鳥売七兵衛、実は地廻り團十郎吉＝七世市川團十郎　鳥売おしづ実は局女郎下駄長屋のお政＝岩井紫若

《舞台》夜桜がみごとに咲き揃う吉原仲之町に、鳥売りの男女が差し掛かる。今日は「殺生を戒め、生けるを放つ」放生会（ほうじょうえ）。〝籠の鳥〟といわれる遊女、〝吉原雀〟とあだ名される素見騒きの廓風俗を二人の鳥売りが踊る。

《解説》長唄曲『教草吉原雀』と『新吉原雀』ともいわれる清元曲の二曲があり、本来は以下のような趣向や役柄の設定がともに存在した。明和期に初演された長唄曲は「奥州攻め」の世界で、顔見世狂言二番目の大切所作事（おおぎりしょさごと）。八幡太郎義家と安倍宗任の妻善知鳥（うとう）が共に放鳥売りと姿を変え、互いの本性を探り合うという内容。放生会の謂われから、〽浮き寝の鳥に」の半太夫ガカリがあって、〽その手で深みへ」からがらりと変わり吉原の花街風俗の世界になる。江戸期の感覚では曲の中心は〽さぁ来たまた来た」の拍子舞で、役者が拍子に乗った台詞をいいながら振りをする。その後も〝騒ぎ〟や〝投げ節〟などの廓情緒に溢れた音曲尽くしが続く。〽憎いお様があるわいな」で、義家が懐から守り袋を落し、これを善知鳥（うとう）が見咎めて「どっこい」と決まり、〽文の便りになぁ」と踊り地となる。段切れは、善知鳥が実は出羽国平賀の鷹の精霊である見顕しになる。初演時には長唄の名人富士田吉次（楓江）の独吟だったと推され、今のような賑やかさでなく、情緒に重きが置かれていたのであろう。清元の『新吉原雀』は長唄初演から五

十六年後に四世市村竹之丞百回忌追善として上演された。この竹之丞は八世市村羽左衛門で、長唄『吉原雀』を初演した九世羽左衛門の父である。長唄曲をほぼ移調したものだが、チョボクレを入れるなどくだけた振りが増え、後半は引き抜いて勇みと局女郎になったが、その設定も現行では見られない。三人立にする場合もある。両曲とも古風な歌舞伎所作事の設定は避けられて、吉原風俗を多彩な音曲で楽しむ舞踊になっている。

《構成》（長唄）放生会の謂われ〜鳥売りの出〜半太夫ガカリのクドキ〜吉原通いの騒き模様〜拍子舞による登楼風景〜女のクドキ〜男の浮かれた踊り〜踊り地

＊清元の場合は、女のクドキの後半〽「苦界する身」が新内ガカリとなり、「よしてくれよ」ツケ台詞があって鳥尽くしのチョボクレとなる。

聴きどころ＋豆知識

【吉原雀と素見】

ヨシキリというスズメ目の鳥がいる。鳴き声が「ギョウギョウシ」と聞こえるところから、口うるさい人の喩えにもなるが、葦原に生息することから「葦原雀」（アシハラスズメ、ヨシワラスズメ）とも呼ばれた。この異称から「吉原雀」と連想され、吉原廓における素見騒き（ひやかし）の客のことを指すようになった。毎晩わいわいとしゃべりながら女郎をひやかすだけで登楼しない客のことだが、これもれっきとした遊び方の一つである。

【音曲の作られ方】

伝統音曲についてはオリジナル性はさほど云々されない。むしろ先行の音曲をどのようにうまく取り入れるかが評価の対象となる。能でも作中の盛り上がり部分に、「クセ」という他ジャンルの芸能を据えることが多いし、義太夫では他の音曲の節を取り入れる（＝触る）「サワリ」が作中人物の真情吐露という重要な局面になる。歌舞伎舞踊の音楽においても過去に流行ったジャンルや流行歌謡の節・三味線の手を移すことは「〇〇ガガリ」といって尊重され、多くは音曲正本の剽窃（ひょうせつ）箇所に先行音曲の名が記された。本曲においても半太夫・大津投げ節・河東節（かとうぶし）・新内（しんない）など色々な音曲が見本市のように取り入れられている。（鈴木）

雷夫婦の喧嘩を
コミカルに踊り分け

流星

［りゅうせい］

別称＝夜這星（よばいぼし）
『日月星昼夜織分（じつげつせいちゅうやのおりわけ）』の一コマ

◉初演＝安政六年（一八五九）九月　江戸・市村座
二番目大切三段返し
◉作者＝二世河竹新七（黙阿弥）　作曲＝清元順三
振付＝花柳勝次郎（初世花柳壽輔）
◉牽牛＝初世河原崎権十郎（九世市川團十郎）　織女＝三世
岩井粂三郎（八世岩井半四郎）　流星＝四世市川小團次

《舞台》舞台は雲上の七夕の夜。天の川に唐装束の牽牛（けんぎゅう）（彦星）と織女（しょくじょ）（織姫）の二星が現れる。ふだん彦星は牛を引き、織姫は機を織っているが、この夜の一年ぶりの逢瀬を楽しんでいるところへ、金糸で縫取りした唐装束に頭に光り輝く丸い星をつけた流星がご注進に来て、同じ長屋に住む雷の夫婦喧嘩を物語る。事の起こりは、雷亭主五郎介（ごろすけ）が下界で流行している端唄（はうた）の女師匠のところに落っこちて端唄を聞き覚え、上界に戻ってからも端唄〽「小町思えば」などを唄っているのに女房おなるがやきもちを焼いたもの。寝ていた子雷が夫婦喧嘩を止めに入るが収まらず、隣の婆雷まで入って大騒ぎになるが、うっかり入れ歯を飲み込んで苦しがるのを見て大笑いになり夫婦が仲直りするまでを、流星が一人四役でコミカルに再現する。最後、流星は飛び去ってゆく。

《解説》四世市川小團次が踊った三段返し『三光の演曲（じょうるり）』所作事（しょさごと）の一景で、日の巻で平清盛（竹本）、月の巻で祭礼の山車に出た牛方九郎作（常磐津）、星の巻で本曲を踊った。七夕の逢瀬を楽しむ牽牛と織女にご注進に来る流星という設定が実に愉快で、初演時には宙乗りで流星が登場した。四人の雷を演じ分ける物語も見どころで、四つの面を使って演じ分けたり、角の冠（かむ）り物を使い分けたりして踊る。

初演時は『夜這星』といったが、卑猥を避け上品にするため、明治末期に『流星』と改められた。また初演は清元と義太夫の掛合であったが現在は清元のみ。そのため随所に義太夫の語り方が聴かれる。牽牛、織女を省略して、流星一人で踊ることもある。踊りも清元も技巧を尽くした難曲。

《構成》唐楽で幕開け～オキ・平家ガカリ〽それ銀漢と」～牽牛、織女の出〽その逢瀬さえ」～二人のクドキ〽しかも続きし」～揚幕から「ご注進」～花道より流星の出〽丸い世界へ」～流星の踊り〽およそ夜這いと」～流星の物語（雷の夫婦喧嘩の様子）～織女のクドキ〽織女は」～流星の飛び去り〽虚空はるかに」

聴きどころ＋豆知識

【コロリ】
江戸時代の人々を苦しめた感染症の一つがコレラ。本曲初演の前年、安政五年（一八五八）もコレラが大流行した。発病して三日で亡くなるといわれていたことから三日ころりとも。「東海道五十三次」で有名な歌川広重、『秋の色種』などの作曲で知られる長唄中興の祖十世杵屋六左衛門もコレラで急死した。本曲の〽留めるはずみに雷婆ア　うーんとばかりに倒るれば」〽こりゃころりではあるまいか」〽医者よ針医と立騒げば」の一連の歌詞からは、当時の世相が透けて見える（が、ここでは入れ歯を飲み込んで苦しんだというオチ）。

【星への想い】
古代バビロニア、古代エジプトでは、星は超越神として人間の運命を支配する超自然的な存在として畏怖され、信仰の対象となった。また天文知識が高度に発達した結果、暦法や占星術が誕生した。日本へは中国経由でもたらされ、陰陽道や宿曜道、真言密教などを通じて広まった。平安中期の『和名類聚抄』には「日、陽烏、月、弦月、満月、暈、星、明星、長庚、牽牛、織女、流星、昴星、天河」と見え、『枕草子』二五四段には「星はすばる、ひこぼし、ゆふつづ。よばひぼし、すこしをかし」とあって、すでに七夕の牽牛は「ひこぼし」、流星は「よばひぼし」といっていたことなどが知られる。御神楽における星の部（星音取・吉々利々など）、密教における星供、中国の乞巧奠と在来の棚機が習合した七夕など諸行事・芸能にも、日本人の星に対する信仰が窺える。

（前島）

親子獅子の情愛 勇壮な毛振り

連獅子［れんじし］

◉初演＝明治五年（一八七二）五月　東京・村山座
◉作詞＝河竹黙阿弥　作曲＝三世杵屋正次郎
振付＝初世花柳壽輔
◉狂言師〈能師〉右近＝二世澤村訥升
狂言師〈能師〉左近＝五世坂東彦三郎

《舞台》狂言師の右近、左近が手獅子を持って登場。二人は文殊菩薩の住む清涼山（せいりょうざん）にかかる石橋を描写し、やがて獅子の子落し伝説を再現する。文殊菩薩に仕える霊獣の獅子は、我が子を谷に落とし、這い上がってきた強い子だけを育てるという伝説である。親獅子は子獅子を勢いよく谷間に落としたが、子獅子はなかなか登ってこない。親獅子が嘆きつつも案じるうちに水面越しにお互いの姿を認め、子獅子は力を得て崖を一気に登っていく。感動のシーンである。間狂言（あいきょうげん）の宗教論争『宗論（しゅうろん）』の後、大薩摩（おおざつま）が石橋の様子を語り、やがて親子の勇壮な獅子の精が登場する。親子は狂いと呼ばれる激しい動きを見せ、牡丹の枝を手に、芳しく咲く牡丹の花、それに戯れる獅子の様などを描き、長い毛を豪快に振り、獅子の座について幕となる。

《解説》能『石橋（しゃっきょう）』をもとに「獅子の子落し伝説」や「毛振り」を加えた歌舞伎舞踊らしい華やかさに彩られている作品。文久元年（一八六一）に、初世花柳壽輔、芳次郎の親子に当てて書かれた二世杵屋勝三郎作曲の通称『勝三郎（かつさぶろう）連獅子』に詞章を追加し、明治五年に三世杵屋正次郎が作曲し直した通称『正次郎連獅子』が現行の曲のもととなっている。前半の見どころは獅子の伝説の再現である「子落し」の件。能『石橋』には、小書（こがき）（特殊演出）に「子落し」はあるものの、謡（うたい）の詞章にはない。『勝三郎連獅子』に、子落しが書き加えられて『正次郎連獅子』になり、さらにこれに父親の心情や子獅子が水に映る父の面影に勇み立つ件が付け加えられ、ドラマチックな展開となった。明治三十四年（一九〇一）二月、東京座で二世市川段四郎と四世市川染五郎（七世松本幸四郎）が上演した折に、背景が松羽目となり、後シテを能に寄せるなど、ここから現在に至る様式が整えられた。

《構成》 前シテ＝狂言師右近、左近の出～清涼山の石橋と獅子の描写～獅子の子落し伝説～右近、左近の花道の引っ込み

間狂言　後シテ＝親子の獅子の精の出～獅子の狂い～牡丹の花と獅子の描写～毛振り

聴きどころ＋豆知識

【実際の親子での配役】

『連獅子』は、実際の親子での上演が多く、獅子の子落とし伝説と、芸の修行における親子間の厳しさと愛情とが重なる。幼い頃から親子といえど芸の上では師弟関係で、子供に厳しく稽古をつける親心と重なり、胸が熱くなる舞踊である。十七世中村勘三郎と五世中村勘九郎（十八世中村勘三郎）の名演が名高い。

【ラグビーのマスコットキャラ「レンジー」】

日本ラグビーフットボール協会の公式マスコット「レン」と「ジー」。レンが白、ジーが赤の獅子で連獅子をモチーフにしていると思われる。ラグビーワールドカップ２０１９日本大会で活躍し、２０２０年に公式マスコットとなった。レンジーはチームプレーを大切にし、恐れず前に進む姿勢とフェアプレーが大好きだとか。親子という設定はないようだ。

【獅子のファミリーヒストリー】

本作はなんといっても親子の情愛の件、獅子の子落しの再現シーンが見どころ。父親の獅子はなかなか登ってこない子獅子を案じながら、心配する心をさほど表には出さずに、あちらこちらの谷間を覗く。その時の曲も良い。〽登り得ざるは臆せしか、あら育てつる甲斐なやと（子がなかなか登ってこないのは怖気づいたのだろうか、育てた甲斐がなかったのか）」父の厳しさの中ににじむ情愛に心打たれる。一方木陰で休んでいた子供がそっと辺りを見渡すと、水面（客席を見立てている）に父の姿が映り、はっと見合い、勇み立つ。胸が熱くなるシーンである。なお獅子の子落し伝説は中国から伝わり、中世にはすでに広まっていたそうで、南北朝時代の軍記物語『太平記』に記述が見える。

（阿部）

六歌仙

［ろっかせん］

歌人たちの小町への恋心

本名題＝六歌仙容彩（ろっかせんすがたのいろどり）

◉初演＝天保二年（一八三一）三月　江戸・中村座
◉作者＝松本幸二　作曲＝十世杵屋六左衛門・初世清元斎兵衛ら　振付＝二世藤間勘十郎
◉遍照・文屋・業平・喜撰・黒主＝二世中村芝翫（四世中村歌右衛門）　小町・お梶＝二世岩井粂三郎

《物語》平安期を代表する男性歌人が、やはり歌人で絶世の美女小野小町に次々と恋を仕掛けに現れる五段返し『六歌仙』の所作事（しょさごと）で、「御位争い」の世界における小町と大伴黒主との政治的対立の構図の要素も加わる。

《解説》寛政期の嵐雛助初演の原型を、二世中村芝翫（しかん）が江戸風に改作して初演した。変化舞踊（へんげぶよう）としては江戸期よりの唯一の伝承作。〈文屋（ぶんや）〉と〈喜撰（きせん）〉は独立しての上演もある。

◉義太夫『僧正遍照（へんじょう）』　老出家の遍照が御殿御簾（みす）内の小町をクドキに来るが、立場をわきまえない片恋を非難され、心を残して去る。

◉清元『文屋康秀（ぶんやのやすひで）』　御所の御簾内で歌を練る小町を慕って康秀が駆け寄ってくるが、意地悪な官女達に制せられる。三味線のギッチョにのせた恋尽くし問答など滑稽なやりとりが続き、恋の叶わぬ文屋は官女を蹴倒して去る。

◉長唄『在原業平（なりひら）』　御簾を切って落とすと、十二単（じゅうにひとえ）の小町と束帯（そくたい）に巻纓（けんえい）の冠をかぶった業平という本朝を代表する美男美女。業平は扇尽くしの踊りなどを披露し、慕い寄ろうとするが振付られ、すごすごと去る。

◉清元・長唄『喜撰』 花見時の京。喜撰法師は茶を勧められた祇園のお梶に一目惚れ。飄逸にクドキ、色事好きな出家の俗っぽさをチョボクレで表現するもお梶に振付られ、お迎えの坊主達にたしなめられる。皆は中央に傘を立てて賑やかに住吉踊。喜撰は姉さんかぶりで女の振事を悪身でみせ、一踊りすませると、宇治の庵へと帰っていく。

◉長唄『黒主』 歌合わせの場で小町を陥れようと、小町の歌を『万葉集』に書き入れて歌盗人と非難。しかし小町に草子を洗われて奸計が露見。小町を后にして天下の転覆を目論む謀反も明らかになる。能『草子洗小町』から取った趣向で衣冠束帯・王子鬘の黒主が謀反人にぶっかえり、十二単に襷掛けの小町と大見得になり「五段返し」を幕。

聴きどころ＋豆知識

【六歌仙】
勅撰和歌集『古今和歌集』の序に記された平安期を代表する六人の代表的な歌人。

僧正遍照＝在俗時は良岑宗貞。色好みの逸話も多く、小町に百夜通いした少将とされる。歌僧の先覚者であり、『後撰和歌集』や『大和物語』の小町との恋歌が老いらくの恋のイメージに繋がっている。

文屋康秀＝『古今集』で「言葉巧みで品が無く」と評され、公家が江戸下町の花柳風俗にくだける本曲もその意を汲む。三河掾時代に小町を県見に誘うと、小町から応諾の返歌があった。先行作では初老だったが、本作から壮年役に。

在原業平＝小町との交流は『伊勢物語』二十五段より、様々な文芸に取り上げられた。

喜撰法師＝『古今集』の「わが庵は都の辰巳……」の歌から世捨て人のイメージがあるが、これを洒脱で俗っぽい坊主に替えて登場させた。その歌を捩った「我が庵は芝居の辰巳常磐町」というのは、芝翫が住んでいた深川の地名。一方、お梶は京祇園社内の水茶屋の茶汲女。『梶の葉』という歌集を出した女流歌人であり、『近世畸人伝』にも「祇園梶子」として載る。この歌と茶の縁で、お梶は小町の〝擬き〟として登場。

大伴黒主＝『古今集』序の「賤しい」等の記述、或いは大伴家並びに「黒」のイメージにより、謀反人の印象が定着。歌舞伎では公卿悪となり、『六歌仙』の所作事の大詰に、能『草子洗小町』から取った趣向を荒事で見せた。そして小野小町。歌舞伎では惟喬・惟仁親王の〈御位争い〉に関わる政治的な役割を担う事が多い。

（鈴木）

用語解説

（阿部・前島）

間狂言［アイキョウゲン］
前後二段構成の中間に入る滑稽な寸劇、または舞踊。

当て振り［アテブリ］
詞章の言葉そのままの身振りや物真似で表現すること。たとえば「山」で山の形を描くなど。極端な当て振りとして『関の扉』の「生野暮薄鈍（きやぼうすどん）」がある。

板付き［イタツキ］
幕が開いた時、或いは回り舞台が回って来た時、既に俳優が舞台上にいること。

大薩摩［オオザツマ］
江戸享保期に市川家の荒事の伴奏として一世を風靡した江戸浄瑠璃の一派。語りは力強く三味線は技巧が凝らされたテンポの早い演奏が特徴。その後、衰退したが曲調は長唄に吸収され、大薩摩物として演奏されている。

置き［オキ］
曲の導入部分。状況が描写される。

踊り地［オドリジ］
小道具を使わずに踊る手踊りの部分。太鼓が入るため太鼓地ともいう。

音頭［オンド］
三味線音楽で、民謡の音頭の旋律を模倣した部分のこと。一定の旋律を反復する。歌舞伎の下座では殺しの場面を美化するために用いられ、三味線、篠笛、柄太鼓、チャッパ等をあしらい、キマリに本釣鐘を入れる。

顔見世［カオミセ］
歌舞伎の年中行事の一つ。毎年十一月に（京坂はのちに十二月）に興行主と向こう一年の契約をした俳優の顔触れを見せる興行。

顔見世舞踊［カオミセブヨウ］
十一月、江戸の顔見世の月に行われた華やかな舞踊劇。

ガカリ［ガカリ］
他ジャンルの音曲の旋律・リズムを意図的に剽窃する場合にいう。

掛合［カケアイ］
異なる種目の三味線音楽を交互演奏する演奏形態のこと。化政期の変化舞踊の流行以降に発達。

カケリ［カケリ］
狂乱の人物の出入りや幕切れ等に用いられる歌舞伎囃子（能管、小鼓、大鼓）。同名の能楽囃子に由来するが、歌舞伎化されている。

片シャギリ［カタシャギリ］
松羽目物の幕開き、大時代な演目の幕切れ、儀礼囃子として「口上」の開幕・閉幕に用いられる歌舞伎囃子（能管、太鼓）。舞踊には大太鼓入りで用いる。

片肌脱ぎ［カタハダヌギ］
片方の袖を脱ぎ、肩のあたりを露出させること。

ギバ［ギバ］
飛び上がって足を前に開き、尻餅をつく技法。主として立廻りに使われる。胸ギバ、横ギバ、背ギバなどがある。

クドキ［クドキ］
主に女性が思いをかき口説く場面。女性役の見せ場である。

狂い［クルイ］
獅子などの躍動感のある動き。神懸かりの意味を見いだす場合もある。

外記節［ゲキブシ］
江戸前期に語られた硬派の浄瑠璃の一派。後に長唄に吸収され『外記猿』など、その影響を残す曲がある。

ケレン［ケレン］
見た目本位の奇抜さを狙った演技、演出。早替りや宙乗りなど。

肴［サカナ］
酒席に興を添えるような行為や事柄・歌や踊りなど。

座敷舞［ザシキマイ］
京坂で発達した舞。座敷で舞うのを基本としたが、後に舞台芸術化した。

三下り［サンサガリ］
三味線の基本的な調弦の一つ。本調子の三の糸を一音下げた調弦。女性的、優美、悲哀の気分。江戸時代には「恨みねたむ吟」（原武太夫「奈良柴」）といわれた。

三段・二段［サンダン・ニダン］
幕切れに主要人物が乗る緋毛氈（ひもうせん）をかけた段。立役は三段、主役以外と女形は二段に乗るのが基本。

仕方噺［シカタバナシ］
身振りや手振りを交えて話すこと。

地方［ジカタ］
歌舞伎や日本舞踊において、舞台上で踊る立方（たちかた）に対して、舞台上で伴奏を担当する演奏者の総称。

七三［シチサン］
花道の揚幕から七分、本舞台の花道のつけ際から三分くらいの場所。主人公クラスは登場時にここで必ず踊る。

七変化［シチヘンゲ］
一人の俳優が七役に扮して踊る舞踊。七種の舞踊を組み合わせ、早替りなどで連続して踊り分けるもの。

仕抜き［シヌキ］
大勢の人物が登場する舞踊で、一人或いは二人が中央に出て一くさりずつ代わる代わる踊ること。

しゃべり［シャベリ］
ある局面を雄弁に軽妙に喋る演技様式。

所作ダテ［ショサダテ］
音楽を伴う舞踊的要素の強い立廻り。

清掻き［スガガキ］
江戸吉原の店先で客寄せのために弾かれた「見世清掻」を模したもので、吉原や廓の場面に用いられる三味線の旋律。

総踊［ソウオドリ］
一座が総出で踊る踊り。華やかなフィナーレ的なもの。

段切れ［ダンギレ］
楽曲の終わりの部分を指し、各種目の類型的な旋律が緩徐に奏される。

丹前六法［タンゼンロッポウ］
丹前風呂に通う伊達な男たちの特殊な歩き方を模したもの。

チョボクレ［チョボクレ］
門付け芸の一つ。鈴や錫杖などを手に拍子を取りながら、俗な歌を歌った物乞いの芸。

チラシ［チラシ］
楽曲の終わりの部分を指し、各種目の類型的な旋律が緩徐に奏される。

ツケ台詞［ツケゼリフ］
役者や立方がいう台詞を地方が担当すること。常磐津などに多い。

手踊り［テオドリ］
小道具を使わずに踊る踊り。

出端［デハ］
登場シーン。

トンボ［トンボ］
立廻りで宙返りする動作。

投げ節［ナゲブシ］
三味線音楽の各種目において、主に廓の情景を表す部分に用いられる旋律（曲節）名。

二上り［ニアガリ］
三味線の基本的な調弦の一つ。本調子の二の糸を一音上げた調弦。陽気、田舎風の気分。

ノリ地［ノリジ］
三味線の旋律に乗せてセリフを語る部分。

引き抜き［ヒキヌキ］
舞台上で一瞬にして衣裳を変化させるもの。着物を重ねて粗く縫いつけた糸を抜き、上の衣裳をすばやくはがして下の衣裳に変えること。

拍子舞［ヒョウシマイ］
鼓一挺の拍子にのって、あるいは自ら唄い、足拍子を踏みながら舞うもの。

ぶっ返り［ブッカエリ］
上半身の衣裳が肩から前後に割れて内側の衣裳が顕れる手法。それまで隠していた本性を顕す時に使う。

変化舞踊［ヘンゲブョウ］
基本的には一人の役者が何役にも扮する舞踊。二人の場合もある。

本調子［ホンチョウシ］
三味線の基本的な調弦の一つ。浄瑠璃で多用される。豪壮、快活の気分。

松羽目［マツバメ］
能舞台の鏡板を模して、背景に松の老木、左右に竹を描いた羽目板の装置。

見顕し［ミアラワシ］
正体を隠していた者が、本性を顕して名乗る演出。

三立目［ミタテメ］
江戸の歌舞伎で本筋がはじまる場面。

道行［ミチユキ］
本来は旅の情景をいう。舞踊では特に相愛の男女が連れ立って旅をする場面を指すようになったが、例外もある。

乱れ［ミダレ］
足の技法。浪を蹴って進む動作。

四天［ヨテン］
四天は着物の裾の両脇にスリットが入った衣裳のこと。転じて捕手や軍兵のことをいうようになった。花四天は着物の柄に花があしらわれていることからそう呼ばれる。

連理引き［レンリビキ］
幽霊や妖怪変化がその場を立ち去ろうとする人物を通力で引き寄せる演出。

悪身［ワルミ］
ワリミとも。男の役で、女の振りを滑稽に誇張して踊ること。姉さん被りをデフォルメした被り物を被って踊ることが多い。

ヲロシ［ヲロシ］
足早に駆け出す人物の登場、立廻りの見得等に合わせて打たれる歌舞伎囃子（篠笛、太鼓、大太鼓）。

索引

【曲目順】

【音曲別】

監修

松本幸四郎（まつもと・こうしろう）

歌舞伎俳優、日本舞踊 松本流三代目家元。１９７３年、二代目松本白鸚の長男として東京都に誕生。１９７９年、『侠客春雨傘』（2月／歌舞伎座）で三代目松本金太郎の名で初舞台。１９８１年、『仮名手本忠臣蔵』（12月／歌舞伎座）で七代目市川染五郎を襲名。２０１８年、高麗屋三代襲名披露公演『壽初春大歌舞伎』（歌舞伎座）で十代目松本幸四郎襲名。歌舞伎のさまざまな役柄をこなし、映画やＴＶドラマでの活躍も著しく、舞踊の評価も高い。『知識ゼロからの歌舞伎入門』（幻冬舎）、『歌舞伎はじめて案内手帖』（二見書房）等で監修をつとめ、歌舞伎の普及にも取り組んでいる。

知っておきたい
歌舞伎 日本舞踊名曲一〇〇選

２０２３年８月10日　初版発行
２０２３年10月６日　二版発行

監　修　松本幸四郎
発行者　伊住公一朗
発行所　株式会社淡交社
本　社　〒６０３-８５８８　京都市北区堀川通鞍馬口上ル
営業　０７５-４３２-５１５６
編集　０７５-４３２-５１６１
支　社　〒１６２-００６１　東京都新宿区市谷柳町39-1
営業　０３-５２６９-７９４１
編集　０３-５２６９-１６９１
www.tankosha.co.jp
印刷・製本　シナノ書籍印刷株式会社

ISBN 978-4-473-04554-6

ブックデザイン　瀧澤デザイン室

定価はカバーに表示してあります。
落丁・乱丁本がございましたら、小社営業局宛にお送りください。送料小社負担にてお取り替えいたします。